Viktor Khrapunov

Nasarbajew – unser Freund, der Diktator

Kasachstans schwieriger Weg zur Demokratie

Viktor Khrapunov

NASARBAJEW – UNSER FREUND, DER DIKTATOR

Kasachstans schwieriger Weg zur Demokratie

ibidem-Verlag
Stuttgart

Bibliografische Information der Deutschen Nationalbibliothek
Die Deutsche Nationalbibliothek verzeichnet diese Publikation in der Deutschen Nationalbibliografie; detaillierte bibliografische Daten sind im Internet über http://dnb.d-nb.de abrufbar.

Bibliographic information published by the Deutsche Nationalbibliothek
Die Deutsche Nationalbibliothek lists this publication in the Deutsche Nationalbibliografie; detailed bibliographic data are available in the Internet at http://dnb.d-nb.de.

Hinweis zur Transkription:
Die im Buch vorkommenden kasachischen und russischen Namen wurden überwiegend deutsch transkribiert; in einigen Fällen wurde jedoch der internationalen Bekanntheit wegen auf die englischsprachige Transkription zurückgegriffen (z.B. *Viktor Khrapunov* statt *Wiktor Chrapunow*).

∞

Gedruckt auf alterungsbeständigem, säurefreien Papier
Printed on acid-free paper

ISBN-13: 978-3-8382-0727-8

Stuttgart 2015

Printed in Germany

Inhaltsverzeichnis

Ich schreibe fern der Heimat

Noch vor wenigen Jahren war ich ein hoher Beamter in Kasachstan. Heute werde ich von jener Regierung bedroht, der ich zu lange gedient habe, und muss im Exil leben.

Dabei habe ich mein Leben lang aufopferungsvoll für mein Land gearbeitet, obwohl ich vom Abdriften unseres Präsidenten Nursultan Nasarbajew in die Autokratie zunehmend enttäuscht war; ernüchtert hat mich auch die Gier seiner Familie, die nach und nach die Reichtümer Kasachstans an sich riss. Als Fachmann für Energiefragen und als geschickter Manager hoffte ich, kraft meines Amtes die institutionalisierte Plünderung aufhalten und der Bevölkerung das Leben zumindest ein wenig erleichtern zu können. Ich war so blauäugig, dass ich sogar den Ehrgeiz besaß, Premierminister zu werden und den Augiasstall in den obersten Rängen der kasachischen Staatsführung auszumisten. Doch nach mehreren unheimlichen Vorfällen, insbesondere nach der Ermordung zweier bekannter Persönlichkeiten, die es gewagt hatten, das Regime zu kritisieren, begann ich endlich die Augen zu öffnen.

Nursultan Nasarbajew ahnte dies. Innerhalb weniger Jahre wurde ich zu einem Störfaktor. Die Ehe meines Sohnes mit der Tochter des in Ungnade gefallenen, zum Verbrecher erklärten Oligarchen Muchtar Abljasow verschlimmerte die Situation noch. 2007 musste ich meine offiziellen Ämter niederlegen, Kasachstan verlassen und in die Schweiz ziehen. Als der Präsident erfuhr, dass ich weder zurückzukehren gedachte noch die Absicht hatte, ihn auf Knien um Vergebung zu bitten, setzte die Verfolgung meiner Person, meiner Ehefrau Leila, unserer Eltern und unserer Kinder, ja sogar weiter entfernter Familienmitglieder ein. Die Staatsanwaltschaft von Kasachstan veröffentlichte rund zwanzig Anklageschriften gegen uns, eine absurder als die andere, und stellte uns in der offiziellen Presse als Gruppe von organisierten Verbrechern dar.

Seit meiner Ankunft in der Schweiz machen meine Familie und ich ein psychologisches Martyrium durch. Dabei möchte ich eines klarstellen: Ich war nie Politiker. Alle meine Ämter – als Bürgermeister von Almaty, als Energieminister und später als Minister für Notsituationen – waren jene eines hohen Beamten, der sich für das Wohl seiner Mitbürgerinnen und Mitbürger einsetzt. Die Tatsache, dass ich viele Jahre nach meinen angeblichen Vergehen plötzlich als Verbrecher angeklagt werde, stellt eine Verletzung meiner

Würde dar, ist ein Versuch, mich in den Dreck zu ziehen, um mein Wirken aus der Geschichte meines Landes zu tilgen.

Was kann man in einer solchen Situation tun? Ich hege keinerlei Hoffnung, dass ich mich vor einem Gericht rechtsstaatlich verteidigen kann: In Kasachstan gibt es keine unabhängige Justiz. Daher habe ich beschlossen, zum Gegenangriff überzugehen. Während fast zwei Jahrzehnten bewegte ich mich in den höchsten Sphären der Macht der Kasachischen Republik. Als Augenzeuge der Schandtaten des Regimes kann ich die Mechanismen enthüllen, die bei der „Privatisierung" des Landes und bei seiner Unterdrückung eingesetzt wurden. Dies tue ich nun seit zwei Jahren, und zwar mithilfe von zahlreichen Interviews, die ich der internationalen Presse gebe, sowie mittels der Artikel, die ich auf meiner Website publiziere[1].

Außerdem denke ich, dass es an der Zeit ist, dass ich über mein turbulentes Leben berichte, das eng mit der jüngsten Geschichte Kasachstans verknüpft ist. Die Notwendigkeit, meine Ehre zu verteidigen und vor allem festzuhalten, was ich in meinem Leben alles erreicht habe, drängt mich dazu, dieses Buch zu schreiben. Mit dieser Autobiografie kann ich Anklage erheben gegen das „Phänomen Nasarbajew", denn dieser Mann genießt trotz Korruption und Diktatur weiterhin internationales Ansehen.

Wie David kämpfe ich gegen einen Goliath, der über nahezu unermessliche Mittel und mächtige Verbündete verfügt. Ich nehme nicht an, dass ich gewinnen kann, ich hoffe ganz einfach, Gehör zu finden. Keine Diktatur währt ewig, und wenn mein Beitrag früher oder später zu ihrem Sturz beitragen kann, dann habe ich meine Aufgabe erfüllt.

---

1 http://www.viktor-khrapunov.com/de/

Eine Kindheit in Kasachstan

Wie soll ich meine starke Verbundenheit mit meiner Heimat Kasachstan erklären, wo ich doch eigentlich, ethnisch gesehen, Russe bin? Vielleicht einfach damit, dass dieser Vielvölkerstaat mit seinem harten Klima und seinen warmherzigen Einwohnern das Land ist, in dem ich geboren und aufgewachsen bin und das ich erst verlassen habe, als ich schon erwachsen war.

Meine Familie lebt seit Generationen in Kasachstan. Meine Vorfahren mütterlicherseits ließen sich zu Beginn des 20. Jahrhunderts hier nieder, angetrieben durch die Agrarreform von Stolypin, welche den Bauern, die sich in Sibirien und in anderen Randgebieten des Reiches niederlassen wollten, die Zuteilung kleiner Landstücke erleichterte. Mein Großvater väterlicherseits hingegen, ein Graf, der ein Landgut im Ural bei Perm besessen hatte, flüchtete nach der bolschewistischen Revolution nach China, während seine Familie, vom Typhus dezimiert, im Osten Kasachstans festsaß. Seit dem Tag seiner Flucht hörten seine Frau und seine fünf Kinder nie wieder etwas von ihm. Niemand wusste, wie es ihm ging oder ob ihm etwas zugestoßen war. Noch Jahrzehnt später hoffte mein Vater vergeblich, mein Großvater käme eines Tages nach Kasachstan zurück. Mein Vater, das jüngste der fünf Kinder, lebte bis zu ihrem Tod bei seiner Mutter; danach ging er an die Front. Er kämpfte 1940 zunächst in Finnland, später gegen die Nazis. Er wurde 1943 in der Schlacht um Stalingrad schwer verletzt, als er als MG-Schütze den Rückzug seiner Einheit deckte. Er kehrte als Kriegsversehrter nach Hause zurück, wo er kurz darauf seine zukünftige Frau, meine Mutter, kennen lernte, eine 17-jährige Waise, deren Vater im Laufe der stalinschen Säuberungen erschossen worden war, weil er in der Armee des Zaren gedient hatte.

Wir waren sieben Geschwister, und das Leben unserer Eltern, beide bescheidene Angestellte, war hart. Mein Vater arbeitete als Buchhalter und leitete die Kontrollkommission der kommunistischen Partei im Distrikt Glubokovski im Osten Kasachstans; meine Mutter war Sekretärin im *Zagotskot*, einer Staatsstelle, welche die Viehbestände verwaltete. 1951, ich war drei Jahre alt, wurde mein Vater verhaftet, weil er an einem politischen Zirkel teilgenommen hatte. Wassili Grossman schreibt in seinem Buch *Leben und Schicksal:* „Diejenigen, die im Krieg gewesen waren, träumten von einem freieren Land, wurden aber rasch vom Machtapparat Stalins ausgebremst, der jede intellektuelle Aktivität verbot, die nicht von der Partei kontrolliert werden konnte.“ Es wird deutlich, dass das Schicksal meines Vaters kein Einzelfall war. Mein Vater wurde in einem düsteren Prozess, der sich tief in mein noch junges Gedächtnis einbrannte, zu zwölf Jahren im Straflager verurteilt. Ich erinnere mich noch daran, wie sich meine Eltern nach der Bekanntgabe des Urteils voneinander verabschiedeten. Mein Vater wurde sofort von den Wachen weggebracht und meine Mutter in einen Nebenraum gezerrt, während ich im leeren Verhandlungssaal vor den drei Stühlen mit hoher Rückenlehne, auf denen noch kurz zuvor die Richter gesessen hatten, zurückblieb.

Meine Mutter zog uns alleine auf. Da sie oft spät abends noch arbeitete – Stalin war ein Nachtmensch und alle Beamten mussten es ihm gleichtun –, blieben wir uns selbst überlassen. So zündete ich eines Tages als Vierjähriger zusammen mit meinem achtjährigen Bruder und meiner sechsjährigen Schwester aus Spaß eine Zeitung an. Die Flammen sprangen auf die am Boden liegende Matratze über. Der Rauch erstickte uns fast und es schien kein Entkommen zu geben, denn meine Mutter hatte die Tür abgeschlossen, als sie zur Arbeit ging. Mein Bruder versuchte, die brennende Matratze in ein anderes Zimmer zu schleifen und trug schwere Verbrennungen davon. Glücklicherweise riefen unsere Nachbarn noch rechtzeitig die Feuerwehr: Als sie eintraf, hatten wir alle drei schon das Bewusstsein verloren. Die Ärzte mussten den rechten Arm meines Bruders amputieren.

Als Stalin 1953 starb, wurde alles anders. Mehrere hunderttausend Gefangene wurden aus den Straflagern befreit und rehabilitiert. Mein Vater kehrte nach Hause zurück, weigerte sich aber, wieder der Partei beizutreten und seine Ämter erneut aufzunehmen. „Die Partei hat mich nicht geschützt, als ich es nötig gehabt hätte“, antwortete er den Funktionären, die ihn zur Rückkehr bewegen wollten. Von diesem Tag an äußerte er sich nie mehr zur Partei, weder im Guten noch im Bösen.

Ich habe das Glück, in eine solidarische und liebevolle Familie hineingeboren worden zu sein. Meine Eltern waren sehr gebildete und moralisch integre Menschen, die kein Verständnis für Ungerechtigkeit aufbringen konnten Sie haben uns ihren hohen Werten entsprechend erzogen. Wir empfanden unendliche Hochachtung vor ihnen und sprachen sie immer in der Höflichkeitsform an. Ich hätte meinen Vater nie im Leben duzen können! Wir lebten sehr harmonisch, ganz ohne Spannungen. Wenn Probleme auftraten, sprachen wir darüber und suchten in aller Ruhe nach einer einvernehmlichen Lösung. Da die Familie groß und der Alltag hart war, leistete jeder seinen Teil. Mein ältester Bruder arbeitete im Sommer als Erzieher in einem Pionierlager; auch die anderen Kinder fanden kleine Aushilfsjobs. Wir lebten auf dem Land und besaßen Hühner und Schweine, in einem Gemüsegarten bauten wir Kartoffeln und Gemüse für den Eigenbedarf an. Damals hatte fast niemand genug Geld, um Bücher zu kaufen, doch unser Vater hatte die Monatszeitschrift *Roman-gazeta* abonniert, in der Romane in Fortsetzungen veröffentlicht wurden. Abends las er uns daraus vor, danach diskutierten wir darüber. Ich konnte bereits mit fünf Jahren lesen und war in der Leihbücherei des Quartiers angemeldet; ich war wahrscheinlich der jüngste Nutzer. Sobald es mir möglich war, stellte ich mir eine eigene Bibliothek zusammen: Dumas, London, Tolstoi, sowjetische Autoren, kurz, alles was ich auftreiben konnte. Leider waren die Büchereien in der Provinz sehr schlecht ausgestattet.

Nach seiner Rückkehr aus dem Lager hatte mein Vater die Stelle des Chefbuchhalters und -controllers an der alten Dienststelle meiner Mutter bei der staatlichen Viehbeschaffungsstelle *(Sagotskot)* angenommen. Sie hingegen war nun im Flusshafen des Ortes tätig. Mein Vater nahm mich oft mit, wenn er einen Außenauftrag hatte. Während mein Vater beispielsweise die Viehbestände eines Betriebes prüfte, lernte ich die Gepflogenheiten der kasachischen Bevölkerung sowie ihre außergewöhnliche Gastfreundschaft kennen. Mein Vater beherrschte die Sprache und die Sitten des Landes sehr gut. Vielleicht empfing man uns deswegen überall mit offenen Armen. Die kasachischen Viehzüchter führten immer noch ein sehr traditionelles Leben: große, patriarchisch organisierte Familien, absoluter Respekt vor dem Alter, überlieferter gemäßigter Islam. Die kasachischen Frauen achteten ihre Ehemänner und Familien, waren aber weit emanzipierter als die Frauen in Usbekistan, Turkmenistan oder Tadschikistan. Im Unterschied zu letzteren – dabei spreche ich vor allem von den alten Frauen – trugen sie keinen Hidschab. Später, als die *Sagotskot* aufgelöst wurde, fand mein Vater eine Anstellung in einer Butterfabrik, wo er bis zu seiner Pensionierung arbeitete. Leider konnte er seinen Ruhestand nicht wirklich genießen, er starb mit 66 Jahren. Die Kriegsverletzungen und der Gefängnisaufenthalt hatten seine Gesundheit ruiniert.

Obwohl ich hier darüber berichte, möchte ich keinesfalls klagen. Ein Großvater, der ausgewandert war, ein weiterer Großvater, der erschossen wurde, ein Vater im Gefängnis während der Säuberungen, was gibt es Gewöhnlicheres und Banaleres in der tragischen Geschichte des sowjetischen Volkes? Ich kann mich vielmehr glücklich schätzen, dass weder meine Großmütter noch meine Mutter als „Ehefrauen von Volksfeinden“ verhaftet worden waren, wie zehntausende andere Frauen, und dass ihre Kinder nicht in Waisenhäuser oder Arbeitslager für Minderjährige gesteckt wurden. Und es ist ein Glücksfall, dass mein Vater den Krieg überlebte, in dem über 20 Millionen umkamen.

Die tragische Geschichte der Kasachen

Die Enthüllungen von Nikita Chruschtschow über die Verbrechen Stalins anlässlich des 20. Kongresses der Kommunistischen Partei der Sowjetunion lüfteten den schweren Vorhang aus Lügen und Ungesagtem, der über der Geschichte meines Landes lag, nur teilweise. Erst die Zeit der Perestroika und der Beginn des postkommunistischen Zeitalters brachten die Wahrheit ans Licht. Die Geschichte Kasachstans erwies sich als besonders tragisch, sogar im Vergleich zu jener der anderen sowjetischen Republiken.

Im 17. Jahrhundert begannen die in Sibirien ansässigen russischen Kosaken Kasachstan zu kolonisieren; hier wohnten damals Nomadenstämme, die den kasachischen und kirgisischen Ethnien angehörten und verschiedene Khanate bildeten. Während drei Jahrhunderten wurden die Aufstände der lokalen Khans unterdrückt, die Überwinterungssiedlungen bewusst zerstört und mit russischen Bauern neu besiedelt, unter ihnen eben auch meine Großeltern mütterlicherseits. Allein zwischen 1906 und 1912 zogen 500 000 Bauernfamilien aus den zentralen Regionen Russlands nach Kasachstan, während die Kasachen und die Kirgisen von den fruchtbaren Böden in die Steppen vertrieben wurden.

Nach der Oktoberrevolution hofften die Völker Zentralasiens, für sie breche nun ein neues Zeitalter an und sie könnten sich vom Joch der Kolonialherren befreien. Doch die von den Einheimischen proklamierten, von den Menschewiken inspirierten Autonomien wurden von der Roten Armee vernichtet, ihre Anführer zu Beginn der 1920er Jahre erschossen. So begann ein neues Kapitel in der düsteren Geschichte dieser Region. Während der 1920er Jahre und bis etwa 1935 ordnete Stalin das Territorium mehrmals neu, um die Republiken Zentralasiens zu schaffen. Er legte künstliche Grenzen fest, um die Gründung monoethnischer Republiken zu verhindern – die Geschichte würde später zeigen, dass dieser Mix aus sich feindlich gesinnten Völkern in Wirklichkeit die reinste Zeitbombe darstellte. Kasachstan wurde 1936 als Unionsrepublik gegründet, wobei die Grenzen rund 30 Jahre später vom launischen Chruschtschow verkleinert wurden. Mit der einen Hand schenkte er nämlich die russische Krim der Ukraine, mit der anderen gab er einen Teil des kasachischen Territoriums der russischen Föderation sowie zwei weitere Regionen an Usbekistan.

Unter der Präsidentschaft von Viktor Juschtschenko gelang es der Ukraine, die Aufmerksamkeit der gesamten Welt auf das Verbrechen der *Holodomor* zu lenken, der von Stalin ausgelösten künstlichen Hungersnot in den Jahren 1932-1933, mit welcher der Widerstand der ukrainischen Bauern gegen die erzwungene Kollektivierung gebrochen werden sollte. Nur wenigen ist bekannt, dass ein ähnliches Vorgehen bei der kasachischen Bevölkerung eingesetzt wurde, die infolge der schrecklichen Hungersnot von 1919-1922 bereits knapp eine Million Todesopfer beklagte. Da es unmöglich war, mit Nomadenstämmen und ihren wandernden Herden Kolchosen zu schaffen, zwang sie die sowjetische Regierung, ein sesshaftes Leben zu führen. Diese abrupte Umstellung in der Viehhaltung führte zu einem massiven Sterben der Tiere. Doch ihr Fleisch stellte das Hauptnahrungsmittel dieser Viehbauern dar. Innerhalb von anderthalb Jahren verhungerten rund 1,5 Millionen Kasachen, mehrere hunderttausend flohen nach China. Gemäß der Volkszählung von 1939 blieben im gesamten Land nur 3,1 Millionen Kasachen übrig.

Stalin bemühte sich, die Bevölkerung noch stärker zu verwässern, indem er Millionen von Verbannten nach Kasachstan schickte. Die kasachischen Steppen, die fast die Hälfte des Territoriums ausmachen, weisen ein hartes kontinentales Klima auf; das Thermometer kann im Winter auf 50 Grad unter Null sinken und im Sommer 50 Grad plus erreichen. In diesen schwer erträglichen Bedingungen trafen zwischen 1936 und 1944 ganze Völker ein, die als „gefährlich“ oder „tückisch“ galten und auf Befehl von Stalin deportiert wurden: Polen, Koreaner, Wolga-Deutsche, Griechen, mehrere kaukasische Völker, darunter Tschetschenen und Inguschen, sowie Krimtataren. Sie wurden in überwachten Zonen ihrem Schicksal überlassen und gezwungen, ihre Wohnhäuser selbst zu errichten und fast unfruchtbares Land zu bebauen, um zu überleben. Die Hälfte von ihnen starb. Gleichzeitig brachte man Millionen von Häftlingen aus den überfüllten sibirischen Lagern nach Kasachstan. Die unheilvollen Namen ALJIR[2], Karlag und Steplag, diese Ausläufer des Gulag, sind von Alexander Solschenizyn in seinem Roman *Der Archipel Gulag* verewigt worden. So versammelt Kasachstan auf traurige Art und Weise viele Angehörige der von Stalin deportierten und unterdrückten Völker.

Eine weitere Etappe der Kolonisierung Kasachstans ist mit dem Namen Nikita Chruschtschow verbunden. Da die in den Kolchosen praktizierte Landwirtschaft kaum etwas abwarf, beschloss Chruschtschow ab 1954, viele Millionen Hektar unbebautes Land in den kasachischen Steppen urbar zu

2. Lager von Akmolinsk für die Ehefrauen der „Verräter der Heimat“

machen, um die Weizenernte zu verbessern und weniger Getreide im Ausland kaufen zu müssen. Das Urbarmachen wurde zur „Baustelle des Komsomol" erklärt, und Millionen junger Leute, fast ausschließlich aus den drei slawischen Republiken Russland, Ukraine und Belarus stammend, wurden zu Bau- und Landarbeiten abkommandiert. Die Studenten kamen zwar oft nur für zwei oder drei Monate in den Sommerferien, doch fast eine Million Slawen ließen sich von den hohen Löhnen verführen und ließen sich endgültig in Kasachstan nieder. 1959 waren nur 30 % der 9,3 Millionen Einwohner des Landes ethnische Kasachen.

Auch die Sprachenpolitik richtete sich gegen die Kasachen. Obwohl man nach dem Ende des Bürgerkriegs die Alphabetisierung der Einwohner massiv vorangetrieben hatte, zog man 1929 das lateinische dem herkömmlichen arabischen Alphabet vor und ersetzte es 1940 schließlich durch die kyrillische Schrift. Auf diese Weise konnten die Kasachen weder ihre eigene klassische Literatur noch jene der anderen türkischen Völker lesen, geschweige denn den Koran. Mit der Zeit verlor die stark verwässerte kasachische Bevölkerung ihre nationale Identität und ihre Sprache. 1957 gab es in der Hauptstadt Alma-Ata nur noch eine Schule, in der auf Kasachisch unterrichtet wurde, und landesweit ein einziges Institut für höhere Bildung, in dem Primarschullehrerinnen für ländliche Gegenden ausgebildet wurden.

Der Fluch des Militär- und Industrieapparats

Die schleichende sowjetische Kolonisierung, die unter dem Deckmantel der Völkerfreundschaft vonstatten ging, lässt sich zunächst durch die außergewöhnlichen Bodenschätze Kasachstans erklären. Gas und Erdöl, Uran und Zink, Titan und Chrom, Gold und Kupfer, Silber und Molybdän ... Es sind praktisch alle Elemente der Mendelejew-Systematik vorhanden. Die in den 1930er Jahren einsetzende große Industrialisierung des Landes erhielt während des Zweiten Weltkriegs neue Impulse, als hunderte von bedeutenden Fabriken aus dem europäischen, zum Teil von den Deutschen besetzten Teil der UdSSR nach Kasachstan evakuiert wurden. Mit der Arbeitskraft von Millionen Häftlingen und Deportierten, die man wie Sklaven schuften ließ, wurden Städte und Arbeitersiedlungen, Fabriken und Minen, Straßen und Brücken erbaut. Innerhalb weniger Jahrzehnte wurde mein Land zu einer Art Zweigstelle, die den gesamten gigantischen Militär- und Industrieapparat der Sowjetunion mit Rohstoffen belieferte.

So beschloss Stalin, im Süden des Flusses Irtysch das Atomwaffentestgelände Semipalatinsk[3] zu schaffen (18 000 km^2). Dort wurden 1949 die Versuche für die erste sowjetische Atombombe durchgeführt, 1953 jene für die erste thermonukleare Bombe. Die gesamte Region wurde ernsthaft verseucht, die Kraft der Atomladungen, die zwischen 1949 und 1953 unter der Erde und in der Luft explodierten, übertraf die von Hiroshima um das 2 500-Fache. Die gesundheitlichen Folgen dieser Explosionen wurden nie offiziell anerkannt, obwohl hunderttausende von kasachischen Einwohnern an Krebs erkrankten und Missbildungen bei Neugeborenen an der Tagesordnung sind. Die Schädigung des genetischen Erbguts der lokalen Bevölkerung wird wohl noch Jahrhunderte bestehen bleiben.

Der sowjetische Militär- und Industrieapparat nutzte die strategische Lage der kasachischen Steppen und installierte dort weitere bedeutende militärische Einrichtungen. Die Militäranlage in Baikonur, die ursprünglich Versuchen mit ballistischen, insbesondere interkontinentalen Raketen dienen sollte, wurde somit zum ersten Kosmodrom der Welt. Man baute mehrere Militärstützpunkte und -flughäfen im Land, außerdem beherbergte die geheime Stadt Stepnogorsk, die auf keiner geografischen Karte erscheint, zwei Kombinate, in denen angereichertes Uran und biologische Waffen hergestellt wurden. Zwischen 1942 und 1992, d.h. während fast 50 Jahren, fanden auf dem Aralsee auf der Renaissance-Insel – welche Ironie der Geschichte! – geheime, nach internationalen Abkommen verbotene Versuche mit B-Waffen statt.

Diese hemmungslose Militarisierung verursachte unermessliche ökologische Schäden. Um die sowjetische Armee mit ballistischen Interkontinentalraketen zu versorgen, befahl Moskau die drastische Erhöhung der Baumwollproduktion, da Baumwolle einen wichtigen Bestandteil des Raketenbrennstoffs darstellt. Dies konnte nur durch eine intensive Bewässerung der Felder im Süden Kasachstans und Usbekistans erreicht werden, wo die Baumwolle zu einer Monokultur wurde, ungeachtet der lebenswichtigen Bedürfnisse der beiden Länder. Für die Bewässerung leitete man fast das gesamte Wasser der Flüsse Syrdarja und Amudarja ab, die in den Aralsee fließen. Innerhalb von rund 20 Jahren verwandelte sich dieses einst weltgrößte Binnenmeer in eine wüstenähnliche Landschaft[4], und die gesamte Region rund um den austrocknenden See gilt als zerstört. So sind nicht nur Schifffahrt und Fischerei verschwunden, auf dem Grund des Sees haben sich auch

3 „Semeï“ auf Kasachisch.

4. Die neue Wüste heißt Aralkum.

Pestizide und andere Giftstoffe angesammelt, die sich heute in Staub verwandeln. Sandstürme verteilen diese giftigen Substanzen hunderte von Kilometern rund um den See. Die Renaissance-Insel ist mittlerweise mit dem Festland verbunden, und niemand weiß, ob die Nagetiere der Region nicht eines Tages mit den Erregern schwerer Krankheiten wie Anthrax, Pest, Malta-Fieber oder Botulinumtoxin verseucht sind, die allesamt im Boden enthalten sind. Das reinste Katastrophen-Szenario! Unabhängig davon, ob man ein solches Unheil verhindern kann, ist eines gewiss: Das Klima der Region ist kontinentaler geworden, zahlreiche Pflanzen- und Tierarten sind ausgestorben, die Bevölkerung leidet einerseits unter der Arbeitslosigkeit, andererseits unter enormen gesundheitlichen Problemen. Dazu gehören auch die bereits genannten Missbildungen bei Neugeborenen und eine hohe Kindersterblichkeit. Vor etwa zehn Jahren widmete unser nationaler Schriftsteller Abdischamil Nurpeissow dieser Tragödie einen packenden Roman mit dem Titel *Der sterbende See*.

Meine Lehrjahre

Dies alles erfuhr ich aber erst viel später. Als Jugendlicher hatte ich keine Ahnung von der Vergangenheit meines Landes oder vom Zustand seiner natürlichen Ressourcen. 1964, ich war 16 Jahre alt und am Ende meiner Schulpflicht, beschloss meine Familie mich auf ein technisches Gymnasium zu schicken, damit ich möglichst rasch einen Beruf erlernen würde. Ich entschied mich für das Industriegymnasium in Ust-Kamenogorsk und legte die Aufnahmeprüfung mit Erfolg ab. Ich wollte mich dort mit der Automatisierung der Produktionslinien befassen und begann mit Feuereifer zu lernen. Doch sechs Monate vor dem Abschluss meiner Ausbildung führte ein Vorfall zu einem dramatischen Einschnitt in meiner Jugend.

Ende Dezember 1967. Ich feierte im Studentenheim Silvester mit meinen Freunden. Wir wollten diesen Abend zur Erinnerung festhalten und klopften bei einem Nachbarn an, um uns seinen Fotoapparat auszuleihen. Doch er lehnte ab, beleidigte mich. Ich wurde wütend und schlug zu. Da ich regelmäßig boxte, blieb es natürlich nicht bei einem harmlosen Geplänkel. Der Mann beklagte sich bei der Schuldirektion. Ich sollte aber nicht ausgeschlossen werden, beschloss der Direktor, denn ich war ein sehr guter Schüler, aber er strich mir die Befreiung vom Militärdienst, die man Studierenden gewährte. Ich musste also zwei Jahre in der Armee dienen, bevor ich meine Ausbildung fortsetzen konnte ...

Am 5. Januar 1968 wurde ich einberufen. Meine Eltern waren entsetzt. Ich erinnere mich, dass mein Vater vor meiner Abreise eine Flasche Wein kaufte und wir zum ersten Mal zusammen tranken. Ich wurde zunächst in Irkutsk ausgebildet, danach kam ich nach Krasnojarsk und wurde später in die Region von Tomsk verlegt, zu den Raketentruppen. Hier diente ich in einer geheimen Einheit, mitten in der Taiga, umringt von Stacheldrahtzaun. Jener Winter war der kälteste des Jahrhunderts, die Temperaturen fielen auf 52 Grad unter Null. Wir schnitten uns aus alten Mänteln Masken aus, um unser Gesicht zu bedecken. Ich werde die ersten Nächte, in denen ich Wache schob, nie vergessen: Es herrschte völlige Dunkelheit, der Schnee knirschte unter den Stiefeln, einmal knallte es plötzlich laut in einer Birke und sie brach wegen des Frostes entzwei. Damals waren alle jungen Leute verrückt nach Spionagegeschichten, ich machte da keine Ausnahme. Zu Beginn sah ich mich völlig als Romanfigur, suchte mit den Augen ständig die Umgebung ab, um zu sehen, ob sich hinter dem nächsten Baum nicht ein Spion versteckte, der es auf unseren Stützpunkt abgesehen hatte ...

Folgende Episode veranschaulicht gut, wie stark wir damals indoktriniert waren. Sie spielte sich zur Zeit des Territorialkonflikts zwischen der UdSSR und China ab, es ging um die Insel Damanski[5] auf dem Fluss Ussuri an der russisch-chinesischen Grenze. In unserer Einheit gab es einen Soldaten, der im Kampf um Damaski einen Arm verloren hatte, einen „Helden", der uns ausführlich von seinem Abenteuer berichtete. Ganz unerwartet mussten wir uns eines Tages in einer Reihe aufstellen und der Kommandant sagte: „Freiwillige für einen Einsatz auf Damanski einen Schritt vor!" Schweigend traten alle Soldaten einen Schritt vor. Ich war 18 Jahre alt und bereit, gegen die Chinesen zu kämpfen und sogar für dieses Stück Land von weniger als einem Quadratkilometer zu sterben! Glücklicherweise war es nur ein Test, um unsere Kampfmoral zu prüfen, denn wir gehörten einer Spezialeinheit an und waren an unserem Standort unverzichtbar. Wir sollten einen hochgeheimen Komplex schützen, die geschlossene Stadt Tomsk-7, 12 km von Tomsk entfernt, wo sowohl Kombinate, die angereichertes Uran und militärisches Plutonium produziert wurden, als auch Einrichtungen für die Raketenabwehr untergebracht waren. Diese in den 1930er Jahren von Gulag-Häftlingen erbaute Stadt und ihre Kombinate gibt es noch heute.

Nach meiner Ankunft im Regiment musste ich die üblichen Mutproben über mich ergehen lassen, doch dank meiner Boxerfahrung konnte ich mir schnell Respekt verschaffen. Meine impulsive Art spielte mir allerdings erneut einen Streich. Bei einer Meinungsverschiedenheit während eines Volleyballspiels nannte mich ein Unteroffizier der gegnerischen Mannschaft einen „Vollidioten". Ich verlangte eine Entschuldigung, er weigerte sich, ich schlug ihm ins Gesicht. Er brach zusammen und musste ins Krankenhaus geschafft werden. Damit hatte ich gegen das Armeereglement verstoßen; ein Soldat durfte unter keinen Umständen einen Vorgesetzten schlagen. Für diese Tat konnte ich zu drei weiteren Dienstjahren in einem disziplinarischen Bataillon verurteilt werden. Glücklicherweise beschloss der Regimentskommandant, den Vorfall nicht vor das Militärgericht zu bringen, da der betroffene Unteroffizier für seine Brutalität bekannt war. Doch ich hatte meine Lektion gelernt: Ich hielt meine Emotionen fortan unter Kontrolle.

Als ich 1969 nach Hause zurückkehrte, beendete ich meine Ausbildung am technischen Gymnasium mit dem Prädikat „sehr gut". Zur Belohnung

5. Auf Chinesisch: „Insel Zhenbao".

wurde ich nach Almaty geschickt, um dort in der 1935 errichteten thermoelektrischen Zentrale zu arbeiten. Parallel zu meinem Job (ich war zunächst Monteur für automatische Systeme, später Vorarbeiter) schrieb ich mich an der Fernuniversität ein. 1977 erhielt ich mein Studienabschlussdiplom mit dem Vermerk „sehr gut", dank dem ich schnell zum Chef der Turbinenwerkstatt befördert wurde. Die Installationen waren dort, wie überall in der Zentrale, veraltet, aber das gesamte Personal leistete vollen Einsatz: Die Direktion erlegte uns das *Sweating System* auf und verlangte, dass wir an die Grenze unserer Kräfte gingen.

Diese beruflichen Erfolge nützten mir aber in keinster Weise bei der Lösung meines größten Problems: meiner Wohnsituation. Sofort nach meiner Ankunft in Almaty hatte man mir eine Unterkunft in einem Arbeiterheim zugewiesen, wo ich mich mit meiner Frau einrichtete, die ich am technischen Gymnasium kennen gelernt hatte. Auch die Geburt unserer beiden Töchter 1971 und 1975 änderte nichts daran. Wir bewohnten ein Zimmer in einem Heim für Paare, in dem sich Dutzende von Familien die sanitären Einrichtungen und eine Gemeinschaftsküche teilten.

Die Geschichte darüber, wie ich zu einer Wohnung kam, zeigt recht eindrücklich, in welchem allgemeinen Zustand die Industrie und die Infrastrukturen am Ende der sowjetischen Epoche waren. In der Nacht vom 4. auf den 5. Februar 1984 explodierte die kochend heiße große Wasserleitung in meiner Werkstatt. Ich kam angerannt und traf eine Ambulanz an: Jemand hatte schwere Verbrennungen davongetragen. Ich zog sofort hohe Stiefel an und kämpfte mich in die Werkstatt. Vier Stunden lang versuchte ich krampfhaft das Leck zu flicken und wurde mit knapper Not gerettet. Im Morgengrauen brachte man mich in einem fürchterlichen Zustand ins Krankenhaus. Ich war von der Taille abwärts verbrannt, und als man mir die Stiefel und meine Hose auszog, löste sich die Haut gleich mit.

Die Folgen meines Einsatzes waren verheerend: 43 % der Hautoberfläche waren schwer verbrannt. Doch ich hatte Glück: Ich wurde von Professor Konstantin Palgov behandelt, einem bekannten Traumatologen. Nach meinem Aufenthalt auf der Intensivstation verschrieb er mir sechs Sitzungen in der „Barometrischen Kammer". Der Patient kommt hierbei in einen gläsernen Taucheranzug, in den man unter Druck Sauerstoff pumpt, der ins Gewebe eindringt, Nekrosen verhindert und die Heilung unterstützt. Die ersten fünf Sitzungen verliefen normal, beim sechsten Mal hatte ich Halluzinationen. Durch meine Glasglocke hindurch sah ich Flammen und Rauch, und als man mich in mein Zimmer brachte, erlitt ich nach einem Tachykardie-Anfall einen Herzstillstand und galt als klinisch tot. In diesem Moment nahm ich mich von außen wahr, in einem Tunnel, umgeben von Menschen in grauen, halb durchsichtigen Gewändern. Dann entriss mich eine unsichtbare Macht dieser Totenprozession und versetzte mich in eine friedliche Landschaft: ein azurblauer Fluss, grüne Wiesen, weidende Tiere. Ich wollte mit den Menschen in weißen Tuniken sprechen, aber sie verstanden mich nicht. Und man hinderte mich daran, an den Tisch zu treten, an dem eine menschliche Gestalt saß, deren Kopf von einem Schein umgeben war. Auf einmal hatte ich Lust, meinen Geburtsort Predgornoje zu besuchen. Und schon war ich dort. Ich sah das Städtchen, unser Haus, meine Familie um einen Tisch. Doch eine innere Stimme befahl mir, ins Spital zurückzukehren. Diese Visionen, die man in der wissenschaftlichen Literatur als Nahtod-Erlebnisse bezeichnet, waren die eindrücklichsten Erfahrungen meines Lebens.

Während ich „in den Himmel flog", hatte man mir bereits einen Teil der abgestorbenen Fersen entfernt. Der Knochen drohte befallen zu werden. Nach dem Wunder der Nahtoderfahrung setzte allerdings sehr schnell der Heilungsprozess ein, der neun Monate später endgültig abgeschlossen war. In dieser Zeit ereignete sich ein weiteres kleines Wunder. Der Unfall, der mich hätte das Leben kosten können, verschaffte mir etwas, worauf ich schon lange gewartet hatte: Der Bürgermeister von Almaty ordnete an, mir die erste frei werdende Wohnung zu überlassen.

Wenn ich diese Erinnerungen an die sowjetische Zeit wieder aufleben lasse, wird mir bewusst, wie hart unser Leben damals war. Doch unsere Erziehung hatte uns den Stolz auf unsere große Heimat, die UdSSR, und unsere Republik Kasachstan eingetrichtert. Dazu muss man sagen, dass der Erste Sekretär der Kommunistischen Partei Kasachstans, Dinmuchamed Kunajew, großes Ansehen genoss. Er war 1964 ernannt worden und hatte es verstanden, das industrielle Potenzial des Landes innerhalb weniger Jahre zu verdoppeln, hauptsächlich dank seiner persönlichen Freundschaft zu Leonid Breschnew. Die Ersten Sekretäre kämpften damals darum, dass die Entscheidungen der Parteizentrale zu Gunsten ihrer jeweiligen Republiken ausfielen, und standen in ständiger Konkurrenz zueinander. Die Auseinandersetzung zwischen Kunajew und Raschidow, dem Ersten Sekretär der KP von Usbekistan, wurde mit harten Bandagen ausgetragen. Es ging auch um die wichtige Frage, welche zentralasiatische Stadt die schönste sei, Taschkent oder Almaty. Am Ende der 60er Jahre schien Taschkent den Sieg davonzutragen: Beim großen Erdbeben von 1966 waren die alten, aus Strohlehm errichteten traditionellen Gebäude eingestürzt und man musste die Stadt wieder neu aufbauen. Als man in Taschkent die U-Bahn einweihte, erhielt Kunajew von Breschnew die Bewilligung, auch in Almaty eine Metro bauen zu dürfen. Später errichtete man auf dem Berg Kok-Tube in Almaty einen sehr hohen Fernsehturm, bald darauf zog Taschkent nach. Der Wettkampf um Ruhm und Ehre kurbelte die Entwicklung beider Städte an ...

Die Bewohner von Almaty verehrten Kunajew ganz besonders dafür, dass er die Stadt modernisiert hat. Er hat ein Juwel geschaffen, die schönste Stadt von Kasachstan. Ich persönlich sah Almaty zum ersten Mal 1968, als unsere Einheit nach Manövern beim Balchach-See nach Tomsk zurückkehrte. Der Viehwagen, in dem wir reisten, hatte in der Nähe von Almaty lange auf den Gleisen gehalten, und ich war wie verzaubert vom Blick auf diese Stadt, die am Fuße des Transili-Alatau-Massivs die Hänge hoch kletterte. Es war Ende Juli, die Apfelbäume trugen Unmengen an riesigen Früchten. Als der Wagen nachts wieder losfuhr, hing ich an der Fensterluke und war fasziniert vom gigantischen Lichtkegel, den diese Stadt mit ihren funkelnden Lampen vor dem Hintergrund der dunkeln Berge bildete. Wirklich kennen gelernt habe ich die Stadt zwei Jahre später, als ich mich dort niederließ. Ich war vollkommen begeistert vom klaren, rechtwinkligen Straßennetz, von der originellen Architektur. Diese Liebe zu Almaty werde ich immer in mir tragen. Ein wichtiger Teil meines Lebens ist mit dieser Stadt verbunden. Doch wie sollte ich ahnen, als ich als einfacher Monteur hierher zog, dass ich eines Tages Bürgermeister der Stadt werden würde?

Die Perestroika

Meine eigene Beförderung fiel mit dem Machtantritt von Michail Gorbatschow zusammen. 1985, nach 14 Jahren untadeliger Arbeit im Kraftwerk – ich war insbesondere zum besten Werkstattverantwortlichen der Stadt ernannt worden –, wurde ich Chefingenieur des Heizungsnetzes von Almaty. Dieser Posten war mit großer Verantwortung verbunden, denn das Heizsystem in der ehemaligen kasachischen Hauptstadt war wahrscheinlich das komplizierteste der gesamten UdSSR. Dieser Umstand war auf die geografische Lage der Stadt zurückzuführen, die auf vier unterschiedlich hohen Plateaus lag, was komplexe Einstellungen in Bezug auf den Wasserdruck erforderlich machte. Gleich nach meiner Ernennung versuchte ich die Behörden davon zu überzeugen, dass die veralteten Leitungen möglichst rasch erneuert werden mussten, um tragische Konsequenzen zu verhindern. Innerhalb eines Jahres bauten wir 13,8 km Hauptleitungen, um die korrekte Verteilung der Wärme zu gewährleisten und dabei den Vorschriften zu genügen. Im Januar 1986 war die Stadt für den harten Winter gerüstet. Diese technische Glanzleistung erregte die Aufmerksamkeit des Parteikomitees der Stadt.

Ich war der Partei in den 1970er Jahren beigetreten, nach Jahren des Zweifelns und Zögerns. Im Gymnasium hatte ich mich für höhere Mathematik begeistert oder auch für die Untersuchung von Materialresistenz, doch der Unterricht in Sozialwissenschaft, in denen der Lehrer uns einhämmerte, unser System sei das beste, langweilte mich zu Tode, und ich hatte keine Lust, der kommunistischen Jugend beizutreten und dort öden Versammlungen beizuwohnen. Ich verbrachte meine Freizeit lieber beim Boxen.

Ich hatte also meinen Militärdienst angetreten, ohne Mitglied des Komsomol zu sein, was selten vorkam. Doch in der Armee überzeugte mich schließlich ein Vorfall davon, der Jugendorganisation beizutreten. Als mir das disziplinarische Bataillon drohte, weil ich einen Unteroffizier geschlagen hatte, versprach mir der *Zampolit*, der Verantwortliche für ideologische Arbeit im Regiment, mir aus der Patsche zu helfen, falls ich dem Komsomol beiträte. Er wollte damit seine Statistik verbessern, denn im Prinzip mussten alle jungen Leute ab 15 oder 16 Jahren Mitglied sein. Die Situation ließ mir keine Wahl. Und der *Zampolit* hielt Wort, denn er überredete schließlich den Regimentskommandanten, die Sache nicht vor Gericht zu bringen.

Am 21. August 1968 wurden wir angewiesen, uns alle in einer Baracke unseres Stützpunkts um den Lautsprecher des Staatsradios zu versammeln. Unsere Einheit zählte fast 350 Soldaten und fast ebenso viele Offiziere, da wir ja eine militärische Spezialeinheit waren. Dieser Befehl um 10 Uhr morgens war dermaßen ungewöhnlich, dass er große Besorgnis auslöste. Ich erinnere mich an die Gesichter meiner sonst fröhlichen und zu Unfug aufgelegten Kameraden, die auf einen Schlag ernst und verschlossen wurden. Alle hatten nur einen Gedanken: War Krieg ausgebrochen? Um 11 Uhr gab die Regierung die Invasion der Tschechoslowakei durch Truppen des Warschauer Paktes bekannt. Es wurde gemeldet, deutsche Panzer stünden kurz davor, in das Bruderland einzudringen.

Kurz danach erklärte uns der Verantwortliche für ideologische Arbeit – jener *Zampolit*, der mich zum Beitritt in den Komsomol überredet hatte –, dass alle tschechoslowakischen Ortschaften soeben von den Truppen des Warschauer Paktes besetzt worden seien. Er wandte sich an einen jungen Kasachen, der aus einem entfernten Dorf stammte: „Sag mir, Soldat Jumagulow, sind unsere Einheiten, die in die tschechoslowakischen Dörfer einmarschiert sind, nun Besatzer oder nicht?" Der Soldat antwortete: „Ja, es sind Besatzer." Der *Zampolit* sprang auf: „Eben nicht! Es sind Internationalisten! Sie erfüllen ihre internationale Pflicht, damit die Tschechoslowakei sozialistisch bleibt. Denn dieses Land hat die Revolution mitgemacht, und die Arbeiterklasse weltweit, die gesamte progressive internationale Gemeinschaft ist nun verpflichtet, die Revolution überall auf der Welt zu verteidigen."

Diese Geschichte regte mich zum Nachdenken an. Unter den Soldaten hatte sich rasch das Gerücht verbreitet, es gebe keine deutsche Bedrohung. Warum, so fragte ich mich, sollte man Truppen aussenden, das Leben unserer jungen Soldaten aufs Spiel setzen, auf Menschen schießen, sie töten? War dies wirklich eine internationale Pflicht und nicht nur die Politik einer kleinen Gruppe von Leuten, denen der Internationalismus als Vorwand diente?

Nach meiner Rückkehr an das technische Gymnasium schrieb ich mich deshalb nicht in der örtlichen Komsomol-Zelle ein und ging nicht zu den Versammlungen, obwohl mein Beitritt in meinem persönlichen Dossier vermerkt worden wäre. Als ich jedoch nach Abschluss der Schulzeit in Almaty eintraf, war ich von Evgeni Volkov, dem Direktor der thermoelektrischen Zentrale, schwer beeindruckt. Neben seiner Arbeit hatte er im Komsomol und später in der Partei Karriere gemacht. Dieser fröhliche und warmherzige Mann war ein geborener Leader, dem man gerne folgte. Unter seinem Einfluss versöhnte ich mich mit dem Komsomol. Ich blieb jedoch nicht lange: 1973 rief mich der Leiter der Parteizelle im Kraftwerk zu sich und sagte: „Ich sehe, dass du gut arbeitest, du bist hoch qualifiziert, du drückst dich nicht vor unangenehmen Aufgaben. Bei Überstunden sagst du nie nein. Ich möchte, dass du der Partei beitrittst." Auch der Werkstattverantwortliche machte Druck. Die Partei brauchte dringend gut ausgebildete Facharbeiter. Schließlich willigte ich ein.

Doch zurück ins Jahr 1986, zum einsetzenden Tauwetter unter Gorbatschow. Die Parteileitung wollte Leute aus der Industrie aufnehmen, um der Partei neues Leben einzuhauchen. Nach der Erneuerung des Heizsystems berief man mich dringend ins Komitee der Region Almaty. Ich eilte in einer noch nassen Jacke hin, weil der Befehl eingetroffen war, als ich mich gerade in einer Heizzelle befand und Tests durchführte. Der Erste Sekretär des Komitees, Marat Sandybajew, empfing mich wie einen nahen Verwandten. Er stellte einige Fragen und sagte dann: „Halte dich bereit, man wird dich ins Zentralkomitee rufen lassen." Am Nachmittag trat seine Ankündigung tatsächlich ein. Ich wurde wie ein Spielball von einer Dienststelle zur anderen geschickt, die Funktionäre befragten mich, dann wurde mir mitgeteilt: „Morgen treffen Sie den Zweiten Sekretär des Zentralkomitees von Kasachstan." Am nächsten Tag empfing mich Oleg Miroschkin, erkundigte sich eine Stunde lang nach Einzelheiten aus meinem Leben, meiner beruflichen Laufbahn, und erklärte dann feierlich, er empfehle mich für das Amt des Präsidenten des Sowjet-Exekutivkomitees im Distrikt Lenin. Im Klartext: Ich sollte Bürgermeister des Distrikts Almaty werden.

Am 21. Oktober 1986 unterzeichnete der Präsident des Exekutivkomitees der Stadt, nämlich Bürgermeister Zamanbek Nurkadilov, meine Ernennung ad interim. Einen Monat später wurde sie durch die Abstimmung der Distriktabgeordneten bestätigt. Ich sollte das Amt bis 1989 bekleiden.

So begann meine Freundschaft mit Nurkadilov, der im November 2005 auf Befehl Nasarbajews oder seines nahen Umfelds ermordet werden sollte. Doch dazu später mehr.

Unruhige Zeiten

Nachdem Michail Gorbatschow 1985 an die Macht gekommen war, wollte er möglichst bald für frisches Blut sorgen. Nicht nur durch die Umgestaltung der Parteibasis, sondern auch durch die Ersetzung einiger Mitglieder des Politbüros, dieser Bonzen, die seit Jahrzehnten im Amt waren und seine Reformpolitik behindern wollten. Er wollte vor allem Kunajew loswerden, der Breschnew nahe stand, Kasachstan seit 22 Jahren regierte und im Politbüro großen Einfluss besaß. In bester sowjetischer Tradition beauftragte also Gorbatschow nun Nursultan Nasarbajew, damals Regierungschef in Kasachstan, Kunajew im Februar 1986 am 26. Parteikongress Kasachstans der öffentlichen Kritik auszusetzen, um seinen Rücktritt zu erreichen.

Zu jener Zeit hatte Kunajew schon viel von seiner früheren Popularität eingebüßt. Er war, wie Breschnew, zu lange an der Macht gewesen, hatte sich mit Höflingen umgeben und schaffte es immer wieder, seine Konkurrenten zu eliminieren. So wurde beispielsweise der hohe Würdenträger Erkin Auelbekov, der als ein potenzieller Nachfolger von Kunajew gehandelt wurde, 1985 ins „goldene Exil" nach Qysylorda geschickt. In der Elite wuchs die Unzufriedenheit. Die Menschen waren es leid, dass es keinen Wettbewerb gab, dass man sich nicht hocharbeiten konnte, wenn man nicht dem „Club" angehörte. Die Ämter wurden vom Vater an den Sohn weitergereicht, sogar auf den mittleren Ebenen der Nomenklatur. Zudem bevorzugte Kunajew unter dem Einfluss seiner Frau, einer ethnischen Tatarin, die Tataren zuungunsten der Kasachen. Die Atmosphäre wurde immer stickiger.

Es fiel Nasarbajew nicht leicht, Kunajew schlecht zu machen, da er ihm ja seinen rasanten Aufstieg verdankte. 1977 war der erst 37-jährige Nasarbajew Sekretär der kommunistischen Parteizelle im Kombinat für Metallindustrie der Stadt Karaganda geworden. Das Karmuskombinat war damals hinter jenem von Magnitogorsk das zweitgrößte Kombinat der UdSSR. Nasarbajew hatte *a priori* keine Aussicht auf eine rasche Beförderung, zudem er nicht sehr gebildet war und keine andere Ausbildung genossen hatte als einige Abendkurse in der Fabrik, während die Oberen der Nomenklatur in der Regel die Höhere Schule der Partei absolviert hatten.

Er hatte unerwartetes Glück. Ein einflussreicher lokaler Journalist namens Michail Poltoranin[6] hatte einen sehr kritischen Artikel zu den Mängeln und zur schwachen Rentabilität des Karmuskombinats verfasst. Er beklagte vor allem die veralteten Einrichtungen und die Tatsache, dass die Fabrik mit Erzen aus dem Tausende von Kilometern entfernten ukrainischen Krywyj Rih beliefert wurde. Poltoranin wollte diesen Artikel nicht unter seinem Namen veröffentlichen, da er den Zorn Breschnews fürchtete. Die regionale Parteileitung jedoch wünschte eine Weiterentwicklung des Karmuskombinats. Daher sollte der Artikel unbedingt erscheinen. Man schlug also Poltoranin vor, den Text von Nasarbajew unterschreiben zu lassen, da dieser in seiner Position nicht viel riskierte. Nasarbajew akzeptierte und der Artikel wurde in der *Prawda* publiziert.

Überraschenderweise reagierte Breschnew sehr positiv darauf. Nach der Zeitungslektüre rief er Kunajew an und empfahl ihm, den Autor des Artikels zu befördern – dieser sei ein so intelligenter und kompetenter junger Mann! Kunajew setze Nasarbajew sofort auf den Posten des Zweiten Sekretärs der KP in der Region Karaganda. Eine weitere Beförderung folgte kurze Zeit später, als Nasarbajew im Jahr 1979 zum Sekretär des Zentralkomitees der KP Kasachstans ernannt wurde, zuständig für die Industrie. Nasarbajew war Kunajew natürlich völlig ergeben und beweihräucherte ihn in all seinen Artikeln und Reden. Diese Verehrung trug Früchte, da er 1984 unter Andropow Premierminister von Kasachstan wurde. Kunajew plante wahrscheinlich, ihn irgendwann zu seinem Nachfolger zu machen.

Doch *Business ist Business*. Im Februar 1986 hielt der junge Premier Nasarbajew, ohne mit der Wimper zu zucken, vor dem Kongress eine vernichtende Rede gegen jenen Mann, dem er seinen Aufstieg verdankte. Er prangerte sogar Kunajews Bruder Askar, den Präsidenten der Akademie der Wissenschaften, als Alkoholiker an. Einige andere Abgeordnete schlossen sich ihm an. Die Amtsenthebung Kunajews schien bevorzustehen. Doch das Zentralkomitee von Kasachstan wurde aktiv. Die ganze Nacht riefen die Mitglieder des Zentralkomitees wichtige Persönlichkeiten im Kongress an. Am nächsten Tag

---

6. Auch Poltoranin stand eine große Karriere bevor, da er später unter Jelzin Pressеminister in Russland wurde.

forderte die lokale Nomenklatur Gorbatschow heraus. Mehrere Abgeordnete äußerten sich zugunsten von Kunajew und so wurde dieser in geheimer Abstimmung wiedergewählt. Nasarbajew fand mit einer List aus dieser unangenehmen Situation heraus. Nach der Wiederwahl erhob er sich und wendete sich vor allen anderen an Kunajew: „Ich habe Sie zwar gestern kritisiert, Genosse, doch heute habe ich für Sie gestimmt." Auf diese Weise kam die Hinterlist von Nasarbajew erstmals ans Licht ...

Es mag zwar erstaunlich scheinen, doch Kunajew unternahm keine Schritte gegen seinen vormaligen Schützling, der sein Amt als Premierminister behielt. Er begriff wahrscheinlich, dass Nasarbajew nur auf Befehl aus Moskau gehandelt hatte. Gorbatschow seinerseits übte weiterhin Druck aus, um Kunajew zum Rücktritt zu zwingen. Er lud sogar Nasarbajew nach Moskau ein, um sich seiner Unterstützung zu vergewissern. Nasarbajew sah sich bereits auf dem Sessel von Kunajew. Doch er wurde rasch enttäuscht: Im Dezember 1986 sandte Gorbatschow den hohen Parteifunktionär Michail Solomenzew nach Kasachstan, damit dieser dort eine außerordentliche Plenarversammlung der kasachischen KP leite. Innerhalb einer Viertelstunde war Kunajew seines Amtes entledigt, unter dem Vorwand, er gehe jetzt in Pension, und man schlug als Nachfolger Gennadi Kolbin vor, den Ersten Sekretär der Region Uljanowsk. Laut den Memoiren von Michail Gorbatschow war es der zuvor in den Kreml beorderte Kunajew, der sich gegen die Kandidatur von Nasarbajew aussprach, wahrscheinlich weil er ihm einen Mangel an Dankbarkeit vorwarf. Es war ebenfalls Kunajew, der das Politbüro davon zu überzeugen vermochte, dass es unter den Kasachen keinen potenziellen Nachfolger gab.

Die Kasachen fühlten sich durch die Ernennung von Kolbin beleidigt. Dieser aus Russland stammende Mann, der dort einen Posten von mittlerer Bedeutung bekleidet hatte, kannte weder Kasachstan noch sprach er die kasachische Sprache. Seine Wahl machte perplex. Wenn Gorbatschow entgegen der Gepflogenheiten in den Republiken unbedingt einen ethnischen Russen in diesem höchsten Amt haben wollte, warum hatte er dann nicht jemanden von den hohen russischen Beamten in Kasachstan ausgewählt? Ein derart unmotiviertes Diktat seitens der Zentrale entsprach einer imperialistischen Politik.

Diese Entscheidung löste den ersten Aufstand im Zeitalter der Perestroika aus. Am 16. Dezember 1986 besetzten mehrere hundert Menschen, in erster Linie Studenten, den zentralen Platz der Stadt, um zu protestieren und den sofortigen Rücktritt des neuen Ersten Sekretärs zu verlangen. Kolbin und

Solomenzew riefen die Verantwortlichen der Stadt und des Landes zusammen. Solomenzew wollte beschwichtigen: „Es sind keine Kriminellen, es sind junge Leute, die unsere Kinder sein könnten. Sie verstehen die Situation nicht, wir müssen mit ihnen reden und sie zum Gehen auffordern. Sie wurden von jemandem manipuliert." Die jungen Leute wurden von der Miliz rasch vertrieben. Doch am nächsten Tag versammelte sich eine noch viel größere Menschenmenge am selben Ort. Es gab Spruchbänder, auf denen stand: „Wir verlangen Selbstbestimmung!", „Jedem Volk seinen Anführer!", „Schluss mit dem großrussischen Wahnsinn!" usw. Nasarbajew und andere Funktionäre versuchten die Wut der Demonstranten zu besänftigen. Vergeblich. Sie wurden von der Menge ausgebuht.

Diese Demonstrationen dauerten noch drei Tage, an denen ich meinen Arbeitsplatz nicht verließ. Ich schlief mit dem Kopf auf dem Pult. Mein erster Assistent, Akhan Bijanov, befand sich ständig vor Ort und informierte mich regelmäßig. Andere Unruhen brachen aus. Vor mein Bürgermeisteramt legten junge Leute Molotow-Cocktails, die man aufsammeln und entschärfen musste. Die Massen wurden immer aufgebrachter.

In der Zwischenzeit wurde auf Befehl Moskaus ein Kontingent von 50 000 Soldaten aus allen Ecken Russlands nach Kasachstan transportiert und rund um Almaty stationiert. Und schließlich begannen die Soldaten mit dem Segen von Kolbin und Nasarbajew die Demonstrationen mit Gewalt aufzulösen. Sie schlugen unbewaffnete Menschen mit Feuerwehr-Schaufeln und hetzten ihre Diensthunde auf sie. Die Zahlen, die erst Jahre später nach der Unabhängigkeitserklärung veröffentlicht wurden, sind schrecklich. 174 Menschen wurden getötet – einige von ihnen vor Ort, andere im Verlauf von Befragungen, die zu Folterungen ausarteten. 168 von ihnen wurden als vermisst gemeldet. In Wirklichkeit hat man sie heimlich an verschiedenen Orten in der Stadt verscharrt. Über 1700 Menschen erlitten schwere Verletzungen, bei vielen handelte es sich um Schädeltraumata.

Am nächsten Tag wurden wir, die Entscheidungsträger der Stadt, vom Zentralkomitee vorgeladen, wo man uns darüber informierte, dass über 8 500 Personen verhaftet worden waren. Hunderte von Menschen wurden bestraft, sie wurden entlassen oder aus ihren Hochschulen ausgeschlossen. 99 Personen wurden vom Gericht zu langen Haftstrafen verurteilt, und bei zwei Männern verwandelte man die Todesstrafe schließlich in 20 Jahre Gefängnis. Einer dieser Verurteilten, Kajrat Ryskulbekow, der angeklagt wurde, ein Mitglied der „Freiwilligenbrigade" getötet zu haben, wurde später erhängt in seiner Zelle gefunden; es hieß, er habe sich umgebracht. Erst 1992 wurde er vollständig rehabilitiert und sogar zum „Volkshelden" erklärt.

Welche Motive trieben die Demonstranten aber wirklich an? Natürlich gab es Spannungen zwischen Kasachen und ethnischen Russen. Die vom Land stammenden Kasachen strömten aus wirtschaftlichen Gründen und wegen der hohen Geburtenraten in die Städte. Eine Arbeit fanden sie nur, wenn sie ausgezeichnet Russisch sprachen, während ein von der Zentrale ernannter Russe oder sogar ein in Kasachstan ansässiger Russe nicht verpflichtet war, die lokale Sprache zu beherrschen. Die ethnischen Kasachen fühlten sich durch diese erzwungene Russifizierung diskriminiert. Dabei hatten Russen und Kasachen sowie andere Volksstämme während Jahrzehnten friedlich nebeneinander gelebt.

Ich denke, der eigentliche Grund für die Unzufriedenheit war neben den Nachteilen infolge der Russifizierung vor allem in der wirtschaftlichen Schwäche des sowjetischen Systems und im legitimen Wunsch der Jugend zu suchen, sich von der Kontrolle durch Moskau zu befreien. Paradoxerweise waren diese Aufstände das Resultat der von Gorbatschow eingeführten Glasnost. Dasselbe Szenario sollte sich in den darauffolgenden Jahren in anderen Republiken wiederholen. Die Protestbewegung war also ursprünglich eher politischer als „nationalistischer“ Natur. Doch die Puppenspieler, welche die Fäden in der Hand hielten, hatten es verstanden, die Situation zugunsten der nationalistischen Forderungen zu nutzen und eine Welle der Gewalt auszulösen.

Die Unruhen von Dezember 1986, in Kasachstan als *Scheltoksan* bekannt, bleiben eine offene Wunde innerhalb des kasachischen Gedächtnisses. Man wird wahrscheinlich nie erfahren, was in diesen vier bis fünf schicksalsträchtigen Tagen wirklich passiert ist und welche Rolle Nasarbajew dabei zukam. Einige Politologen gehen davon aus, er habe hinter den Kulissen ein doppeltes Spiel getrieben. Er trat beispielsweise einmal auf den Platz, um mit den jungen Leuten zu reden, und sprach sich gleichzeitig für drastische Repressionsmaßnahmen aus, um damit die Autorität Kolbins zu untergraben und Moskau zu zwingen, diesen kaltzustellen, damit er dann seine Position übernehmen könnte. Einige Aktivisten der Zivilgesellschaft wie Jasaral Kuanyschalin sind sogar der Meinung, die Unruhen seien von Nasarbajew und seinen Handlangern angezettelt worden. Die Demonstrationen waren auf jeden Fall nicht spontan entstanden, da die jungen Leute in Gruppen, ja sogar in Reih und Glied auf dem Platz eintrafen, wenige Stunden später wieder gingen und Neuankömmlingen wichen, als ob das alles sorgfältig inszeniert worden sei.

Nasarbajew selbst berichtete in unterschiedlichen Varianten von den Ereignissen. Im Jahr 1987 und sogar 1990 bestätigte er in Artikeln und Gesprächen, die Menschenmenge habe aus „Hooligans“ und „Extremisten“ bestanden. Als 1991 die Unabhängigkeit Kasachstans in greifbare Nähe rückte, schlug er plötzlich andere Töne an und behauptete, er habe sich selbst an die Spitze einer Kolonne von Demonstranten gesetzt, was von mehreren Zeugen übereinstimmend dementiert wurde. Nachdem er an die Macht gelangt war, machte Nasarbajew *Scheltoksan* zu einem Symbol des kasachischen Kampfes für die Unabhängigkeit, unterband aber gleichzeitig die Bemühungen, eine unparteiische Untersuchung der tragischen Ereignisse durchzuführen.

Kolbin blieb bis zum Juni 1989 an der Spitze der Republik. Die allgemeine Lage war schwierig, wie in der gesamten UdSSR. Der Zerfall des Erdölpreises auf dem Weltmarkt hatte katastrophale Folgen für das Budget der Sowjetunion, und Gorbatschow versuchte das in der Kasse klaffende Loch zu stopfen, indem er zur Beschleunigung der Produktion aufrief (*Uskorenie*), doch dieser in Vergessenheit geratene Begriff der Perestroika blieb wirkungslos. Ich wusste ja, wie veraltet und überholt die Einrichtungen überall in der Industrie waren. Eine Intensivierung hätte unweigerlich zu einer noch rascheren Abnutzung des Materials geführt. Diese Situation wurde durch die Tatsache verschlimmert, dass viele qualifizierte Fachleute nach den ersten Anzeichen einer wirtschaftlichen Liberalisierung der Industrie den Rücken kehrten und in die Geschäftswelt abwanderten. Nahrungsmittel und alltägliche Konsumartikel wurden überall immer knapper.

Etwas muss ich Kolbin dennoch zugute halten: Er hatte es geschafft, von der Zentrale die Bewilligung zu erwirken, keine lokal produzierten Lebensmittel mehr nach Moskau liefern zu müssen. Dies war in den Jahren davor gang und gäbe, als Kasachstan mit seiner hoch entwickelten Landwirtschaft und Viehzucht[7] verpflichtet war, Moskau mit Getreide und Fleisch zu versorgen. Weil nun das Geld rasch an Wert verlor, hatten es die Kolchosen aber nicht eilig, ihre Produkte zu fixen Preisen an den Staat zu verkaufen. Kasachstan wurde von der allgemeinen Versorgungsnot also nicht verschont. Kolbin, seit seinen Anfängen in der Republik ein gebranntes Kind, war zu allem bereit, um den Unmut des Volkes zu besänftigen, und bewilligte sogar die Jagd auf Zugvögel, um den Fleischmangel zu überbrücken.

Viele Jahre später konnte ich sehr offen mit Gorbatschow, der oft nach Almaty kam, über die Perestroika diskutieren. Er räumte ein, die Ernennung von Kolbin sei ein Fehler unter vielen gewesen. Doch ich denke, das Problem

7. Der Viehbestand bei den Schafen umfasste z.B. 50 Millionen Tiere.

war noch viel gravierender. Natürlich war es unumgänglich, das System zu erneuern (Perestroika und Glasnost), doch Gorbatschow hatte eigentlich keine klare Zielvorstellung. Er tastete sich blind vor. Aus diesem Grund schlitterte die UdSSR trotz seiner Anstrengungen auf dem internationalen Parkett und in der Innenpolitik unweigerlich auf die Implosion zu. Ich erinnere mich an eine erstaunliche Aussage Gorbatschows: „Als ich zum Generalsekretär der KPdSU gewählt wurde, beschloss ich zusammen mit meiner Frau Raissa, den Kommunismus in unserem Land zu beenden."

Ich musste also nicht nur die Lebensmittelversorgung meines Distrikts gewährleisten, sondern hatte mich auch um soziale Konflikte und fast alle Alltagsprobleme der Einwohner zu kümmern. Es war mir insbesondere ein Anliegen, an ihrem Arbeitsplatz und in ihren Wohnvierteln mit den Menschen zu reden. Es gelang mir außerdem, zusätzliche finanzielle Mittel für meinen Distrikt zu erhalten, was in dieser schweren Zeit kein leichtes Unterfangen war. Folgende Geschichte soll meine Arbeit veranschaulichen.

Im Mai 1989 kam es infolge eines Weichenfehlers auf einem Abstellgleis im Bahnhof von Almaty zu einem Zusammenstoß zwischen zwei Lokomotiven, und zwar mit tragischen Folgen: Eine Zisterne mit flüssigem Gas explodierte, 112 Personen kamen ums Leben, darunter acht Feuerwehrleute. Mehrere andere erlitten schwere Verletzungen und Verbrennungen, 30 Privathäuser wurden zerstört.

Ohne einen Entscheid der städtischen Behörden abzuwarten, rief ich einen Generalstab ins Leben, um die Lage unter Kontrolle zu bekommen. Die Menschen, die ihr Obdach verloren hatten, kamen in Schulen unter und erhielten drei Mahlzeiten pro Tag. Die Bestattungen wurden organisiert, einschließlich der Heimführung der Leichen in die verschiedenen Regionen Kasachstans. Ich trieb sogar Geld auf, um in Frankreich hochwertige, bei uns noch unbekannte Krankenhausbetten zu erwerben, um die Patienten mit Verletzungen und schweren Verbrennungen in den Spitäler von Almaty zu versorgen. Und dank meiner Beharrlichkeit brachte die Stadt schließlich alle Betroffenen in zwei Wohnhäusern unter, die sich zum Zeitpunkt der Katastrophe noch im Bau befanden.

Der Wind der Freiheit

Obwohl die letzte Phase der Perestroika wirtschaftlich gesehen ein Desaster war, führte sie auch zu einer Explosion der Freiheit, wie sie die Sowjetunion noch nie erlebt hatte, außer vielleicht in einer kurzen Periode zu Beginn der

1920er Jahre. Dieser politische Aktivismus war größtenteils mit der Vorbereitung des ersten Volksdeputiertenkongresses der UdSSR verknüpft. Im Dezember 1988 wurde ein Gesetz über die Wahl der Abgeordneten dieses Kongresses verabschiedet, in dem auch die Möglichkeit vorgesehen war, dass sich neben den Kandidaten der Kommunistischen Partei und der sowjetischen Organisationen mit sozialer Ausrichtung auch unabhängige Kandidaten zur Wahl stellen durften. Dies stellte eine Art Revolution dar: Die Menschen konnten von nun an ihre Vertreter im obersten Organ des Landes frei wählen. So wurde Premierminister Nasarbajew, der eine akzeptable Alternative zum weiterhin unbeliebten Kolbin zu sein schien, zum Abgeordneten gewählt.

Während dieser Wahlkampagne kam es zu einem einschneidenden Ereignis. Am 25. Februar 1989 hielt der berühmte kasachische Dichter Olschas Sulejmenow in Almaty eine Versammlung ab. Doch anstatt sein Wahlprogramm vorzustellen, begann er von radioaktiven Gasen zu sprechen, die vor kurzem auf dem Testgelände Semipalatinsk ausgetreten waren und einmal mehr die Gesundheit der Anwohner zu gefährden drohten. Er erinnerte an die jüngst vorgefallene Katastrophe von Tschernobyl und rief die Menschen zu Demonstrationen auf. Am 28. Februar versammelten sich Tausende von Einwohnern in Almaty vor dem Gebäude der Schriftstellerunion Kasachstans. Nach der gewaltsamen Auflösung der Aufstände von Dezember 1986 war dies die erste große Menschenansammlung in der Hauptstadt. Die Protestbewegung Nevada-Semej war entstanden.

Einige Tage später wandte sich Sulejmenow über den nationalen Rundfunk an das Volk und in kürzester Zeit unterschrieben zwei Millionen Kasachen die Petition, in der die Einstellung der Atomtests weltweit sowie die Schließung des Testgeländes verlangt wurden. 130 000 Minenarbeiter aus Karaganda drohten mit einem Streik auf unbestimmte Zeit, falls die Versuche fortgesetzt würden. Sie wurden von den Arbeitern in mehreren anderen Städten unterstützt. Und das Volk errang zumindest einen kleinen Sieg, denn von den 18 unterirdischen Tests, die im laufenden Jahr geplant worden waren, wurden nur sieben ausgeführt. Seither ist das Gelände endgültig geschlossen. Zudem erhielt die Protestbewegung sofort internationale Anerkennung. Kasachstan wurde zu einem Akteur auf der internationalen Bühne.

Während des Kongresses, der vom 25. Mai bis zum 9. Juni 1989 in Moskau abgehalten wurde, blieben die Straßen von Almaty menschenleer, wie alle Straßen in allen sowjetischen Städten. Die Leute klebten sozusagen an ihren Fernsehbildschirmen, um die heftigen Debatten in der Legislative zu verfolgen. Die Mitglieder der Interregionalen Gruppe, der radikale Reformatoren wie Andrej Sacharow und Juri Afanassjew angehörten, verlangten insbesondere, dass Artikel 6 der Verfassung, in dem die leitende Funktion der KP in der sowjetischen Gesellschaft festgelegt war, abgeschafft und das Mehrparteiensystem erlaubt würde. Sie waren nicht sofort erfolgreich, gewannen den Kampf aber ein Jahr später.

Nasarbajew wiederum fiel im Kongress als weise und vorsichtige Führungspersönlichkeit auf. In seinen Reden sprach er sich im Rahmen einer Erneuerung des kommunistischen Systems für Reformen aus. Er kehrte in einer Machtposition nach Almaty zurück. Kolbin wurde auf einen anderen verantwortlichen Posten nach Moskau zurückgerufen, während Nasarbajew überlegen zum Ersten Sekretär der KP von Kasachstan gewählt wurde. Von den 158 Abgeordneten der Plenarsitzung der Partei vom 22. Juni 1989 in Almaty stimmten 154 für ihn. Seine Ambitionen waren schnell offensichtlich, als er das Politbüro der kasachischen KP neu zusammensetzte, als ob er sich mit Gorbatschow messen würde.

Die Freude über den Rücktritt Kolbins und den Amtsantritt von Nasarbajew, der damals als Demokrat und Reformator galt, wurde rasch durch einen erneuten Aufstand getrübt. Er brach in Schanaosen[8] aus, einer Region im Südwesten Kasachstans, in der Öl und Gas gefördert wird und wo es unter Stalin auch zahlreiche Lager gab. 1989 besaß ein beträchtlicher Teil der Einwohner dieser Stadt und der Umgebung nichtkasachische Wurzeln und bestand hauptsächlich aus Tausenden von Kaukasiern. Zahlreiche Tschetschenen und Angehörige anderer nordkaukasischer Völker, die bis 1957 als Deportierte in Kasachstan gelebt hatten, waren wegen der hohen Löhne in der Erdöl- und Gasindustrie geblieben. Die qualifizierten ausländischen Arbeitnehmer genossen überdies verschiedene Privilegien, wie beispielsweise die Bereitstellung von Unterkünften.

Am Abend des 16. Juni brach in der Nähe eines Tanzlokals Streit zwischen jungen ethnischen Kasachen und Kaukasiern aus. Am nächsten Tag führten ethnische Kasachen Pogrome gegen Kaukasier durch, welche natürlich nicht untätig zuschauten. Dies ergab eine explosive Mischung für soziale Proteste, Forderungen nach Unabhängigkeit, ethnischen Nationalismus und Gewaltanwendung. Nach elf Tagen hatten die Spezialeinheiten *Speznas* und die reguläre Armee auf Befehl des Obersten Sowjets diesen Rebellenaufstand mit Hilfe von Panzern, Kampffahrzeugen und Helikoptern vollständig unterdrückt. Fast die gesamte nichtkasachische Bevölkerung, d. h. rund 25 000

8. Damals noch Novi Usen.

Personen, musste nach diesen Auseinandersetzungen die Stadt verlassen oder wurde evakuiert. Bis heute werden die Archivdokumente dieser Operation geheim gehalten oder wurden teilweise zerstört, und die Zahl der Todesopfer wird sehr unterschiedlich eingeschätzt. Es ist von knapp 200 Personen die Rede, die angeblich heimlich in der Steppe verscharrt wurden.

Es blieb nicht bei diesem Einzelfall. Ab 1988 brachen in mehreren Republiken ähnliche Unruhen aus. Man braucht sich nur das berüchtigte antiarmenische Pogrom von Sumgait in Aserbaidschan in Erinnerung zu rufen, das dem Konflikt um Bergkarabach[9] voranging. Die internationalistische Ideologie, in der wir alle erzogen worden waren, erwies sich als wirkungslos angesichts der wirtschaftlichen Schwierigkeiten und der nationalistischen Forderungen. Doch noch ahnte niemand, dass diese Unruhen das baldige Auseinanderbrechen der UdSSR ankündigten.

1989 kam es in meinem Leben zu diversen Veränderungen. Anlässlich einer Wahl wurde ich unter mehreren Kandidaten – etwas völlig Neues! – zum Zweiten Sekretär des Parteikomitees von Almaty ernannt. Ich war sehr stolz auf mich, denn nach mehreren Jahren Arbeit in der Stadtverwaltung wusste ich sehr wohl, wie stark die Parteiorgane in der Leitung von Unternehmen und öffentlichen Ämtern involviert waren. Ich nahm meine Funktion als Kommunist also sehr ernst und hoffte einfach, ich könne mich für das Wohl der Bevölkerung einsetzen. Ganz besonders freute es mich, dass meine Wahl so einmalig war. Noch nie war in der Vergangenheit ein Mann, der noch nie in den Parteistrukturen gearbeitet hatte, direkt zur Nummer Zwei der Hauptstadt gewählt worden. Dieser Beweis meiner Popularität verlieh mir Flügel. Ich schrieb mich sogar an der Höheren Schule der Partei ein, was damals noch als obligatorische Etappe für eine große Karriere galt; und vor allem setzte ich mich hundertprozentig bei meiner Arbeit ein.

Zu jener Zeit hatten Versammlungen überall im Land, und insbesondere in Almaty, Einzug in den Alltag gehalten. Die Stadtverwaltung bestimmte den Valichanow-Platz im Stadtzentrum zum offiziellen Ort für alle möglichen Zusammenkünfte, ganz nach dem Vorbild des Hydeparks in London. Tausende von Lehrern, Ärzten, Rentnern, politischen Aktivisten aus neuen Parteien und Bewegungen verlangten das Ende der Diktatur und forderten die

9. Das Pogrom von Sumgait fand vom 27. – 29. Februar 1988 statt, als Reaktion auf den Beschluss der autonomen Republik Bergkarabach, ihre Unabhängigkeit zu erklären. Die in Sumgait lebenden ethnischen Armenier wurden seitens der Aseri gewaltsam angegriffen. 32 Personen verloren ihr Leben, es gab über 100 Verletzte. Dieses Pogrom führte zu einem Strom von amermenischen Flüchtlingen nach Bergkarabach (eine armenische Enklave in Aserbaidschan) und Armenien.

Demokratie sowie höhere Löhne und Renten. Es gab unzählige Forderungen aller Art, von denen einige gerechtfertigt waren, andere nicht. Wenn die Anfragen von Einwohnern der Stadt stammten, bemühte ich mich jedes Mal, im Rahmen meiner Möglichkeiten eine Lösung zu finden, um die Spannungen zu beseitigen.

So auch im Jahr 1990, als eine kleine Gruppe, die seit Jahren vergeblich um die Zuteilung kleiner Grundstücke am Rand der Hauptstadt bat, um dort Häuser zu bauen, schließlich einfach Land besetzte, ohne eine Bewilligung zu haben. Obwohl diese Besetzung in der Region von Almaty und nicht in der Stadt selbst stattfand, sandte man mich „auf die Barrikaden". Als ich in Vertretung der Staatsmacht eintraf, griffen die Leute zu ihren Schaufeln und waren bereit, mich zu lynchen, doch es gelang mir, sie von einem zivilisierten Lösungsansatz zu überzeugen.

Sie mussten einsehen, dass ihr illegaler Widerstand gegen das Gesetz sie letztendlich ins Gefängnis bringen würde. Ich reichte meinen Bericht beim Ersten Parteisekretär der Region ein und schlug vor, diesen verzweifelten Familien Land zuzuteilen. Ich erinnerte mich nur zu gut an die harte Zeit, als ich selbst mit meiner Familie im Arbeiterheim lebte. Zu guter Letzt beschlossen die Verantwortlichen der Region, die Sowchose „Prigorodny" aufzulösen und 3600 Hektar Land an die Stadt Almaty abzutreten. Es sollte diesen Menschen für den Bau ihrer Hütten überlassen werden.

Die Macht der KP wurde allgemein immer stärker in Frage gestellt. Die Bevölkerung lehnte sich beispielsweise gegen den Bau eines Krankenhauses für Parteikader im Vorort Kalkaman auf und verlangte ein Ende der Privilegien. Die Regierung, die das Projekt mit staatlichen Mitteln finanziert hatte, stellte die Zahlungen ein und die Arbeit wurde gegen Ende 1989 eingestellt. Die allgemeine Not war so groß, dass das fast fertige Gebäude rasch geplündert wurde: Heizkörper und Leitungsrohre wurden abmontiert, Türen und Fenster entfernt, Kacheln und elektrische Kabel herausgerissen und gestohlen.

Die Baustelle fiel in diesem jämmerlichen Zustand schließlich der Stadt zu. Ich erhielt den Befehl, den Bau zu beenden und ein öffentliches städtisches Krankenhaus daraus zu machen. Ich überspringe hier die Komplikationen bei der Suche nach finanziellen Mitteln und andere Probleme. Wichtig ist nur, dass dieser Komplex mit 1000 Betten zum wichtigsten Krankenhaus von Almaty wurde – und es bis heute ist. Solche Erfolge gaben mir die Kraft, trotz aller Schwierigkeiten, mit denen ich immer wieder konfrontiert wurde, weiterzumachen.

Die beiden letzten Jahre der UdSSR waren im Zentrum und in den Republiken äußerst turbulent. Die Abschaffung von Artikel 6 der Verfassung betreffend die leitende Funktion der KP durch den dritten Volksdeputiertenkongress im März 1990 in Moskau ist zweifellos das Schlüsselereignis dieser Zeit. Das Mehrparteiensystem wurde *de facto* erlaubt, während das Monopol der KP endete, was eine neue Organisation der Macht erforderlich machte. Im folgenden Monat wurde Michail Gorbatschow vom Obersten Sowjet zum ersten Präsidenten der UdSSR gewählt. Wie mehrere andere leitende Politiker in den Republiken folgte auch Nasarbajew dem Vorbild von Michail Gorbatschow und ließ sich im April desselben Jahres vom Obersten Sowjet der Republik zum Präsidenten von Kasachstan ernennen.

Die politische Erneuerung betraf auch mich persönlich. Im März 1990 wurde ich zum Abgeordneten im Obersten Sowjet von Kasachstan gewählt und stach dabei zwei weitere Kandidaten aus. Diese Wahlen verkörperten wahrscheinlich den Höhepunkt der noch jungen parlamentarischen Demokratie dieser Republik. Die Erfahrungen in der Administration kamen aber nicht allen zugute. Mehrere hohe Funktionäre des Staates und der KP mussten Niederlagen einstecken. Von den zwölf Regierungsministern, die sich an dieser Wahl beteiligten, erhielten nur zwei das Vertrauen der Wähler. Ich hatte es geschafft und war zu Recht stolz darauf!

Kurze Zeit später kam es auf städtischer und regionaler Ebene in Almaty zu Veränderungen. Da die Nummer eins von Almaty nicht mehr Erster Sekretär des Parteikomitees der Stadt war, sondern Präsident des Sowjets, ging dieser Posten im Frühjahr 1991 automatisch auf Nurkadilov über. Ich wurde meinerseits zur selben Zeit zum Präsidenten des Exekutivkomitees unseres Sowjets ernannt. Obwohl es das Vorrecht von Nurkadilov gewesen wäre, ergriff Nasarbajew vor den versammelten Abgeordneten in der Session das Wort, um meine Kandidatur zu unterstützen. Auf diese Weise wollte er Misstrauen säen zwischen mir und meinem Vorgesetzten. Teile, um besser zu herrschen! Damals kannten wir uns so wenig, dass er mich eines Tages Vitaly nannte. Doch er schätzte meine Arbeit.

Nasarbajew oder die ersten Schritte eines Tyrannen

Nursultan Nasarbajew hat lange vor seinem Amtsantritt als Präsident damit begonnen, sich seine Gefolgschaft zu organisieren. Schon als Premierminister hatte er sich mit Leuten umgeben, die in den nächsten Jahren eine wichtige Rolle spielen würden, wie z. B. Nurtaj Abykajew[10] oder Vladimir Ni[11]. Und gleich nach seiner Ernennung auf den höchsten Posten ersetzte er nach und nach die alten Führungskräfte in Almaty und in den Provinzen durch seine Anhänger. Er sicherte sich vor allem die Kontrolle über die Streitkräfte, die in der Vergangenheit auf die Befehle von Moskau hörten. Dazu kam die Schaffung neuer Organe, darunter insbesondere der Apparat des Präsidenten, der das Kommandozentrum des Regimes werden sollte.

Weitere Änderungen traten ein. Im Oktober 1990 verabschiedete der Oberste Sowjet die Souveränitätserklärung Kasachstans, was die Einführung eines neuen Präsidentenstatus ermöglichte. Nasarbajew wurde zum Chef der Exekutive und unterstellte das Kabinett der Minister seinem Befehl. Er schaffte die bestehenden Kontrollorgane ab und öffnete somit den schlimmsten Machtmissbräuchen Tür und Tor, zudem bewirkte er die Zusammenlegung des Regierungsapparats mit dem präsidentiellen Apparat. Und zu guter Letzt ordnete er die Schaffung des Obersten Wirtschaftsrats an, der das Programm für den schrittweisen Übergang zur Marktwirtschaft ausarbeiten sollte, und wurde ebenfalls dessen Präsident. So hatte er bereits vor seiner Wahl durch das Volk damit begonnen, die Grundlagen für seine künftige Autokratie zu schaffen.

Diese Konsolidierung der Macht erfolgte vor dem Hintergrund einer immer katastrophaleren wirtschaftlichen Situation. Anfang 1991 hatten sich die offiziellen Preise im Engros- und im Detailhandel im Vergleich zum Vorjahr verdoppelt. Doch die tatsächliche Inflation war deutlich höher, und die Menschen kauften so viel, wie sie nur konnten. Die Regale aller Geschäfte waren leer. Als Verantwortlicher der Stadt Almaty suchte ich krampfhaft nach Mitteln, um die Versorgung der Bevölkerung zu gewährleisten.

Zu dieser Zeit galten überall in der UdSSR und bei uns in Kasachstan dieselben Regeln. Man konnte bei der Regierung sogenannte „Kredite in

---

10. Dieser oft als „graue Eminenz" des Regimes bezeichnete Mann ist angeblich ein Neffe des kasachischen Präsidenten. Von 1990 bis 1995 leitete er den präsidentiellen Apparat; 1998-1999 stand er dem KNB vor, dem Komitee für nationale Sicherheit, und besetzte seither hohe Posten in der Hierarchie. Im August 2010 kehrte er an die Spitze des KNB zurück.

11. Der 2010 verstorbene Ingenieur arbeitete zwischen 1970 und 1990 im Ministerrat von Kasachstan. Nach der Unabhängigkeit Kasachstans stand er an der Spitze des Sekretariats des Präsidenten und war Vizedirektor des präsidentiellen Apparats. Seit 2002 leitet er den Verband KHOZU, der die Ressourcen des Präsidenten und der Regierung verwaltet und gewährleistet.

Form von Waren“ erhalten. Die Regierung verlieh vertrauenswürdigen Personen dabei das Recht, im Voraus festgelegte Mengen – Quoten – an Rohstoffen ins Ausland zu verkaufen, um mit diesem Geld Nahrungsmittel für die Bevölkerung zu erwerben. In Sankt Petersburg, zum Beispiel, erhielt Wladimir Putin solche Quoten von Egor Gajdar, dem Chef der damaligen russischen Regierung.

Bei uns wurden diese Geschäfte ausschließlich den Vertrauten von Nasarbajew zugeschanzt, die auf diese Weise ein Vermögen anhäuften. Da ist zunächst Syzdyk Abischew zu erwähnen, ein Verwandter von Nasarbajews Frau Sara, der zum Präsidenten des Komitees für wirtschaftliche Beziehungen mit dem Ausland ernannt wurde, des späteren Außenhandelsministeriums. Der Verkauf von Rohstoffen im Ausland erfolgte zwangsläufig über dieses Komitee, das allein das Recht besaß, mit ausländischen Währungen zu arbeiten. Da die Kaufpreise bei den lokalen Unternehmen deutlich unter denjenigen auf dem internationalen Markt lagen, kann man sich unschwer vorstellen, wie groß der Geldsegen für die Präsidentenfamilie war ...

Etwa gleichzeitig verhandelte Präsident Gorbatschow mit den führenden Politikern der Republiken über einen Vertragsentwurf, der die UdSSR in eine weit weniger zentralistische Föderation verwandelt hätte. In seinen Memoiren berichtet der Staatsmann, dass er sich Ende Juli 1991 mit Boris Jelzin darüber geeinigt habe, Nasarbajew als Kandidaten für den Posten des Regierungschefs der zukünftigen Föderation vorzuschlagen, und dass letzterer diesem Vorschlag zugestimmt habe. Doch der kasachische Präsident spielte, wie schon so oft, ein falsches Spiel. Seit Monaten nahm er heimlich an den Verhandlungen mit Jelzin teil, um eine Art Vereinigung zwischen vier Republiken zu gründen, nämlich Russland, Ukraine, Weißrussland und Kasachstan, selbstverständlich fanden diese ohne die Anwesenheit von Gorbatschow statt. Als es am 19. August 1991 zum Putsch gegen Gorbatschow kam, wandte sich sein „treuer Verbündeter“ Nasarbajew an die kasachische Bevölkerung und rief sie auf Ruhe zu bewahren, ohne dabei die Absetzung des sowjetischen Präsidenten mit einem Wort zu erwähnen.

Der Putsch wurde zwei Tage später dank der Energie und dem Charisma von Boris Jelzin vereitelt, was Nasarbajew die Einführung neuer Maßnahmen zur Stärkung seiner eigenen Macht gestattete. So ordnete der Präsident die Schaffung eines Sicherheitsrates an, natürlich unter seiner Leitung. Er verbot mit sofortiger Wirkung die lokale kommunistische Partei, wie dies in den anderen Republiken der Fall war. Indem er seinen präsidentiellen Apparat mit dem der aufgelösten Partei zusammenlegte, wurde dieser noch mächtiger.

Von den unzufriedenen Kommunisten wurde später eine neue kommunistische Partei ins Leben gerufen, doch die meisten Mitglieder, darunter auch ich, schlossen sich der frisch entstandenen sozialistischen Partei an. Diese wurde vom berühmten Schriftsteller Anuarbek Alimjanow geleitet, der sich mit Nachdruck gegen den sich bereits abzeichnenden Autoritarismus aussprach. Zu meinem großen Bedauern starb Alimjanow 1993 an Krebs.

Am 1. Dezember 1991 wählte Kasachstan zum allerersten Mal seinen Präsidenten nach allgemeinem Wahlrecht. 99 % der Wähler gaben ihre Stimme erwartungsgemäß dem bereits regierenden Nasarbajew, da es seinem einzigen potenziellen Konkurrenten Chasen Koschachmet, dem Anführer der Protestbewegung *Scheltoksan*, nicht gelungen war, genügend Unterschriften zu sammeln, um seine Kandidatur anzumelden.

Eine Woche später wurde das Ende der UdSSR als Subjekt des internationalen Rechts durch die Belowescher Vereinbarung besiegelt. Sie begründete die Gemeinschaft Unabhängiger Staaten (GUS) zwischen Russland, Ukraine und Weißrussland, die auch anderen Republiken offen stand, und war das Resultat eines Komplotts der Staats- und Regierungschefs dieser drei Republiken. Diese hatten sich hinter dem Rücken von Gorbatschow in den weißrussischen Belowescher Wäldern getroffen, um seine Pläne zu durchkreuzen und ihn zum Rücktritt zu zwingen.

Auch in diesem Fall spielte Nasarbajew mit gezinkten Karten. Die Chefs der drei slawischen Republiken, Jelzin, Krawtschuk und Schuschkewitsch, hatten ihn auch eingeladen. Er hatte versprochen zu kommen, doch sein Flugzeug war dann nicht in Minsk gelandet, sondern in Moskau, wo er zusammen mit Gorbatschow auf die Rückkehr von Jelzin wartete. Gorbatschow beschreibt diese Episode teilweise in seinen Memoiren, meine restlichen Informationen stammen aus zuverlässigen Quellen. Nasarbajew hatte die Idee Gorbatschows, ihm den Posten des Vizerpräsidenten oder des Premierministers in der neuen Union anzubieten, an dessen Gründungsvertrag der russische Staatschef seit Monaten arbeitete, sehr verlockend gefunden und wollte dies daher nicht durch eine Verschwörung gefährden. Seine Rechnung ging aber nicht auf und bescherte ihm in den ersten postsowjetischen Jahren ein angespanntes Verhältnis zu Jelzin.

Angesichts der Ereignisse blieb Nasarbajew letztendlich keine andere Wahl, als die Unabhängigkeit zu akzeptieren. Sie wurde erst am 16. Dezember 1991 erklärt, nach der aller anderen Republiken. Am 21. Dezember versammelte sich der Rat der GUS-Staatschefs in Almaty, um über den Status von Gorbatschow nach seinem vier Tage später erfolgenden Rücktritt zu entscheiden. Keiner der anwesenden Politiker verabschiedete sich vom sowjetischen Präsidenten oder rief ihn am nächsten Tag an. Auch Nasarbajew nicht.

Die ersten Jahre der Unabhängigkeit

Gemäß der Metapher des kasachischen Politologen Daniar Aschimbajew glich das Jahr 1992 einer „Reise Richtung Unabhängigkeit". Das gesamte Staatssystem musste neu organisiert werden, vor allem mussten die regionalen Außenstellen einiger sowjetischer Ministerien der landesweiten Rechtsprechung unterworfen werden, wie beispielsweise jene des Innenministeriums, das eigene Kampftruppen besaß. Nasarbajew nutzte diese Gelegenheit, um die Struktur der lokalen Machtinstitutionen von Grund auf zu verändern. Er gründete das Institut der Regionalverwaltungschefs, die nun das Rückgrat der Exekutive bildeten.

Die Volksdeputiertensowjets, die während der kurzen Dauer der Perestroika (nach der Abschaffung der Hegemonie der KP) die obersten Machtorgane in den Regionen darstellten, verwandelten sich in lokale Parlamente ohne tatsächliche Macht. Dies erreichte Nasarbajew durch ein raffiniertes Vorgehen: Die Funktion des Parlamentspräsidenten wurde abgeschafft. Ab sofort übernahm ein zu Beginn jeder parlamentarischen Session von seinen Amtskollegen gewählter Abgeordneter diese Aufgabe. Dieser blieb natürlich viel zu kurz im Amt, um Einfluss auszuüben. In der Zwischenzeit ging die ausführende Gewalt auf den Präsidenten und das Ministerkabinett über, das ebenfalls dem Präsident unterstellt war. Die Exekutivkomitees in den Regionen und Städten wurden abgeschafft und alle ihre Funktionen an die vom Präsidenten ernannten Verwaltungschefs übertragen. Die junge kasachische Demokratie begann Rückschläge einzustecken.

In zwei Dritteln der Regionen setzte der Präsident seine eigenen Leute ein; in Almaty jedoch behielt er Zamanbek Nurkadilov bei, dessen erster Assistent ich wurde. Im Alltag blieb also alles beim Alten. Mein Vorgesetzter Nurkadilov war für die repräsentativen Auftritte zuständig, ich kümmerte mich weiterhin um die konkreten Verwaltungsaufgaben der Stadt: In Wirklichkeit war ich also für den Alltag der Bürgerinnen und Bürger von der Wiege bis zur Bahre zuständig.

Der Reigen der Entlassungen und Ernennungen dauerte während des gesamten Jahres 1992 fort. Ich möchte hier einige Persönlichkeiten erwähnen, die im Land rasch eine wichtige Rolle spielen sollten. Im März wurde der junge Journalist Altynbek Sarsenbajew, der sich knapp ein Jahr zuvor erfolglos für die Stelle des Ideologie-Verantwortlichen im Komsomol beworben hatte, zum Leiter des Kulturamtes innerhalb des präsidentiellen Apparates ernannt. Innerhalb weniger Monate konnte er mehrere andere Dienststellen an sich reißen und wurde zum Leiter des neuen Amtes für Innenpolitik. Während mehrerer Jahre arbeitete Sarsenbajew als Ideologe des Regimes von Nasarbajew, bevor er sich dann gegen Wahlbetrug auflehnte. Er versuchte, Veränderungen im politischen Leben Kasachstans zu veranlassen und unabhängige Medien einzuführen. Dafür wurde er 2006 umgebracht.

Im Juni 1992 wurde der junge Unternehmer Akeschan Kaschegeldin aus Semipalatinsk, von dem in Almaty noch nie jemand etwas gehört hatte, Vorsitzender des Unternehmerrats. Einige Monate später ernannte man ihn zum Vizepräsidenten der Union der Industriellen und Unternehmer. Natürlich war sein kometenhafter Aufstieg kein Zufall. Dieser Mann, der im KGB gedient und von 1987-1989 sogar an der Höheren Schule des KGB in Moskau studiert hatte, verfügte anscheinend über beste Beziehungen zur jungen kasachischen Staatsführung, die sich mühevoll vom gemeinsamen sowjetischen Stamm zu lösen versuchte. Seine KGB-Vergangenheit hinderte ihn jedenfalls nicht daran, im Jahr 1993 stellvertretender Premierminister, später Premierminister und schließlich sogar Sonderberater des Präsidenten zu werden. 1998 stellte er sich zur Wahl als Präsident, was ihn in Ungnade fallen ließ. Als Konsequenz wurde er ein Jahr später gezwungen, Kasachstan zu verlassen, wobei er von der Regierung wie ein gemeiner Verbrecher verfolgt und von Interpol gehetzt wurde.

Mit Oleg Soskovets wurde eine weitere undurchsichtige Persönlichkeit Präsident der Union der Industriellen und Unternehmer. Er erhielt auch andere Ämter. Im März 1992 wurde der ehemalige Direktor des Karmetkombinats, des Kombinats der metallverarbeitenden Industrie von Karaganda, dessen Direktor er gewesen war und wo er mit Nasarbajew zusammengearbeitet hatte, zum ersten stellvertretenden Premierminister von Kasachstan und zum Industrieminister ernannt. Bei den komplizierten Machenschaften, die sich in den Korridoren der Macht abspielten, zog er aber den kürzeren und zog sich nach Russland zurück, wo im April 1993 ein attraktiver Posten auf ihn wartete, nämlich derjenige des ersten stellvertretenden Premierministers der Russischen Föderation: Er stand 14 Ministerien vor und blieb gleichzeitig im „Team" von Nasarbajew. Soskovets schaffte es übrigens, das gute Einvernehmen zwischen Nasarbajew und Jelzin wieder herzustellen, deren Beziehung unter dem falschen Spiel Nasarbajews gelitten hatte.

Diese internen Machtkämpfe auf höchster Führungsebene tangierten mich natürlich nicht. Ich war zu beschäftigt mit dem Lösen der unzähligen

Probleme der Hauptstadt. Zur Bekämpfung der Knappheit an Lebensmitteln und anderen Alltagsprodukten ordnete Nasarbajew ab Januar 1992 die Liberalisierung der Preise an, was zu einer rasanten Verarmung der Bevölkerung führte.

Die Menschen litten zudem unter massiver Arbeitslosigkeit: Nach dem Zusammenbruch der Mechanismen, welche die wirtschaftliche Zusammenarbeit zwischen den verschiedenen Teilen der UdSSR geregelt hatten, konnten viele Fabriken in Almaty und im übrigen Land ihre Produkte nicht mehr verkaufen.

Der Abzug der Russen und die Rückkehr der *Oralmany*

Durch die Arbeitslosigkeit verschlechterten sich die Beziehungen zwischen den Volksgruppen in der Hauptstadt sehr schnell. In Krisenzeiten verschärft sich der Hass auf andere. Schon in den ersten Monaten des Jahres 1992 kam es zu einem Ereignis, das diese Spannungen bestens veranschaulicht: Ich wurde eines Nachts durch einen Anruf aus dem Innenministerium geweckt. Eine Gruppe von ethnischen Kasachen sei im Viertel Samal-2 in Gebäude eingedrungen, die zwar noch im Bau, aber doch fast fertig waren. Die Hausbesetzer hatten in jeder Wohnung junge Kasachinnen an die Heizkörper gefesselt und hatten sich von innen verbarrikadiert.

Die fraglichen Wohnhäuser waren als Unterkünfte für die Arbeiter der Fabrik Kirov vorgesehen, eines der größten Werke der Stadt, in dem hochmoderne Waffen wie z. B. Torpedos hergestellt wurden. Die Fabrik war während des Kriegs aus Zentralrussland nach Kasachstan verlegt worden und die meisten der mehreren tausend Arbeiter waren ethnische Russen. Einige von ihnen standen seit zehn, ja sogar fünfzehn Jahren auf einer Warteliste für eine Wohnung. Und jetzt waren die noch unbewohnten Häuser von ebenfalls bedürftigen Kasachen besetzt worden, die den Wohnraum für sich beanspruchten.

Ich schickte sofort meinen Stellvertreter an den Ort des Geschehens, um einen Lagebericht zu erhalten. Ich sprach auch mit dem Staatsanwalt, dessen Aussage eindeutig war: Die Hausbesetzer müssen raus!

Eine innere Stimme sagte mir, dass hinter der Angelegenheit mehr stecken müsse, und ich sollte recht behalten. Imangali Tasmagambetow, der Präsident des Komitees für Jugendfragen und ehemaliger Leiter des Komsomol der Republik, suchte mich im Rathaus auf und teilte mir mit, man müsse die Wohnungen unbedingt jenen überlassen, die sie gewaltsam besetzt hätten. Er setzte um seiner persönlichen Karriere willen ganz offensichtlich auf die Karte der Russenfeindlichkeit. Ich erklärte ihm, die Fabrik habe diese Gebäude auf ihre Kosten errichten lassen, es gebe Wartelisten und es sei einfach undenkbar, die Wohnungen anderen Interessenten zuzuteilen. Daraufhin schlug er vor, mich zu den Hausbesetzern zu begleiten, um das Problem gütlich beizulegen. Ich wiederum war der Ansicht, er solle meinen Assistenten mitnehmen, einen Kasachen. Da ich ethnischer Russe bin, wäre mein Auftauchen schlecht aufgenommen worden. Als Reaktion verließ Tasmagambetow türeknallend mein Büro und bezichtigte mich bei der Regierung umgehend des russischen Nationalismus. Schließlich traten der Premierminister Sergej Tereschtschenko und andere Regierungsmitglieder, die mich gut kannten, für mich ein und der Fall galt als abgeschlossen. Doch Tasmagambetow vergaß die Angelegenheit nicht. Sie kam 15 Jahre später im Jahr 2006 wieder auf den Tisch.

Der Vorfall ging glimpflich aus. Kraft Gerichtsbeschluss wurden die Hausbesetzer umgesiedelt und die Arbeiter der Fabrik Kirov zogen in die Wohnungen ein, auf die sie so lange gewartet hatten. Doch es war nicht immer so einfach. Innerhalb weniger Monate verließen hunderttausende Russen das Land, obwohl viele von ihnen aus Kasachstan stammten, wie ich. Dieser Exodus dauerte mehrere Jahre an. So verlor Kasachstan zwischen 1990 und 1997 fast 1,2 Millionen Russen, hauptsächlich Ingenieure und andere qualifizierte Arbeitskräfte.

Die Ausreise der Russen und anderer Minderheiten (die ethnischen Deutschen wanderten nach Deutschland aus, die Juden nach Israel, die Ukrainer in die Ukraine usw.) gab Nasarbajew die Gelegenheit, die „nationale Idee" zu propagieren. Im September 1992 veranstaltete die neue Staatsmacht in Almaty den ersten weltweiten *Kurultai* (Kongress) der Kasachen. Die Vertreter aus der kasachischen Diaspora trafen aus 33 Ländern ein und ich tat mein Bestes, um sie bei uns zu empfangen. Die Delegierten des *Kurultai* gründeten den Weltverband der Kasachen und wählten Nasarbajew zu ihrem Präsidenten. Diese Vereinigung hatte zum Zweck, das kulturelle Erbe des kasachischen Volkes zu wahren, aber auch die Kasachen bei ihrer Rückkehr in das Land ihrer Vorfahren zu unterstützen.

Meiner Ansicht nach ist in diesem Aufruf zur Immigration nicht nur Werbung für die nationale Idee zu sehen, die in allen postsowjetischen Staaten Mode war, sondern vor allem ein sehr geschickter Schachzug von Nasarbajew. Die russische Bevölkerung, die zumeist gebildet war, hätte nämlich das autokratische Regime, das dem Präsidenten vorschwebte, nicht einfach so akzeptiert. Dank dem Zustrom von *Oralmany* (wörtlich „diejenigen, die heimkehren“) hingegen, die in der Regel aus China, der Mongolei, Usbekistan, dem Iran und anderen Ländern stammten und wenig gebildet und zudem arm waren, traf aber eine große Menge an neuen Bürgern ein, die bei ihrer Ansiedlung und für ihr Überleben völlig von den lokalen Behörden abhängig und daher leicht zu manipulieren waren. In der Folge verabschiedete Nasarbajew ein offizielles Hilfsprogramm für die Ansiedlung dieser Diaspora in Kasachstan sowie eine jährliche Quotenregelung.

Die Unterstützung war aber völlig unzureichend. Diese Menschen, echte kasachische Patrioten, die von der offiziellen Propaganda verführt worden waren, ließen in ihrem Herkunftsland alles zurück, um in ihre ursprüngliche Heimat zurückzukehren. In Kasachstan standen sie aber schnell vor großen Schwierigkeiten. Die zahlreich einreisenden Viehzüchter erhielten nicht das Land, auf dem sie die traditionelle Herdenwanderung praktizieren konnten. Und das Innenministerium beeilte sich, ihnen die kasachische Staatsbürgerschaft zu verleihen, so dass sie nicht mehr zu den mageren Unterstützungsleistungen berechtigt waren, die Immigranten vor ihrer Einbürgerung zustanden.

Diese gegenläufige Entwicklung – die Ausreise der Russen und anderer Minderheiten einerseits und das Eintreffen der ethnischen Kasachen andererseits – veränderte die demografische Situation der Republik sehr schnell. 1959 machten die Kasachen nur 30 % der Bevölkerung aus; nach der Unabhängigkeit wurden sie bald zu einer Mehrheit, während der Anteil der Russen sank. Bereits 1992 waren nur 31,4 % der Einwohner ethnische Russen, im Jahr 2010 waren es nur noch 23 %.

Doch ich möchte diese Situation relativieren. Im gesamten postsowjetischen Raum blieb Kasachstan das Land, das gegenüber den ethnischen Russen am tolerantesten war. Bis heute ist Russisch eine der beiden offiziellen Sprachen des Landes, neben der kasachischen Sprache, die zur „Staatssprache“ erklärt wurde, zudem liegen alle administrativen Dokumente immer in beiden Sprachen vor. Wenn bei einem zivil- oder strafrechtlichen Gerichtsverfahren eine Partei darum bittet, dass die Verhandlungen auf Russisch geführt werden, wird dies respektiert. Es ist also immer noch möglich, in Kasachstan zu leben, ohne die kasachische Sprache zu beherrschen, was auf drei Viertel der Russen und anderer hier ansässigen Slawen zutrifft. Jedoch hat sich die Lage in der letzten Zeit etwas verschärft: Eine Verordnung der Regierung legt fest, dass schriftliche Urkunden ausschließlich auf Kasachisch verfasst werden dürfen. Sollte dies ein zusätzlicher Versuch sein, die Slawen zur Ausreise zu drängen?

Gegenwärtig sind aber vor allem die *Oralmany* Opfer von Diskriminierungen. Die Menschen, die aus China, der Mongolei, aus dem Iran und anderen nicht russischsprachigen Ländern stammen, finden nämlich kaum Arbeit, nicht einmal unqualifizierte Stellen, denn sie sprechen nur Kasachisch. Man verweigert ihnen nicht nur systematisch Land, sondern immer öfter auch Wohnraum, Bildung oder medizinische Versorgung. Doch sie treffen immer noch in Massen ein, denn das Leben ist in ihren Herkunftsländern oft noch viel schlimmer.

Der Präsident und das Parlament

Nach der Verkündung der Unabhängigkeit widersetzte sich der Oberste Sowjet immer öfter den Befehlen von Präsident Nasarbajew. Dazu gehörte beispielsweise, dass das Parlament mehrere vom Präsidenten vorgeschlagene Kandidaten für Ministerposten ablehnte. Dies traf auch auf den stellvertretenden Minister für Ideologie zu. Der Präsident bezichtigte daraufhin den Sowjet, die vom liberal gesinnten Teil der Gesellschaft und von ihm selbst gewünschten Marktreformen zu behindern, was natürlich nicht ganz von der Hand zu weisen war. Auch wenn die Abgeordneten 1990 mehr oder weniger demokratisch gewählt worden waren, handelte es sich doch bei den meisten von ihnen um ehemalige sowjetische Funktionäre. In Russland endete eine ähnliche Situation tragisch, als das Parlament die offene Konfrontation mit dem Präsidenten suchte, was schließlich zu einigem Blutvergießen führte, als der Oberste Sowjet Russlands im Oktober 1993 von jelzin-treuen Truppen gestürmt wurde[12].

In Kasachstan konnte ein derartiger Vorfall vermieden werden. Nasarbajew, der meine organisatorischen Fähigkeiten sehr schätzte, bat mich, in meiner Eigenschaft als Abgeordneter Rücktrittsschreiben der Mitglieder des Obersten Sowjets zu sammeln. Er wollte damit die Auflösung des Parlaments provozieren, da keine Beschlussfähigkeit mehr gegeben wäre, und vorgezogene Legislativwahlen anberaumen, um neue Abgeordnete zu finden. Ich nahm damals Nasarbajew als einen Reformator wahr und ahnte nicht, dass er mit diesem Vorgehen die eigentliche Struktur des Staates verändern

12. Der Konflikt zwischen Präsident Jelzin und dem Obersten Sowjet Russlands, der mehrheitlich gegen die Reformen war, dauerte vom 21.9. bis zum 4.10.1993. Zunächst wurde das Parlament auf Befehl Jelzins aufgelöst. Dies führte zu Versammlungen und Unruhen in den Straßen Moskaus. Die Parlamentarier ihrerseits verbarrikadierten sich im „Weißen Haus", dem Parlamentsgebäude. Am 4.10. stürmte die Armee, die hinter dem Präsidenten stand, das Gebäude. Nach offiziellen Angaben starben in diesem Konflikt mindestens 157 Personen, 348 Personen wurden verletzt, die meisten während des bewaffneten Angriffs.

wollte, um ein Präsidialamt mit fast uneingeschränkter Macht zu schaffen. Daher arbeitete ich zusammen mit meinem Chef Nurkadilov, der ebenfalls Abgeordneter war, einen Aktionsplan aus.

Anlässlich der Wintersession ergriff ich am 8. Dezember 1993 das Wort, um den Parlamentsvorsitzenden Serikbolsyn Abdildin, der nach der Umwandlung der KP Kasachstans in eine sozialistische Partei an der Spitze einer 1991 gegründeten kommunistischen Minderheitspartei geblieben war[13], scharf zu kritisieren. Nach mir kam ein anderer Redner an die Reihe, Vladimir Gartmann, der diesen reaktionären Politiker weiter belastete. Doch am aggressivsten ging Nurkadilov vor, der Bürgermeister von Almaty. Während seiner Wortmeldung näherte er sich sogar mehrmals dem Tisch von Abdildin, um mit dem Fuß dagegen zu treten. Der Saal war in Aufruhr. Da bewies Nasarbajew sein schauspielerisches Talent. Er blieb auf der Rednertribüne, mit einem ominösen Lächeln im Gesicht. Sein heimlicher Plan ging gerade wunderbar auf, ohne dass er selbst eingreifen musste. Noch am Vorabend war der Parlamentsvorsitzende überzeugt, dass die Abgeordneten für die Einführung einer parlamentarischen Republik stimmen würden, was die Privilegien des Präsidenten arg beschnitten hätte. Doch nun fand eine Kehrtwende statt. Wir verlangten, dass sich das Parlament selbst auflöste, da es noch zu sowjetischen Zeiten gewählt worden war und einen Bremsklotz für die Reformen darstellte. Da die Hauptanklage von mir und von Nurkadilov stammte, titelte eine Zeitung gar: „Die Stadtregierung von Almaty übernimmt die Macht im Obersten Sowjet." Im Saal brachen heftigste Debatten aus.

Zusammen mit Nurkadilov sammelten wir 196 Rücktrittsgesuche von Abgeordneten. Ich brachte diese Dokumente an einen sicheren Ort, denn sie wären nur dann verwendet worden, wenn es uns nicht gelungen wäre, die Selbstauflösung des Parlaments zu erreichen. Wenn ich sie dem Parlamentsvorsitzenden überreicht hätte, hätte der Sowjet über jedes einzelne Gesuch diskutieren und entscheiden müssen, was die Sache sehr in die Länge gezogen hätte. Doch auch wenn alle Rücktrittsgesuche akzeptiert worden wären, hätten sich die restlichen Abgeordneten weiterhin der Auflösung widersetzen können. Diese Situation war in keinem Gesetz geregelt. Und ein reduziertes Parlament wäre noch reaktionärer geworden.

Wir setzten also auf ein anderes Vorgehen. Die plötzliche Flut von Rücktrittsschreiben hatte unter den Abgeordneten große Besorgnis geweckt und

[13] Er blieb bis 2010 im Amt.

die wildesten Gerüchte in Umlauf gesetzt. Am nächsten Tag waren die Diskussionen dermaßen heftig geworden, dass ich von jenen, die gegen die Auflösung waren, fast in der Luft zerrissen wurde. Ich nahm meinen ganzen Mut zusammen und gab bekannt, es handle sich nicht um ein Gerücht, die 196 Rücktrittsgesuche lägen tatsächlich vor. Alle waren äußerst nervös, aber letztendlich kam es so, wie wir es geplant hatten. Einige Parlamentarier ergriffen das Wort, um ihren Wunsch nach Auflösung zu erläutern.

Kurze Zeit später stand ich wieder am Rednerpult, um eine äußerst heikle Frage anzuschneiden. Weshalb strebten wir eigentlich die Auflösung der Sowjets auf allen Ebenen an, einschließlich des Obersten Sowjets? Die Antwort war simpel: Weil diese Organe oft von Führungskräften aus der sowjetischen Zeit geleitet wurden, welche die öffentliche Meinung manipulieren konnten. Ich erwähnte als Beispiel eine hauptsächlich russischsprachige Region im Osten des Landes, in der die Propaganda zunächst die Abspaltung verlangte, später die Anbindung an Russland. Es handelte sich um den Sowjet von Ust-Kamenogorsk, der von den Russischsprachigen dominiert wurde. Einen Monat später fand dort im Januar 1994 eine Versammlung statt, in deren Verlauf die fast 10 000 Teilnehmenden die nationale Autonomie für die ethnischen Russen im östlichen Kasachstan und die doppelte Staatsbürgerschaft für alle Russen in der gesamten Republik forderten.

In der Pause rief man mich ins Büro des Staatschefs im Gebäude des Obersten Sowjets. Dort warteten der Präsident, der Parlamentsvorsitzende und die Präsidenten der parlamentarischen Kommissionen auf mich. Abdildin warf mir meine aggressive Wortmeldung vor. Nasarbajew fragte mich daraufhin: „Warum sprichst du die Probleme in den Grenzregionen an?“ Ich erwiderte, ich würde über vertrauliche Informationen zur Lage verfügen. Er befahl mir gemäß seiner üblichen Taktik, diese gefährlichen Themen nicht mehr zu erwähnen. Nach diesem Gespräch im Januar 1994 blieb jede offizielle Reaktion aus. Doch kurze Zeit später ließ Nasarbajew durch eine Verordnung den früheren Beschluss des Obersten Sowjets aufheben, mit dem eine Freihandelszone im östlichen Kasachstan geschaffen werden sollte. Er vernichtete damit die ökonomischen Voraussetzungen für die Abspaltung, verhinderte gleichzeitig aber auch die dynamische Entwicklung dieser außergewöhnlichen Region. Es waren viele Jahre vonnöten, um diese Einstellung zu ändern: Das Budget für soziale Programme in Ostkasachstan wurde erst in den letzten zwei Jahren erhöht.

Meine Rede im Obersten Sowjet trug Früchte. Das Parlament stimmte der Selbstauflösung zu und übertrug bis zu den nächsten Parlamentswahlen alle Befugnisse dem Präsidenten. Davor verabschiedete man in einem dringlichen Verfahren aber noch mehrere Gesetze, die den Übergang zur Marktwirtschaft ermöglichten. Mit dieser Auflösung schlug das letzte Stündlein des sowjetischen Systems in Kasachstan. Gleichzeitig verloren einige einflussreiche und aufrichtige Abgeordnete, die während der Perestroika gewählt worden waren und denen die Anliegen der Bevölkerung wirklich am Herzen lagen, ihr Amt. Während der folgenden drei Monate konnte Präsident Nasarbajew seelenruhig Privatisierungsgesetze verkünden, ohne das Parlament fragen zu müssen. Die Neuwahlen der Legislative wurden mit Absicht verzögert, um ihm völlige Handlungsfreiheit zu gewähren.

Sie fanden schließlich am 7. März 1994 statt. Das neu gebildete Parlament mit seinen 177 Abgeordneten funktionierte aber nur wenige Monate normal. Zu viele unabhängige Persönlichkeiten behinderten die Macht des Präsidenten, der nun nicht mehr in der Lage war, die Gesetze durchzusetzen, dank denen seine Familie die Reichtümer des Landes für sich beanspruchen konnte. Man suchte also nach Abhilfe. Kurz nach der Wahl wandte sich Tatiana Kviatkovskaja, eine ehemalige Abgeordnete, die nicht wiedergewählt worden war, an das Verfassungsgericht, und zwar wegen eines Wahlbetrugs in ihrem Wahlkreis. Dies kam wie gerufen. Nach monatelanger Untersuchung, welche die Arbeit des Parlaments lähmte, stellte sich heraus, dass es überall in Kasachstan zu Verstößen gekommen war. Man hatte insgesamt viel mehr Stimmen gezählt, als es registrierte Wähler gab. Das hieß, dass dieselben Personen mehrmals in sogenannten „Karussells" abgestimmt hatten. Man hatte sie von einem Wahlbüro ins nächste gefahren. Das Verfassungsgericht entschied auf massiven Betrug und erklärte die Wahl für ungültig, sodass das Parlament am 11. März 1995 aufgelöst wurde. Wie sagte doch so schön der große kasachische Poet Olschas Soulejmenow: „In Russland musste das Parlament mit Tanks aufgelöst werden [1993], bei uns reichte eine einzige Tanka[14]." In gewisser Weise haben wir selbst gegen unseren Willen dazu beigetragen, Kasachstan in einen autoritären Staat zu verwandeln. Mit diesem Schachzug gelang es dem Präsidenten, alle um den Finger zu wickeln und den Anschein der Demokratie zu wahren. Er hatte doch das Urteil des Verfassungsgerichts akzeptiert! Sogar der US-Botschafter in Kasachstan, William Courtney, sprach in diesem Fall von einer „demokratischen Entscheidung".

---

14. Tanka, Kurzform von Tatiana.

Diese autoritären Machenschaften wurden durch radikale verfassungsrechtliche Änderungen gestützt. Die im Januar 1993 vom Obersten Sowjet verabschiedete erste Verfassung des unabhängigen Kasachstan, die als demokratisch und progressiv galt, passte dem Präsidenten aus verschiedenen Gründen nicht mehr in den Kram. Einerseits verlieh sie dem Obersten Sowjet das ausschließliche Recht der Gesetzgebung, der zudem weitreichende Privilegien genoss: Wahl der Mitglieder des Verfassungsgerichts und des Obersten Gerichthofs; Ernennung des Generalstaatsanwalts und des Präsidenten der Zentralbank; Bestätigung der Beschlüsse des Präsidenten, wie z. B. die Ernennung des Premierministers, der wichtigsten Minister, der Botschafter und des Präsidenten des Komitees für nationale Sicherheit usw. Andererseits konnte der Staatspräsident höchstens für zwei aufeinanderfolgende fünfjährige Mandate gewählt werden, was seine Amtsdauer auf zehn Jahre beschränkte. Zum Zeitpunkt der Verabschiedung der ersten Verfassung hatte Nasarbajew gesagt, Kasachstan lasse sich vom Vorbild der USA inspirieren, wo die Verfassung seit 200 Jahren nicht verändert worden sei. Zweieinhalb Jahre später führte er im August 1995 ein Referendum durch, um eine neue Verfassung zu erlassen, die seine Macht deutlich erweiterte. In diesem Punkt wurde er von Alexander Lukaschenko, dem autoritären Staatschef von Weißrussland, kopiert[15].

Diese neue Verfassung unterschied sich zum Teil radikal von jener aus dem Jahr 1993. So wurde die Beschränkung der präsidentiellen Amtszeit auf zwei aufeinanderfolgende Mandate aufgehoben; es wurde ein Parlament mit zwei Kammern eingeführt, wobei die Abgeordneten, des Oberhauses, des *Senats*, teilweise vom Präsidenten ernannt wurden; der Präsident ernannte mit der Zustimmung des Unterhauses, der *Mäschilis*, ab sofort auch den Premierminister und die anderen Minister, die Botschafter, den Präsidenten der zentralen Wahlkommission und seine Stellvertreter, den Präsidenten und zwei Mitglieder des Verfassungsrates (der das Verfassungsgericht ersetzte und insgesamt sieben Mitglieder umfasste), die Gouverneure der Regionen sowie, mit der formellen Zustimmung des Senats, den Präsidenten der Zentralbank, den Generalstaatsanwalt, den Präsidenten des Komitees für nationale Sicherheit usw. Der Präsident schlug dem Senat nun auch die Richter des Obersten Gerichtshofs zur „Wahl" vor. Außerdem sorgte der Präsident für eine mächtige präsidentielle Administration und eine republikanische

15. Im November 1996, zwei Jahre nach seiner Wahl zum Präsidenten, organisierte Alexander Lukaschenko ein Referendum, um die im März 1994 verabschiedete Verfassung zu ändern. Die neue Verfassung erweiterte seine Privilegien deutlich und beendete die Unabhängigkeit der drei Pfeiler der Staatsmacht.

Garde und setzte den Sicherheitsrat, die kasachische Volksversammlung mit rein dekorativen Funktionen und den Höchsten Justizrat zusammen. Und schließlich stand es ihm frei, jederzeit per Verordnung neue Gesetze zu erlassen.

Nun musste Nursultan Nasarbajew nur noch seine Leute richtig platzieren, um seine Macht zu zementieren. Später sollte er weitere verfassungsrechtliche Veränderungen einführen, um sich auf Lebenszeit zum Staatschef zu machen, ganz wie Muammar Gaddafi oder Saddam Hussein.

Die Privatisierungen

Heute wird nicht mehr geleugnet, dass die gesamte Wirtschaft Kasachstans nach dem Zerfall der UdSSR in eine tiefe Krise schlitterte: Die Unternehmen und die Landwirtschaft funktionierten nicht mehr und die Regale in den Geschäften blieben leer. Natürlich wurde die Produktion durch die Unterbrechung der Handelsbeziehungen zwischen den Republiken erschwert. Doch Kasachstan ist ein extrem reiches Land, das Rohstoffe industriell fördert und verarbeitet und über eine ausgezeichnete Landwirtschaft verfügt. Ich weigere mich zu glauben, dass die Produkte aus unseren Minen, Fabriken und landwirtschaftlichen Betrieben keine Abnehmer mehr fanden. Aufgrund meiner langjährigen Erfahrung als Politiker kann ich sogar bestätigen, dass die Staatsführung in der Zeitspanne vor den Privatisierungen bewusst Maßnahmen ergriff, um die kasachischen Industrieanlagen und Landwirtschaftsbetriebe zu entwerten und sie anschließend günstig zu erwerben. Daraus bestand die Haupttätigkeit von Syzdyk Abischew, der Nasarbajew nahe stand: Die von ihm in Europa gegründeten kommerziellen Unternehmen rissen sich die kasachischen Anlagevermögen mit Hilfe von Alibi-Gesellschaften unter den Nagel.

Nehmen wir zum Beispiel den riesigen Industriekomplex namens *Dscheskasgantsvetmet*, was „Edelmetall von Dscheskasgan" bedeutet. Dieses Hüttenwerk stellte sehr gefragtes Kupfer von höchster Qualität her. Warum war die Direktion plötzlich nicht mehr in der Lage, bestehende Verträge einzuhalten und neue abzuschließen, die Erzeugnisse zu verkaufen und so die erfolgreiche Führung des Unternehmens zu gewährleisten? Ein anderer Konzern namens *Balkhachmed*, das „Kupfer von Balkhach", das in sowjetischen Zeiten bestens lief, stellte die Produktion plötzlich ein. Die Verantwortlichen wurden entlassen, einige kamen sogar ins Gefängnis. Aus welchen unerfindlichen Gründen? Es gibt unendlich viele ähnliche Beispiele! Natürlich mussten beide Konzerne – und zahlreiche andere auch – unbedingt privatisiert werden, denn es brauchte Geld, um die Staatsgeschäfte zu finanzieren. Doch die Summen, zu denen diese florierenden Industriebetriebe verscherbelt wurden, lagen extrem tief, was Nursultan Nasarbajew, seiner Familie und seinem Umfeld sehr zugute kam. Wie war so etwas möglich?

In der ersten Hälfte der 1990er Jahre besaß Nasarbajew noch das Image eines demokratischen und charismatischen Politikers. Damals pflegte er noch enge Beziehungen zu Roh Tae-woo, dem Präsidenten Südkoreas, dessen wundersame Errungenschaften er oft erwähnte. Als aber Roh Tae-woo 1993 in seinem Land wegen Korruption verurteilt und für 17 Jahre ins Gefängnis gesteckt wurde, enthielt sich Nasarbajew jeden Kommentars. Die vom südkoreanischen Volk erteilte Lektion behagte ihm ganz offensichtlich nicht.

Schon bald wurde Dr. Chan Jung Bang, ein Chinese südkoreanischer Abstammung, ökonomischer Berater von Nasarbajew und erhielt den Auftrag, ein Privatisierungsschema auszuarbeiten. Der vom Präsidenten vorgestellte Entwurf deckte sich größtenteils mit dem Modell der ersten Privatisierungswelle in Russland, das Anatoli Tschubais[16] entworfen hatte. Auf dem Papier klang es wunderbar: Kraft der sozialen Gerechtigkeit sollte jeder kasachische Bürger seinen Anteil an den nationalen Bodenschätzen des Landes erhalten. Und dies dank der „PIK“, der von Dr. Bang erfundenen Privatisierungs- und Investitionsgutscheine.

Zwischen 1993 und 1995 hatte somit jeder Kasache Anrecht auf 100 PIK, um damit Aktionär eines Industrie- oder Landwirtschaftsbetriebs zu werden. Diese Bons ohne monetären Gegenwert wurden an die Bevölkerung verteilt. Jede Form der Spekulation sollte verhindert werden, daher durfte man die Bons nicht verkaufen, sondern konnte sie nur in spezielle Anlagefonds investieren (deren Schaffung zum Projekt gehörte) oder sie an Angehörige verschenken. Es wurden 169 Fonds geschaffen, um die PIK anlegen zu können: Sie verhießen den Besitzern interessante Gewinne. Zwischen diesen Anlagefonds herrschte erbitterte Konkurrenz. Die Besitzer nahmen dann an Aukti-

16. In Russland erfolgte die 1. Etappe der von Anatoli Tschubais (damals Präsident des Staatsrats für die Verwaltung der Staatsgüter) erfundenen Privatisierung über die Verteilung von „Vouchers“ an die gesamte Bevölkerung. Diese Coupons konnten gegen Aktien von später privatisierten Unternehmen eingetauscht werden. In Tat und Wahrheit verkauften die meisten Bürger ihre Coupons gegen ein symbolisches Entgelt. So konnten gut gestellte Personen, wie z.B. Firmenchefs oder Bankiers, große Mengen davon aufkaufen und sich zu geringen Kosten Unternehmen aneignen.

onen teil, um mit den PIK die Aktien privatisierter Unternehmen zu „erwerben“[17]. Die Bürger wurden damit aber nicht zu Aktionären. Die Verantwortlichen dieser Fonds bekamen sehr bald juristische Schwierigkeiten. Einige von ihnen endeten wegen Betrugs im Gefängnis. Und schließlich verschwanden die meisten dieser Einrichtungen wieder, ohne dass irgendjemand wusste, was mit den Aktien geschehen war. So tauchte auch Dr. Bang, der von der Staatspropaganda in den Himmel gelobt worden war, spurlos unter.

Noch Jahre später weiß niemand so recht, wer diese Strukturen geschaffen hat, welche Anlagewerte die Fonds mit den PIK erwerben konnten und wie diese sich in Aktiengesellschaften verwandelten. Alle Informationen zu dieser Affäre, in der die Kasachen übers Ohr gehauen wurden, werden unter Verschluss gehalten. Über einige der großen Fonds weiß man allerdings Bescheid. Ein Beispiel: Der größte Fonds hieß *Butya-capital* und war von einem ehemaligen Komsomol-Aktivisten namens Bulat Abilow geschaffen worden, der seit Beginn der 1990er Jahre Geschäftsmann geworden war. Butya hatte von Millionen von Bürgern PIK erhalten und ihnen im Tausch Aktien angeboten[18]. Woher kam dieses Vertrauen? Grund dafür ist wahrscheinlich die Tatsache, dass Abilow von 1994 bis 1996 Sonderberater von Präsident Nasarbajew gewesen war. Zur Jahrtausendwende im Jahr 2000 besaß diese Gesellschaft jedenfalls 115 Unternehmen in allen Regionen der Republik: Maschinenbaufabriken, Erdölgesellschaften, Chemiewerke, Unternehmen für Lebensmittel und Autoimport.

Der weitere Verlauf der Geschichte ist interessant. In der Mitte der 2000er Jahre, Abilow befand sich nun in der Opposition, kam das Thema der von Butya akzeptierten PIK plötzlich wieder aufs Tapet. Es kam heraus, dass der Fonds Aktien von diversen Unternehmen erworben und diese später angeblich mit Verlust wieder verkauft hatte, sodass er den Kleinanlegern nichts auszahlen musste. Doch als die Staatsanwaltschaft und die Steuerpolizei sich näher mit den Aktivitäten von Butya zu befassen begannen, beeilte sich der Fonds 2005, jenen, die ihm ihre PIK anvertraut hatten, Dividenden auszuschütten. Fast eine halbe Million Menschen reichten ein Rückerstattungsgesuch ein und erhielten je 6 000 Tenge, das sind 45-46 US-Dollar. Dies war das einzige Mal, dass die Kasachen als Gegenwert für ihre PIK tatsächlich Geld bekamen, wenn auch nur herzlich wenig.

---

17. Ein Anlagefonds durfte nicht mehr als 10 % der Aktien eines Unternehmens erwerben, und in der Regel durften die Unternehmen nicht mehr als 20 % ihrer Aktien verkaufen. Sie blieben somit mehrheitlich im Besitz des Staats.

18. Je nach Quelle fällt die Zahl der Investoren unterschiedlich aus: Zwischen 2 200 000 und 9 000 000 Menschen sollen ihre PIK bei Butya angelegt haben.

Wirklich erfolgreich war nur eine Privatisierung, und zwar jene, die Nurkadilov und ich in Almaty durchführten. Trotz heftiger Kritik seitens des Umfelds von Nasarbajew erlaubten wir allen Personen, die legal eine städtische Wohnung bewohnten, diese zu privatisieren. Vergessen wir nicht, dass es in der UdSSR nicht möglich war, eine Wohnung als Eigentum zu erwerben. Die Wohngebäude wurden von den Gemeinden oder von den Unternehmen errichtet, und die Leute warteten jahrelang geduldig, bis sie an der Reihe waren, um eine Mietwohnung zu einem sehr tiefen Preis zu erhalten. Das zuständige Amt übernahm anschließend die Wartung, doch da kaum finanzielle Mittel zur Verfügung standen und die Verwaltung völlig ineffizient arbeitete, befanden sich die städtischen Mietobjekte in Almaty und anderswo in einem desolaten Zustand.

Wir hofften daher, dass die Leute ihre Wohnungen und Wohnhäuser besser instand halten würden, sobald sie Eigentümer geworden wären. Es musste alles renoviert und an die Vorschriften angepasst werden: Heizung, Stromversorgung, Kanalisation, Lifte usw. Das war alles andere als selbstverständlich. Wir installierten beispielsweise Wasserzähler in jedem Gebäude, doch ganze Quartiere weigerten sich danach, unsere Rechnungen zu bezahlen. Da sich die Eigentümer den hohen Wasserverbrauch, den die Wasserzähler dokumentierten, nicht erklären konnten, zweifelten sie an der Funktionsfähigkeit ebendieser. Die Tatsache, dass ein erhöhter Wasserverbrauch aufgrund verrosteter und folglich undichter Wasserhähne zustande kam, wurde nicht eingesehen. Ich wusste nicht mehr weiter. Mein letzter Ausweg bestand darin, ein Exempel zu statuieren: Ich fuhr mitten in der Nacht in ein Viertel, weckte den Hausverwalter des Gebäudes auf und verlangte, man solle ein Verbindungsrohr zur Kanalisation abmontieren, so dass kein Wasser mehr ablaufen konnte. Zu nachtschlafender Zeit, ohne dass nur eine Person im Haus einen Wasserhahn betätigte, war es dann soweit:Es ergoss sich ein unaufhaltsamer Wasserschwall in das Wohnhaus, welcher unter normalen Umständen ungesehen in der Kanalisation verschwunden wäre. Ein einziger Hahn konnte demnach ein Leck darstellen, über das innerhalb von 24 Stunden anderthalb Tonnen Wasser verloren gingen! Mit diesen Methoden führten wir als Stadtverwaltung unseren Kampf gegen die Misswirtschaft aus sowjetischen Zeiten.

Diese Privatisierung des Wohnraums, die später auch in anderen Städten des Landes eingeführt wurde, ermöglichte der Bevölkerung den Zugang zu Wohneigentum. Dieses Vorgehen war natürlich nicht ganz gerecht, denn die Privilegierten unter dem sowjetischen Regime wohnten in hochwertigen Gebäuden im Stadtzentrum und profitierten dadurch von einem viel höheren

Wert als jene, die in den Vororten in Plattenbauten lebten. Doch wenigstens konnten alle irgendein Wohneigentum erwerben, falls sie dies wünschten. Der Immobilienmarkt funktionierte endlich und brachte neue Dynamik ins Wirtschaftsleben der Hauptstadt.

Ich arbeitete als Erster Assistent von Nurkadilov in der Stadtverwaltung, als ich erstmals direkt mit den Machtansprüchen von Präsident Nasarbajew konfrontiert wurde. Wir verfügten über Gebäude, welche die Immobilienanlage der Stadt darstellten, wie z. B. das 25-stöckige schöne Hotel „Kasachstan" oder auch das Hotel „Almaty". Auf diese Häuser war die Stadt sehr stolz. Die Stadtverwaltung durfte diese Gebäude bei der Bank mit einer Hypothek belasten, um konkrete Projekte zu finanzieren, was uns eine gewisse Flexibilität verschaffte. Doch eines Tages im Jahr 1994 war es damit vorbei: Der Präsident hatte beschlossen, dass diese Objekte in staatliches Eigentum übergehen sollten. Damit konnte er sie zu einem geringen Preis zugunsten seiner Angehörigen privatisieren – doch dies wurde mir erst viel später klar.

Trotz meiner Naivität war ich entrüstet angesichts dieser Entscheidung des Präsidenten. An einer Arbeitssitzung der Regierung ergriff ich das Wort und verlangte, man solle uns diese Objekte zurückgeben. Für den Staat veränderte sich durch den Besitz dieser Hotels nichts, während sie für mich eine Art Sicherheit verkörperten: Ich konnte bedeutende Projekte in Angriff nehmen, ohne auf budgetäre Einnahmen warten zu müssen. Sergej Tereschtschenko, der damalige Premierminister, sagte mir nach der Sitzung: „Fasse dich in Geduld, ich werde mit dem Präsidenten sprechen." So wurden die beiden Hotels zwei bis drei Wochen später wieder zum Eigentum der Stadt. Das brachte den Präsidenten bestimmt gegen mich auf, auch wenn er sich zunächst nichts anmerken ließ. Schließlich konnte er das gesamte Land zerstückeln und an sich reißen!

Der geplatzte Traum vom staatlichen Fernsehen

Das Schicksal hat es gewollt, dass ich tiefe Einblicke in eine Geschichte erhielt, die heute unter Verschluss gehalten wird. Darin involviert war nämlich Leila Beketova, die Mitte der 1990er Jahre meine zweite Frau wurde. Im Dezember 1990, als wir uns noch gar nicht kannten, hatte Leila die Gesellschaft Tan gegründet, das erste Privatfernsehen Kasachstans. Es war das Ende des sowjetischen Zeitalters und die Spielregeln standen noch nicht wirklich fest, doch es war ihr schließlich gelungen, diese Gesellschaft als kleines, mittelständisches Unternehmen eintragen zu lassen. Dank meinem Chef Nurkadilov hatte Tan sogar einen großen Raum im Parterre eines noch im Bau befindlichen Hauses erhalten, das aber in einem guten Quartier lag. Leila hatte u.a. die notwendigen Arbeiten auf eigene Kosten durchführen und Studios mit Schallisolierung einrichten lassen. Wegen einiger Probleme mit der Stromversorgung suchte mich Leila schließlich Anfang 1992 auf.

Leila machte mir sofort großen Eindruck. Sie war eine intelligente und entschlossene Geschäftsfrau, die parallel zu ihrer Tätigkeit für Tan zusammen mit Ahmet Özal, dem Sohn des türkischen Präsidenten Turgut Özal, eine weitere Fernsehgesellschaft namens „Tan plus" gegründet hatte. Die Türken waren dabei, aktive Beziehungen zu Kasachstan und Aserbaidschan aufzubauen, und die Gründung eines türkisch-kasachischen TV-Programms gehörte zu dieser strategischen Annäherung. Als aufstrebender Star in Kasachstan wurde Leila bald international bekannt. Doch die Partnerschaft mit dem herzlichen und sehr gebildeten Ahmet Özal war von kurzer Dauer. Die Familie von Präsident Nasarbajew drängte letzteren nämlich dazu, Geschäfte mit Timur Kulibajew abzuschließen, dem Ehemann von Dinara, der zweitältesten Tochter des Präsidenten. Auch diese neue Zusammenarbeit erwies sich als kurzlebig, da Turgut Özal im April 1993 starb, nur kurz nach seiner ersten Reise nach Kasachstan, in deren Verlauf Leila und ich ein sehr herzliches Gespräch mit ihm führten. Es hieß zunächst, er sei an einem Herzinfarkt gestorben. Doch seine Exhumation ergab später, dass er vergiftet worden war. Sein Erbe führte das Projekt nicht zu Ende.

Im Frühjahr 1994 übertrug Nasarbajew Leila einen Ministerposten an der Spitze des Verbands „Fernsehen und Radio Kasachstan", der als Nachfolger des früheren nationalen Fernsehens gegründet worden war. Er schätzte bestimmt ihre berufliche Kompetenz: Sie hatte sich bereits bewährt, als sie frischen Wind in das Fernsehen des Landes brachte. Vielleicht wollte er sie auch für den Verlust eines wichtigen Geschäftspartners entschädigen. Die gescheite und energische Geschäftsfrau Leila wurde somit in die Direktion eines riesigen Unternehmens mit 5 000 Mitarbeitenden katapultiert, in dem totale Anarchie herrschte. Ihr stand eine schwere Aufgabe bevor, denn sie sollte in einer blutjungen Marktwirtschaft, in der entsprechende gesetzliche Grundlagen fehlten, neue Regeln einführen.

Die Situation war folgende: Es gab weiterhin eine ansehnliche staatliche Unterstützung für das Fernsehen, das die vorangehende Direktion allerdings zu eigenen Zwecken umfunktioniert hatte. Für die Werbespots des neuen privaten Sektors wurden riesige Summen bezahlt, doch es gab keine Vorschriften in diesem Bereich. Das hieß im Klartext, dass die Direktion und einige privilegierte Mitarbeitende ein erkleckliches Sümmchen in die eigene Tasche fließen ließen. Leila sollte nun dieser Willkür einen Riegel schieben und das Personal wieder zur Arbeit motivieren. Sie arbeitete die ganze Gesetzgebung für das neue staatliche Fernsehen Kasachstans aus – das einzige öffentliche Programm des gesamten postsowjetischen Raums! – und setzte diese Vorschriften um. Während eines ganzen Jahres leistete sie vollen Einsatz, um die Tätigkeit ihres Verbands zu organisieren und zu modernisieren.

Als das Fernsehen endlich gut zu funktionieren begann und sogar die Hoffnung bestand, es könne in einigen Jahren Gewinn abwerfen und folglich unabhängig vom Staat werden, rief Präsident Nasarbajew Leila zu sich und bat sie, seine älteste Tochter Dariga als Vizepräsidentin einzustellen. Dariga war damals Chefin eines großen Cafés, das ihr Nurkadilov zusammen mit 19 weiteren Betrieben geschenkt hatte. Sie war überhaupt nicht qualifiziert, sich um das Fernsehen zu kümmern, doch an eine Ablehnung war nicht zu denken. Kaum hatte Dariga mit ihrer Ausbildung in diesem neuen Bereich angefangen, verlangte „Papa" (so wurde Präsident Nasarbajew von seinen engsten Vertrauten genannt), dass Leila „freiwillig" zurücktreten solle, natürlich zugunsten von Dariga. Laut Leila habe „Papa" doch etwas verlegen gewirkt, als er diese Bitte vorbrachte. Leila hatte also Dariga den Weg geebnet. Man wird natürlich nie erfahren, ob dies von Anfang an Nasarbajews Plan war, doch es erscheint mir nicht ganz abwegig. Dariga übernahm ein gut laufendes Unternehmen und konnte nun alle anderen Medien ins Auge fassen. Heute befinden sich 99 % der Massenmedien in der Hand der Familie Nasarbajew.

Sobald Dariga 1995 ans Ruder kam, leitete sie mit der Unterstützung einiger Gleichgesinnter die Privatisierung sämtlicher Gebäude ein, in denen sich die Studios und die Büros des Verbands befanden. Es war ein riesiger „Kuchen" zu verteilen: Der Verband soll die fraglichen Räumlichkeiten für 50 Dollar pro Quadratmeter erworben haben, obwohl der Marktpreis zehn bis zwanzig Mal höher lag. Dies berichtete jedenfalls Jahre später der damalige Presseminister Altynbek Sarsenbajew – und wahrscheinlich hat ihn die Verbreitung dieser Informationen letztlich das Leben gekostet: Er wurde im Februar 2006 zusammen mit seinem Chauffeur und seinem Leibwächter erschossen. Wir kommen darauf zurück. Der Verband „Fernsehen und Radio Kasachstan" wurde in Agentur Khabar umgetauft, wobei man die autonome Struktur der Regierung angliederte, die sie noch heute mit einem großzügigen Budget versorgt. Die Fernsehanstalt entwickelte sich zum Herzstück der Regimepropaganda, welche endlose Lobeshymnen auf die Leistungen von Nasarbajew sowie auf seine Rolle bei der „Demokratisierung" und beim Übergang zum „Marktfeudalismus", so die spöttische Bezeichnung seiner kasachischen Gegner, anstimmt. Leilas Traum und jener aller kasachischen Demokraten, einen dieses Namens würdigen öffentlichen Fernsehsender zu besitzen, löste sich in Rauch auf ...

Im Ministerium für Energie

Im Frühjahr 1994 rief mich Nasarbajew zu sich. Neben ihm stand Nourtaj Abykajew, ein Vertrauensmann des Präsidenten.

- „Sag ehrlich, trinkt dein Vorgesetzter viel?"
- „Ich habe nie mit ihm getrunken. Ich weiß es nicht."
- „Angeblich säuft er so viel, dass man ihn regelmäßig sturzbetrunken nach Hause bringen muss."
- „Sind Ihnen Klagen unsere Arbeit betreffend zu Ohren gekommen? Fehlen Nahrungsmittel in den Geschäften? Ist es zu Stromunterbrechungen gekommen? Sind die Straßen nicht sauber?"
- „Nein, ich beklage mich nicht über eure Arbeit."
- „Dann heißt das also, dass die Stadtverwaltung ihre Aufgaben korrekt erfüllt."

Der Präsident legte eine kurze Pause ein und fragte mich dann:

- „Wen hättest du denn gern als Bürgermeister?"
- „Es steht mir doch nicht zu, Ihnen Ratschläge zu erteilen. Der Bürgermeister wird von Ihnen ernannt."
- „OK. Du kannst gehen."

Ich ging zur Tür, drehte mich aber noch einmal um:

- „Darf ich Ihnen eine Frage stellen?"
- „Nur zu."
- „Warum sollte Nurkadilov nicht im Amt bleiben?"

Nasarbajew kam auf mich zu und klopfte mir auf die Schulter.

- „Ich habe nichts anderes von dir erwartet."

Ich erwähnte diese Unterhaltung Nurkadilov gegenüber mit keinem Wort, denn ich wusste nicht, was ich davon halten sollte. Wollte der Präsident meine Ambitionen auf die Probe stellen? War er böse auf Nurkadilov? Ich sollte bald erkennen, dass dessen Tage als Bürgermeister sehr wohl gezählt waren. Am 20. Juni 1994 kam es kurz vor den Sommerferien zu einer heftigen Auseinandersetzung zwischen Nurkadilov und dem Premierminister Sergei Tereschtschenko. Letzterer nahm das Gespräch heimlich auf Band auf (ein wirklich feiner Zug!) und spielte es Nasarbajew vor. Damit war das Schicksal Nurkadilovs besiegelt. Nasarbajew ernannte noch am selben Abend Chalbai Kulmachanov, der bis anhin als sein Berater gearbeitet hatte, zum neuen Bürgermeister. Ich wurde in meinem Amt als stellvertretender Bürgermeister bestätigt. Doch die „Kohabitation“ mit meinem neuen Chef sollte nur wenige Monate dauern.

Am 15. März 1995 bot mir der Präsident tatsächlich den Posten des Energie- und Bergbauministers in der Regierung von Akeschan Kaschegeldin an, der im Oktober 1994 Premierminister geworden war. Bei seiner Ernennung erhielt letzterer vom Präsidenten den Auftrag, eine grundlegende Wirtschaftsreform in unserem Land durchzuführen. Damals ahnte ja noch niemand, dass diese tollen Reformen nicht die redliche Privatisierung der Industrie bezweckten, sondern die Beschlagnahmung nationaler Güter durch eine Gruppe von Oligarchen und die Familie des Präsidenten.

Auf diese Weise wurde ich buchstäblich in ein ziemlich hektisches Leben katapultiert, das mich mit extremen Situationen überraschen würde. Der Energiesektor durchlief nämlich eine große Krise, und Nasarbajew vertraute auf meine Fähigkeiten als Fachmann für Energiefragen und als gewiefter Manager.

Die Lage war – ehrlich gesagt – katastrophal. Industrie, Landwirtschaft und Transportwesen waren bereits zur Marktwirtschaft übergegangen, während sich die Unternehmen im Energiesektor, einschließlich der Elektrizitätswerke, weiterhin in Staatsbesitz befanden. Der Staat hatte sich aber als unfähig erwiesen, effizient zu arbeiten, und schaffte es aus sozialen Gründen nicht, die Verbraucher zum Bezahlen ihrer Rechnungen zu zwingen. Die Summe der unbezahlten Rechnungen der Landwirte belief sich somit auf 60 Milliarden Tenge[19], während die Schuldenlast der Regionen 35 Milliarden betrug. Aus Furcht vor Streiks verbot es aber die Regierung, den Verbrauchern den Strom abzustellen.

In bestimmten Fällen war es sowieso undenkbar, diesen letzten Schritt zu unternehmen. Als Beispiel können die Kohlenbergwerke dienen. Einige von ihnen hatten ihre Aktivität gleich in den ersten Jahren der Unabhängigkeit eingestellt, da ihre Produktion keinen Absatz mehr fand. Man konnte sie aber nicht einfach stilllegen, da auch die Pumpstationen dann nicht mehr funktioniert hätten und einige Bergwerke überschwemmt worden wären. Die politische Entscheidung, die Kohlenförderung endgültig einzustellen, war

19. Zum damaligen Wechselkurs rund 770 Millionen Dollar.

aber noch nicht gefallen. Ich könnte als weiteres Beispiel den Irtysch-Quaraghandy-Kanal anführen, bei dem enorme Schulden aufgelaufen waren, der aber nicht mehr schiffbar gewesen wäre, wenn man die 20 Pumpstationen gestoppt hätte.

Besonders dramatisch wurden die offenen Rechnungen durch die Inflation. Das Land hatte nämlich vor kurzem eine galoppierende Inflation überstanden, die im Jahr 1992 den Höchstwert von 3061 % innerhalb eines Jahres erreicht hatte. Ihr Verlauf hatte sich 1995 zwar verlangsamt, insbesondere dank der Geldpolitik von Premierminister Kaschegeldin und seinem Team, doch die Inflation betrug immer noch 160 % pro Jahr, und der Dollarwert der nicht indexgebundenen Forderungen (dieses Vorgehen war nicht bekannt) schmolz wie Schnee in der Sonne dahin.

Da Kasachstan einen Teil des Stroms aus Nachbarländern bezog, hatte das Land parallel dazu Schulden bei Russland, Kirgisistan, Usbekistan und Turkmenistan. Als ich die Verantwortung für den Energiesektor übernahm, belief sich diese Auslandsverschuldung auf 600 Millionen Dollar, davon 450 Millionen allein gegenüber Russland. Und dabei handelte es sich um Beträge in Dollar und nicht in Tenge!

Wie sollte ich unter diesen Umständen die Heizung in den Städten gewährleisten, wenn die Temperaturen in den Wintermonaten weit unter Null sinken und bis zu 40 oder 50 Grad minus erreichen würden? Langsam, aber sicher steuerte die Regierung auf einen Energie-Kollaps zu. Sie besaß weder die Mittel, die Auslandschulden zu begleichen, noch konnte sie die Ausstände der Verbraucher aus Industrie und Landwirtschaft problemlos tragen.

Ich begann mit der Gründung einer Arbeitsgruppe, um ein Reformprogramm zu entwickeln. Man nahm die Erfahrungen aller entwickelten Länder unter die Lupe, um die Lösungen zu eruieren, die während Energiekrisen erfolgreich funktioniert hatten. Es zeigte sich, dass mehrere Industriestaaten das Problem durch die Privatisierung ihres Energiesektors in den Griff bekommen hatten. Nur Italien bildete eine Ausnahme, wo 1962 private Stromgesellschaften aufgekauft wurden und daraus das staatliche Konsortium Enel[20] entstand. Vor einer Teilprivatisierung musste aber ein Weg gefunden werden, die Einstellung gegenüber der Stromversorgung zu ändern. Elektrizität sollte den Status einer Ware erhalten, um der Verschwendung Einhalt

---

20. Nationale Stromgesellschaft Italiens, Hauptproduzentin des Landes für Elektrizität. Die Gesellschaft wurde 1962 anlässlich der Verstaatlichung sämtlicher Stromproduzenten Italiens gegründet, 1999 privatisiert und von Grund auf umstrukturiert, als der italienische Strommarkt gemäß Empfehlung der Europäischen Kommission geöffnet wurde.

zu gebieten und die Unternehmen zu zwingen, ihre Rechnungen zu zahlen. Bei Bedarf auch auf dem Rechtsweg.

Die regionalen Verantwortlichen, an den sorglosen Umgang zur Zeit der Sowjetunion gewöhnt, waren sich des Ernstes der Lage nicht bewusst. Schon bald nach meinem Amtsantritt stand ich vor einer paradoxen Situation: Die besagten Verantwortlichen verboten den Kraftwerken in ihren Regionen, die Stromversorgung bestimmter Verbraucher bei Nichtzahlung zu unterbrechen, während ich als Minister die Verantwortung für die zu geringen Budgeteinnahmen meines Ministeriums tragen musste. In jener Epoche war der Tauschhandel zwischen zahlungsunfähigen Unternehmen noch durchaus üblich, sowohl beim Bezahlen der Gehälter als auch beim Begleichen der Lieferantenrechnungen. Einige Fabriken oder Bergwerke luden ganz einfach ihre Produktion vor den Verwaltungsgebäuden der Stromwerke ab und waren überzeugt, sie hätten ihre Schuld auf diese Weise beglichen! Als eine der ersten Maßnahmen ließ ich also den Unternehmen in meinem Sektor verbieten, Zahlungen in Form von Naturalien zu akzeptieren.

Die zugleich tragische und groteske Geschichte, die sich am Silvesterabend 1996 in Kokschetau[21] ereignete, veranschaulicht diese verantwortungslose Einstellung perfekt. Die Stromverteilungsgesellschaft im Besitz des Gouverneurs der Region unterbrach während eines Schaltvorgangs den Stromkreis einer Pumpstation, welche den zentralen Heizkessel der Stadt mit Wasser versorgte. Der Verantwortliche dieses Heizkessels, der die gesamte Stadt mit warmem Wasser und Heizwärme versorgte, löste den Alarm aus, doch keiner wollte es hören: Alle waren am Feiern, auch die Entscheidungsträger der Region. Erst am 3. Januar wurde endlich reagiert. Dann war es natürlich zu spät. Die Heizungsleitungen der gesamten Stadt – Wohnhäuser, Büros, Schulen, Kindergärten, Spitäler – waren bereits schwer in Mitleidenschaft gezogen worden und funktionierten nicht mehr. Als ich zusammen mit dem stellvertretenden Premierminister Dussembai Dujssenov per Flugzeug in Kokschetau eintraf, fanden wir eine in der eisigen Kälte völlig erstarrte Stadt vor.

Die Verwaltung der Region beeilte sich, wie üblich sofort einen Schuldigen zu suchen, und verhaftete den Verantwortlichen des zentralen Heizkessels. Es kam zu einem Gerichtsverfahren. Diese Situation konnte ich natürlich nicht akzeptieren. Ich ordnete die Schaffung einer Kommission an, die rasch einen Bericht vorlegte. Die Schuld für diesen folgenschweren Vorfall

21. Eine Stadt mit 137 000 Einwohnern im Norden Kasachstans, besonders bekannt für die Goldindustrie.

lag bei der regionalen Verwaltung und bei der Stromverteilungsgesellschaft, die beide nicht sofort eingegriffen hatten, um die Pumpstation wieder zum Laufen zu bringen. Der Gouverneur wurde entlassen, die wahren Verantwortlichen vor Gericht gestellt. Es waren aber unmenschliche Anstrengungen und beträchtliche Mittel vonnöten, um das Heizsystem der Stadt mitten im Winter so schnell wie möglich zu reparieren.

Leider hatten sowohl der Präsident als auch der Premierminister keine Ahnung von der komplexen Funktionsweise des Energiesektors. Für den Premierminister ging es höchstens ums „Anknipsen" und „Ausschalten". Die Energie verkörpert aber das Rückgrat jeden Staates und darf nicht vernachlässigt werden. Es mag unglaublich erscheinen, doch diese Binsenweisheit musste ich Kaschegeldin erst erklären und ihm sagen, dass seine beschränkte Sicht der Dinge dem Staat schweren Schaden zufügte.

Die Geschichte rund um den größeren Vorfall im Heizkraftwerk II von Karaganda veranschaulicht wunderbar die zahlreichen Schwachstellen, die damals den Energiesektor lahmlegten.

Im Verlauf des Sommers 1996 fiel dieses Kraftwerk mit einer Leistung von 400 Megawatt nach einem Brand unerwartet aus. Es war vor kurzem privatisiert und von Arcelor Mittal erworben worden, um das metallverarbeitende Kombinat von Karaganda (Karmetkombinat), das Aushängeschild der kasachischen Industrie, zu versorgen, das dieser Konzern im Vorjahr gekauft hatte[22]. Die indische Direktion hatte aus budgetären Gründen keinen Vertrag mit einer stromproduzierenden Gesellschaft abgeschlossen, die bei einer Panne eingesprungen wäre. Nachdem ich von der Katastrophe erfahren hatte, reiste ich umgehend nach Temirtau[23], wo sich das Karmetkombinat befindet, zusammen mit Garry Shtoik, dem für die Energieindustrie zuständigen stellvertretenden Premierminister.

Wir fanden eine wahrhaft apokalyptische Situation vor. In der Zentrale war ein Aggregat mit einer Leistung von 100 Megawatt vollständig verbrannt und das Dach des Gebäudes, in dem es sich befand, war eingestürzt. Das Kraftwerk wurde außer Betrieb gesetzt. Es wären umfassende Instandsetzungsarbeiten erforderlich gewesen. Inzwischen war das gesamte Karmetkombinat nicht mehr funktionsfähig. Nach dem Unfall im Kraftwerk war es

---

22. Das Karmetkombinat wurde im November 1995, das thermische Kraftwerk II im Mai 1996 und das Kohlenbergwerk der Region Karaganda im Juli 1996 von Arcelor Mittal aufgekauft.

23. Temirtau ist eine Stadt mit 170 000 Einwohnern in der Region Karaganda. Die Bevölkerung besteht hauptsächlich aus ethnischen Russen und arbeitet größtenteils im Karmetkombinat.

zu mehreren Explosionen gekommen: Gasleitungen und ein Teil der Rohre waren beschädigt. Für die Behebung der Schäden und die erneute Inbetriebnahme des Kombinats musste das beschädigte Werk unbedingt ersetzt werden. Auf den ersten Blick sah es ganz einfach aus: Man brauchte nur das regionale Kraftwerk II von Ekibastus[24] anzuzapfen. Doch dieses Kraftwerk befand sich im Streik, weil die Arbeiter beschlossen hatten, die Arbeit bis zur Zahlung der ausstehenden Löhne in der Gesamthöhe von 3 Millionen Dollar niederzulegen. Die Regierung hatte dieses Geld nicht. Daher schlug ich Malai Mukherjee, dem Direktor des Karmetkombinats, vor, diese Summe für den später zu liefernden Strom vorzuschießen. Er schrieb mir sofort einen in Tenge ausgestellten Scheck aus und wir gingen zur regionalen Staatsbank, wo das Karmetkombinat ein Konto besaß. Dort verweigerte uns aber der Bankdirektor die Auszahlung in bar[25], da diese Operation seine Kasse völlig geleert hätte. Nach zähen Verhandlungen befahl schließlich der Gouverneur der Region Karaganda, Piotr Nefedov, der Bank den Auftrag auszuführen. Das bedeutende Unternehmen, das der ganzen Stadt Arbeit gab, musste unbedingt gerettet werden! Eine militärische Einheit würde das Geld in ein Flugzeug laden und uns nach Ekibastus begleiten.

In der Zwischenzeit telefonierte ich mit Premierminister Kaschegeldin, um ihn über den Fortschritt bei der Krisenbewältigung zu informieren. Doch seine Reaktion machte mich sprachlos. Ohne sich Einzelheiten zu den Ereignissen anzuhören, brüllte er gleich los: „So rettest du also das Unternehmen von Papa, du Minister? Weißt du, dass dies die Stilllegung des Karmetkombinats bedeutet? Begreifst du überhaupt, was du da tust?“ Dabei benutzte er eine Reihe von Flüchen, die ich hier nicht wiedergeben kann. Ich wurde wütend und erklärte ihm mithilfe desselben Vokabulars, dass der Fehler bei den Indern liege, die im Falle eines Vorkommnisses im Kraftwerk – *ihres* Kraftwerks, wie ich betonte – keine Alternative eingeplant hatten.

Der Premierminister erfasste schließlich den Ernst der Lage, entschuldigte sich und bat mich, das Kombinat so schnell wie möglich wieder in Betrieb zu setzen, da uns „Papa sonst umbringen“ würde. Als ich auflegte, kochte ich vor Wut angesichts der Unverschämtheit und der Inkompetenz von Kaschegeldin. Garry Shtoik versuchte vergeblich mich zu beruhigen. Ich hatte zu meinem Entsetzen soeben erfahren, dass das Karmetkombinat in Wirklichkeit zwei Besitzer hatte: einen offiziellen, Lakshmi Mittal, und einen inoffiziellen, nämlich Nursultan Nasarbajew.

24. Bergbaustadt mit knapp 130 000 Einwohnern in der Region Pavlodar im Nordosten Kasachstans. Diese Region grenzt an jene von Karaganda.
25. Damals wurden alle Löhne ausschließlich bar ausbezahlt.

Diese Entdeckung war ein Schock für mich, doch ich hatte keine Zeit für Gefühlsausbrüche. Ich musste ins Flugzeug steigen, das unsere „Beute" transportierte. Als Garry Shtoik und ich an Bord gingen, bot sich uns ein verblüffendes Bild: Auf allen Sitzen befanden sich Säcke mit gebündelten Banknoten, die Soldaten saßen mit ihren Maschinengewehren am Boden.
Am Flughafen von Ekibastus empfing uns Achmetov, der Gouverneur der Region von Pavlodar, der mir buchstäblich den Rest gab, als er mir eröffnete, das Personal im Kraftwerk von Ekibastus könne erst dann entlöhnt werden, wenn zuvor in den Pensionsfonds einbezahlt worden sei. Die ehemaligen Arbeiter, so teilte er uns mit, hätten seit sechs Monaten keine Rente mehr bekommen. Er verlangte die Einzahlung von 40 Millionen Tenge[26]. Dies entsprach einem Fünftel der Summe, die wir an die Arbeiter auszahlen sollten! Das konnte ich nun wirklich nicht akzeptieren und wir begannen zu verhandeln. Wir einigten uns letztendlich auf 20 Millionen Tenge.

Man brachte das Geld anschließend ins Kraftwerk und zahlte die Löhne aus. Die Leute, die seit sechs Monaten keine Kopeke mehr erhalten hatten, feierten dies ausgiebig. Viele betranken sich dermaßen, dass sie am nächsten Tag nicht zur Arbeit gehen konnten. Ich wiederum machte einen Riesenaufstand beim Direktor und bot alle arbeitsfähigen Angestellten auf, um die Installationen nach dem langen Stillstand zu kontrollieren. Am übernächsten Tag nahm das Kraftwerk den Betrieb wieder auf und versorgte das Karmetkombinat mit Strom. Der Fall war erledigt. Ich verließ Ekibastus mit einem Gefühl von Stolz, aber auch von Bitterkeit. Wieso mussten wir derart unmenschliche Anstrengungen unternehmen, um die Inkompetenz der Verantwortlichen in einem privatisierten Kraftwerk zu kompensieren? Wahrscheinlich begriff ich in diesem Moment, dass wir nicht den gesamten Energiesektor privatisieren konnten.

Die zweite Etappe der Privatisierung

Die Fakten rund um den Erwerb des Karmetkombinats durch den indischen Milliardär Lakshmi Mittal werden bis heute von der Regierung verheimlicht. Es gibt keine offizielle Angaben dazu, wie viel Mittal bezahlt hat (der damals noch nicht als Milliardär und Magnat der Stahlindustrie galt), um das zweitgrößte metallverarbeitende Unternehmen der UdSSR nach dem Kombinat von Magnitogorsk zu kontrollieren.

Die Geschichte beginnt im Mai 1995, als die Regierung von Kaschegeldin die Leitung des Karmetkombinats öffentlich ausschreibt. Den Wettbewerb

---

26. Damals fast 600 000 US-Dollar.

gewann das kasachisch-österreichische Unternehmen „Voestalpine-Kasachstan“. Jahre später wurde bekannt, dass die Direktion von Voestalpine neben dem offiziellen Preis von 20 Millionen Dollar auch aufgefordert worden war, dieselbe Summe diskret einigen „hochgestellten Persönlichkeiten“ in Almaty zu überweisen. Doch auch dies verblasst angesichts dessen, was danach passierte: Die Österreicher deckten ein System von Metalldiebstahl durch mafiöse Gruppen und vor allem die dreifache Buchführung des Karmetkombinats auf. Als die österreichische Direktion diese Informationen an die Öffentlichkeit brachte, enthob man die transnationale Gesellschaft einfach ihres Mandats, und zwar wegen angeblicher „Inkompetenz“.

Gemäß den Informationen des Journalisten Vadim Khartschenko soll der Gewinner der neuen Ausschreibung – ein gewisser Garry Lutschanski, ein persönlicher Freund von Präsident Nasarbajew und Besitzer der Tradergesellschaft Nordex GmbH, die obskuren Geschäften nachgeht –, denselben „hochgestellten Persönlichkeiten“ 50 Millionen Dollar Schmiergeld bezahlt haben[27]. Unter der Leitung von Lutschanski weiteten sich der Diebstahl von Metallen und die Dreifachbuchhaltung noch weiter aus. Zur selben Zeit begannen die ausgebeuteten und schlecht bezahlten Arbeiter mit diversen Streikbewegungen.

Aus diesem Grund ersetzte Nursultan Nasarbajew, der sein Image als „guter Vater“ der Nation aufrecht erhalten musste, Lutschanski durch den indischen Kapitalisten Lakshmi Mittal, der bereits metallverarbeitende Werke in Indonesien, Mexiko, Kanada und Deutschland besaß, wenn auch nicht in der Größe des Karmetkombinats. Nach Angaben von Khartschenko soll Mittal 450 Millionen Dollar für die vollständige Privatisierung des Metallriesen bezahlt haben, davon 100 Millionen nur an Schmiergeldern, die in die Taschen Nasarbajews oder seines Umfelds flossen. Es war eine weise Investition: Mittal stieg rasch in die Spitzengruppe der reichsten Personen weltweit auf, wie auch andere russische Oligarchen anlässlich der Privatisierungen unter Boris Jelzin. Zwischen den beiden Staatschefs ist dennoch ein bedeutender Unterschied zu vermerken: Nasarbajew überließ zu privatisierende Produktionsstätten gerne Ausländern, um sich nicht mit den eigenen, zu einflussreich gewordenen Landsleuten auseinandersetzen zu müssen.

Dies bedeutet also, dass der Präsident bzw. seine Entourage beim Verkauf des Karmetkombinats an einen Privatmann in weniger als zwei Jahren 170 Millionen Dollar unter der Hand erhalten haben soll, und zwar von den

27. Vadim Khartschenko, Die Apostel von Nasarbajew (in russischer Sprache), Projet « DAT », s. Website http ://www.taszhargan.info, 2011.

drei aufeinanderfolgenden Verantwortlichen dieses riesigen metallverarbeitenden Werks. Doch weshalb sprach Kaschegeldin mir gegenüber von „Papas Unternehmen"? Besaß Nasarbajew heimlich Anteile am Kombinat? War Mittal womöglich verpflichtet, ihm eine jährliche „Rente" auszuzahlen? Mein ehemaliger Chef in Almaty, Zamanbek Nurkadilov, bestätigte jedenfalls 2004 als Angehöriger der Opposition in einer öffentlichen Erklärung, das Karmetkombinat „gehöre" der Familie des Präsidenten. Solange Nasarbajew an der Macht ist, wird dieses Rätsel wohl nie aufgedeckt werden.

Doch diese Episode ist nur eine unter vielen. Nachdem sich die PIK in Luft aufgelöst hatten, kam es tatsächlich sehr schnell zur Privatisierung der großen Unternehmen in der Schwerindustrie. Dies ging im Großen und Ganzen wie folgt über die Bühne.

Ich habe im vorangehenden Kapitel die Machenschaften von Syzdyk Abischew erwähnt, dem Finanzjongleur und dem Verwandten von Nasarbajews Frau Sara. Dank der Tätigkeit der Gesellschaft Kazakhintorg (Außenhandel Kasachstans), die er zu Beginn der Unabhängigkeit leitete und die das Monopol für den Verkauf von Rohstoffen gegen Devisen auf dem Weltmarkt besaß, konnten die Familie des Präsidenten und dessen Umfeld ein Startkapital anhäufen, mit dem sie ab 1996 fast die gesamte Industrie des Landes aufkauften.

Nehmen wir zum Beispiel das Kombinat für Nichteisenmetalle von Ust-Kamenogorsk, das damals in der UdSSR führend war. Zink, Gold und Kupfer aus diesem Kombinat galten als Produktionsstandard an der Londoner Börse. Mithilfe von Abischew und einigen Strohmännern wurden dieses Kombinat sowie mehrere Fabriken und Minen von Syrjanowsk, Leninogorsk, Belusowka und Berezowka – kurz, alles was in der Industrie für Nichteisenmetalle Kasachstans gut funktionierte – für lächerliche Summen an Glencore verkauft, eine Gesellschaft für Rohstoffhandel mit Sitz in der Schweiz.

Glencore ist eines der undurchsichtigsten Unternehmen der Welt. Es wurde 1974 vom amerikanischen Trader Marc Rich gegründet, der sich auf Erdöl- und Metallhandel spezialisiert hatte und der Firma zunächst seinen Namen gab. 1984 wurde Rich in den USA wegen seiner kommerziellen Aktivitäten mit dem Iran während des internationalen Embargos und wegen Steuerhinterziehung verurteilt. Die Gesellschaft wurde von seinen Teilhabern und Partnern übernommen. Seit ihren Anfängen ließ sich die Gesellschaft auf Geschäfte mit dubiosen Regimes ein, darunter auch mit der Sowjetunion während der Invasion in Afghanistan (Glencore lieferte als einzige

Gesellschaft weltweit Getreide, auch in diesem Fall trotz eines Embargos), Libyen oder Südafrika zur Zeit der Apartheid.

Kein Wunder also, dass sich die in der Schweiz registrierte Glencore nach dem Auseinanderbrechen der UdSSR auch auf diesen Märkten tummelte. In den ersten postsowjetischen Jahren schloss die auf Kauf und Verkauf von strategischen Rohstoffen spezialisierte Firma in Russland und Kasachstan extrem einträgliche Geschäfte ab. Von 1995 bis 1996 änderte das Unternehmen zu Beginn der großen Privatisierungswelle in diesen beiden Ländern seine Taktik: Statt sich auf den Kauf von Rohstoffen zu beschränken, begann es Aktienpakete von metallverarbeitenden Fabriken zu erwerben, um auf ihr Management Einfluss zu nehmen. Analog zu Lakshmi Mittal soll auch Glencore unter der Hand riesige Summen an die „Vertrauensleute" des Präsidenten bezahlt haben.

Als 1997 der Konzern Kaztsink (Zink von Kasachstan) privatisiert wurde und man die Kombinate von Syrjanowsk, de Ridder (ehemals Leninogorsk) und Ust-Kamenogorsk[28] zusammenlegte, brauchte Glencore nur 20 Millionen Dollar, um 69 % der Aktien zu erwerben. Die Staatsanwaltschaft der niederländischen Stadt Zwolle führt übrigens seit Jahren ein Rechtsverfahren durch, da sie vermutet, dass Glencore Bulat Utemuratow, dem Berater und Schatzmeister von Präsident Nasarbajew, mehrere Millionen Dollar bezahlt hat, um dieses äußerst lukrative Geschäft einzufädeln. Unter den kasachischen Regimegegnern, wie z. B. Marat Janusakow[29], und den Fachleuten ist man sich darüber einig, dass der Milliardär Utemuratow, eine graue Eminenz der kasachischen Wirtschaft, in Wirklichkeit einer der Vermögensverwalter der Präsidentenfamilie ist. In den Jahren 1996 und 1997 zweifelte ich noch an einer Absprache zwischen Glencore und dem Staatschef, doch 2005 nahm ich an einer Sitzung teil, die mir die Augen öffnete. Ich war damals Gouverneur von Ostkasachstan. Nasarbajew liebte es, sich in dieser Gegend auszuruhen und in einer Art Jungbrunnen zu baden: Dabei taucht man in sehr heißes Wasser ein, in dem zuvor frisch geschnittene Geweihe von sibirischen Hirschen, den *Marals*, lagen, was angeblich belebend wirkt. Während eines Aufenthalts von Nasarbajew traf Ivan Glasenberg, der Präsident von Glencore, in Ust-Kamenogorsk ein. Die beiden Männer benahmen sich in meiner Gegenwart wie alte Komplizen. Es war augenfällig, auch wenn ich ihren vertraulichen Gesprächen nicht beiwohnte. Ein Gerücht besagt, dass 50 % der

28. Bergarbeiterstadt im Osten Kasachstans im Altai-Gebirge.
29. Entlassener Wissenschaftler und Chef der vom Regime verbotenen Partei *Alga!*

an Glencore verkauften Unternehmensaktien eigentlich Nasarbajew gehörten, doch das ist nur schwer zu belegen. Alle Dokumente rund um die Privatisierungen befanden sich in den Büros von Jussef Duberman, dem stellvertretenden Präsidenten des Staatskomitees für Privatisierungen, der die Ausschreibungen vorbereitete und alle Hintergründe der Deals kannte. Doch sobald die Privatisierung der großen Industrieanlagen abgeschlossen war, wurde er zum lästigen Mitwisser. Er musste aus Kasachstan fliehen – und wird immer noch von Interpol gesucht.

Da man nicht alles auf dasselbe Pferd setzen soll, schnappte sich eine andere Gesellschaft zwei weitere Giganten der Nichteisenmetall-Industrie, nämlich die aus Jezkazgantsvetmet und Balkhachmed[30] zusammengesetzte Holdinggesellschaft Kazakhmys (Förderung und Aufbereitung von Nichteisenmetallen und Edelmetallen). Und das ging so: 1995 wurden 80 % der Aktien von Jezkazgantsvetmet zur vertraulichen Verwaltung der Gruppe Samsung Deutschland anvertraut, die von Vladimir Kim, einem Vertrauensmann des Präsidenten und früheren Mitglied der Exekutive von Almaty, geleitet wurde. Im Mai 1996 gewann Samsung die Ausschreibung der Regierung betreffend den Verkauf von 40 % der Aktien von Jezkazgantsvetmet. Dann wurde 1997 auf der Basis von Jezkazgantsvetmet die Gruppe Kazakhmys geschaffen, zu deren Präsident man eben diesen Vladimir Kim wählte.

Nach dem Magazin *Forbes* belief sich sein Privatvermögen 2012 auf 3,5 Milliarden Dollar. Und laut der internationalen Organisation Global Witness, die Korruption bekämpft und 2010 einen Sonderbericht herausgab, unterhalten die Verantwortlichen des Kazakhmys und vor allem Vladimir Kim und eine andere graue Eminenz des Regimes, Vladimir Ni (den ich bereits erwähnte), eine beständige Korruptionsbeziehung zu Präsident Nasarbajew persönlich. Diese Beziehungen werden natürlich weitgehend dadurch erleichtert, dass Bolat, der Bruder von Präsident Nasarbajew seit 2004 Einsitz im Rat der Direktoren der Gruppe hat. Dieser Bericht bestätigt eigentlich nur, was der frühere Schwiegersohn des Präsidenten Rachat Aliyew[31] mit zahlreichen Einzelheiten in seinem Buch *The Godfather-in-Law* erzählt. Kazakhmys teilt nicht nur die Gewinne mit der Präsidentenfamilie, sondern leistet auch andere, ganz konkrete Dienste. So erwirbt die Direktion in den 2000er Jahren für den Staatschef ein Flugzeug mit exklusivem Design des Typs Airbus 319, zahlt seine Auslandreisen, finanziert die Wahlkampagnen

30. Diese beiden Kombinate der Region Karaganda produzieren Kupferkathoden, Blei, Kadmium und andere Schwermetalle.

31. Dieses 2009 veröffentlichte Buch ist auf Russisch im Internet unter folgender Adresse erhältlich: http://oberhofen.narod.ru/read.html

der Präsidentenpartei *Nur Otan*[32] und vieles mehr. Rachat Alijew berichtet humorvoll von der Episode, als Vladimir Kim Nursultan Nasarbajew sein neues Spielzeug, den Airbus, übergab und dabei den berühmt gewordenen Satz sprach: „Sie sind viel wichtiger als ein Flugzeug." Antwort des Präsidenten: „Das versteht sich doch von selbst."

In Bezug auf die Plünderung der Naturschätze Kasachstans in der zweiten Hälfte der 1990er Jahre muss ich auch die Holding ENRC (engl. Eurasian Natural Resources Corporation) erwähnen. Mehrere der Vermögenswerte wurden im Verlauf des Privatisierungsvorgangs erworben, wie z. B. die Fabrik für Ferrolegierungen und das Stromkraftwerk von Aksu[33] (vormals Ermak) sowie das Kohlebergwerk (Tagebau) von Wostotschny bei Ekibastus, wo damals 18 Millionen Tonnen Kohle pro Jahr gefördert wurden. Das Vorgehen bei diesen Privatisierungen war simpel. Die Aktiva der Gesellschaften mit hohem Industriepotenzial wurden entwertet, man ernannte Vertrauensmänner in die Geschäftsleitung und privatisierte diese danach in einer Weise, dass sie von diesen Vertrauensleuten oder der Präsidentenfamilie kontrolliert wurden.

Dieser Konzern, der weltweit zu den größten Unternehmen für die Förderung und Verarbeitung von Rohstoffen zählt, hat seinen Sitz derzeit in London und weist fünf Hauptaktionäre auf: die Gesellschaft Kazakhmys (26 %), eine Einrichtung des Finanzministeriums von Kasachstan (11,65 %) und drei Oligarchen (jeweils 14,59 %), deren wirtschaftliche Aktivität zum größten Teil in Kasachstan stattfindet; es sind Patokh (Fattah)Schodiew, Alidschan Ibragimow und Alexander Maschkewitsch, auch bekannt als die „Troika".

Wer sind diese Gefolgsleute des Präsidenten? PatokhSchodiew ist ein kasachischer Oligarch usbekischer Abstammung und mit russischer und belgischer Nationalität; es ist als Sonderberater von Präsident Nasarbajew tätig und lebt in Belgien. 2011 wurde sein Vermögen von *Forbes* auf 3,7 Milliarden Dollar geschätzt. Alidschan Ibragimow, ebenfalls usbekischer Abstammung, aber kasachischer Staatsbürger, ist als Oligarch im Industrie- und Finanzsektor aktiv und lebt in London. Sein Vermögen wurde 2012 auf 2,8 Milliarden Dollar geschätzt. Und Alexander Maschkewitsch schließlich wurde als Jude mit litauischem Vater und weißrussischer Mutter in Kirgisistan geboren; er

32. Diese regierende Partei vertritt eine populistische und etatistische Ideologie. Sie wurde 1999 gegründet, um die Plattform von Präsident Nasarbajew zu unterstützen. Seit ihrer Gründung besitzt diese Partei die Mehrheit in beiden Kammern des Parlaments und in den regionalen Legislativen. Parteichef ist Nasarbajew.

33. Industriestadt mit 66 000 Einwohnern in der Region Pavlodar.

besitzt die kanadische Staatsangehörigkeit, kontrolliert 25 % der kasachischen Wirtschaft und lebt in Israel. Er gilt als herausragendes Mitglied der internationalen jüdischen Gemeinschaft, fungiert als Präsident des jüdischen Kongresses Eurasiens (eine der drei Sektionen des jüdischen Weltkongresses) und setzt sich für die Förderung der jüdisch-muslimischen Freundschaft ein. 2011 belief sich sein Vermögen auf 3,7 Milliarden Dollar.

Diese drei Männer begannen ab 1989, gleich nach der Unabhängigkeitserklärung, in Kasachstan mit ihrer Businesstätigkeit und wurden 1992 zu Partnern. Innerhalb weniger Jahre wurden sie mit der aktiven Unterstützung der Macht zu den wohlhabendsten und einflussreichsten Personen in Kasachstan, bevor sie sich in besser entwickelten und moderneren Ländern niederließen. Böse Zungen behaupten, Präsident Nasarbajew ziehe Personen aus dem Ausland den ethnischen Kasachen vor, weil er auf diese Weise Rivalitäten zwischen den Clans und Probleme mit Nepotismus vermeidet. Doch ist es wirklich denkbar, dass diese Menschen, die nicht in Kasachstan aufgewachsen sind und sich auch nicht dauerhaft im Land niederlassen wollen, patriotisch eingestellt sind? Meiner Ansicht nach ist das eine rein rhetorische Frage ...

Meine Reformen

Zu der Zeit, als ich im Ministerium für Energie und Bergbau das Ruder übernahm, schien sich die Privatisierung eines Teils der Industrie geradezu aufzudrängen. Die Unternehmen brauchten Kapital und gute Manager, um Modernisierungen durchzuführen und rentabel zu werden, der Staat wiederum brauchte das Geld aus dem Verkauf an Private, um die Kasse zu füllen und seine eigene Organisation zu finanzieren.

Nach einigen Monaten intensiver Arbeit mit der von mir geschaffenen Expertengruppe konnte ich der Regierung einen detaillierten Reformplan für meinen Sektor vorlegen. Die Ausarbeitung dieses Plans wurde durch die komplexe Logistik Kasachstans in Bezug auf die Stromzufuhr erheblich erschwert. Die Bedürfnisse eines insgesamt sehr dünn besiedelten Landes (weniger als 16 Millionen Einwohner), dessen geografisch vielfältiges Territorium aber über fünfmal größer ist als Frankreich, müssen gedeckt werden. Zudem kämpfte ich mit veralteten Einrichtungen und Finanzierungslücken in diesem Sektor. In meinen ersten Arbeitsmonaten als Minister war ich sogar gezwungen, im ganzen Land Verbrauchsvorschriften einzuführen und den Strom zu rationieren. In den großen Städten musste in den Quartieren nacheinander für manchmal bis zu sechs Stunden pro Tag der Strom abgestellt werden. Dies war extrem unangenehm, denn in diesen Stunden ohne Licht hatten die Menschen auch kein Wasser, weil auch die Pumpstationen stillstanden.

Am 30. Mai 1996 wurde mein Programm nach der Präsentation meines genauen Berichts vor der Regierung kraft Erlass Nr.°663 offiziell verabschiedet.

Ich schlug vor, dass die Stromunternehmen mit den Verbrauchern aus Industrie und Privathaushalten rein kommerzielle Beziehungen aufnehmen, um die Stromproduktion zu rentabilisieren und diese Nutzer zu verantwortlichem Handeln anzuhalten. Zu diesem Zweck hatte die Arbeitsgruppe unter meiner Leitung ein Teilprivatisierungsprogramm im Energiesektor ausgearbeitet, das innerhalb kürzester Zeit umgesetzt werden sollte. Dabei betone ich das Wort „Teil"-Privatisierung. Mein Vorschlag bestand darin, eine nationale Stromgesellschaft unter der Aufsicht meines Ministeriums zu gründen, welche die Infrastruktur im Energiesektor kontrollieren würde. Gleichzeitig sollten die regionalen Stromunternehmen der Aufsicht durch die regionalen und städtischen Behörden unterstellt werden. Die lokalen Behörden wären auf diese Weise direkt für die Stromunterbrechungen bei den Verbrauchern zuständig, was sie dazu zwänge, von den Unternehmen und Privathaushalten die Begleichung der Stromrechnungen zu verlangen. Diese Maßnahmen bewirkten natürlich ziemlich rasch eine höhere Rentabilität in diesem Sektor.

Welche Pflichten hatte diese nationale Gesellschaft denn nun zu erfüllen? Sie besaß den Status eines nationalen Anbieters, der die Verantwortung für die Verwaltung des Stromverteilungsnetzes (310 Leitungen auf insgesamt 24 500 Kilometern) und die 74 untergeordneten Stationen trug, sowie für die Erfüllung der Stromlieferverträge sorgen und die Interessen Kasachstans bei Verhandlungen und Streitfällen mit ausländischen Energieunternehmen vertreten musste. Die Gesellschaft namens KEGOC (engl. Abkürzung von Kasachstan Electricity Grid Operation Company[34]) ist noch heute tätig.

Mein Projekt sah vor, dass neun große Kraftwerke in staatlichem Besitz verbleiben würden: vier Wasserkraftwerke[35] und fünf Wärmekraftwerke[36]. Gemeinsam produzierten sie fast 50 % des gesamten Stroms im Land. Mir schien die Notwendigkeit dieser Maßnahme offensichtlich: Es handelte sich

34. Übersetzt: Betreibergesellschaft für Energiesysteme in Kasachstan.

35. Es handelt sich um drei große Kraftwerke am Fluss Irtysch (Bukhtarma, Ust-Kamenogorsk und Schulbinsk) sowie um das Kraftwerk von Kaptschagai am Fluss Ili.

36. Es handelt sich um die beiden Kraftwerke von Ekibastus (Nr.°1 und Nr.°2) sowie um die Werke in Aksu (ehemals Ermak), Karaganda-2 und Dschambul.

um die „Energiepumpe“ des Landes, dank welcher der Staat die nationale Stromversorgung gewährleisten konnte, unabhängig von der wirtschaftlichen oder politischen Situation. Damit konnte man sich gegen eventuelle Streikdrohungen oder Lieferengpässe aus dem Ausland absichern, damit würden sowohl die Industrie als auch die Bevölkerung geschützt. Ich schlug darüber hinaus die Schaffung eines Strommarktes vor, dessen Funktionsweise meine Gruppe mit den entsprechenden Bedingungen ausgearbeitet hatte. Erst nach der Schaffung eines Strommarktes und der Erhöhung der Rentabilität in diesem Sektor hätte man mit der Privatisierung der anderen Kraftwerke begonnen.

Zu meinem großen Bedauern entwickelten sich die Dinge aber ganz anders. Die Ende Mai verabschiedete Reform begann tatsächlich schnell Früchte zu tragen. Die Aufteilung des aus sowjetischer Zeit herübergeretteten Giganten Kasachstan-Energo in Stromproduzenten, regionale Netzwerke, Lieferanten und Vertriebsgesellschaften sorgte für Wettbewerb, was wiederum die Tarife für die Verbraucher senkte. Dies erregte das Interesse von Präsident Nasarbajew und seinem Umfeld am Energiesektor, der auf einmal Gewinn abwarf …

Dazu muss ich sofort festhalten, dass sich in Kasachstan das Komitee für die Verwaltung von Staatseigentum und das Komitee für die Privatisierung von Staatseigentum um die „Entstaatlichung“ und die Privatisierung von nationalen Gütern kümmern. Diese beiden Gremien sind direkt dem Präsidenten und dem Premierminister unterstellt. In meiner Eigenschaft als Minister hatte ich keinerlei Einfluss auf die Entscheidungen, die von der mir übergeordneten Ebene getroffen wurden. Da der Präsident wusste, dass ich gegen die Privatisierung dieser neun Kraftwerke war, erteilte er seine Befehle ab sofort dem Premierminister persönlich, während letzterer beide Komitees instruierte und ich manchmal nicht einmal informiert wurde. Ich war zwar ein Mitglied der Regierung, doch ich erfuhr von einigen Erlassen dieser Regierung erst nach ihrer Unterzeichnung.

Heute kann ich offen darüber sprechen, wie Präsident Nasarbajew innerhalb eines Jahres und ungeachtet des Regierungserlasses Nr. 663 den Transfer der wichtigsten Stromkraftwerke des Landes an Gesellschaften in die Wege leitete, die seiner Familie gehörten oder erkleckliche Schmiergelder bezahlt hatten. Mit Hilfe einiger geschickter Schachzüge wurden die Energieressourcen des Landes im Wert von zig Milliarden Dollar für einige mickrige Millionen verschachert. So befanden sich insgesamt über 90 % der Produktionskapazitäten der kasachischen Kraftwerke bald in den Händen von Aktiengesellschaften, die sich im Besitz von Privatunternehmen oder von regionalen Gouverneuren befanden. Einige Grundpfeiler der Stromindustrie wurden auch mit langfristigen Leasingverträgen vergeben.

Betrachten wir diese unsägliche Entwicklung doch etwas genauer. Im Frühjahr 1997 wurde das Kraftwerk Karaganda-2 (600 MW Leistung) an die britische Gesellschaft „Independent Power Corporation“ (IPC) abgetreten, die sich auf den Betrieb von Kraftwerken in Entwicklungsländern spezialisiert hatte. Es handelte sich dabei um ein mit Kohle betriebenes Kraftwerk, das sich im Zentrum der Industrieregion von Karaganda befindet. Die Abnehmer sind in erster Linie Eisen- und Stahlhütten sowie Kupfergießereien, aber auch das Kosmodrom von Baikonur. Höhe der Transaktionssumme: nur 90 Millionen Tenge, d. h. 1,2 Millionen Dollar – eine absolut lächerlich wirkende Summe, wenn man weiß, dass der Wert dieses strategisch bedeutsamen Kraftwerks auf 23 Milliarden Tenge geschätzt worden war. Einige Monate später kaufte die weiter oben erwähnte Gruppe Kazakhmys das Kraftwerk der IPC für einen deutlich höheren Betrag ab. Die genauen Zahlen sind nicht bekannt, doch es wurden dieselben Tricks mit Rückvergütungen und Schmiergeldern angewendet.

Ende 1996, Anfang 1997 gelangten mehrere Kraftwerke und andere Energieanlagen per Verkauf oder Leasingvertrag über 20 Jahre in die Hände von AES, einer internationalen Gruppe mit Sitz in Arlington, USA. AES ist ein 1981 gegründeter globaler Energiekonzern, der weltweit zu den Marktführern zählt und seit Beginn der 1990er Jahre Niederlassungen in verschiedenen Ländern der ehemaligen UdSSR besitzt. Folgende Zahlen veranschaulichen seine Bedeutung: Die Unternehmen dieser Gruppe produzieren insgesamt 43 000 MW und liefern 100 Millionen Menschen Strom und Wärme. 1996 erwarb AES das Kraftwerk von Ekibastus-1, das mit Kohle betrieben wird, für die bescheidene Summe von 1,52 Millionen Dollar[37], obwohl es sich dabei um das leistungsstärkste Wärmekraftwerk von Kasachstan (4000 MW) handelt. Ein Jahr später schloss es für 5 Millionen Dollar einen Leasingvertrag über 20 Jahre für die Kraftwerke Ust-Kamenogorsk und Schulbinsk ab. Gleichzeitig kaufte AES vier Wärmekraftwerke, ebenfalls in Ostkasachstan. Und schließlich erwarb der Konzern 2001 das damals kaum zahlungsfähige Kohlebergwerk (Tagebau) von Maikuben für eine Handvoll Dollar, um die Versorgung von Ekibastus-1 zu sichern. Schockierend ist bei dieser Angelegenheit, dass Kazakhmys 2008 dem Konzern AES das Kraftwerk Ekibastus-

37 Vgl. http://www.zakon.kz/94622-Kasachstan-prizval-aes-k-rasplate.html

1 und das Kohlebergwerk von Maikuben in der Region Pavlodar für eine Gesamtsumme von 1,5 Milliarden Dollar abkaufte. Damit profitierte AES von einem Return on Investment in der Größenordnung von 1000 %! Und was hatte die Bevölkerung von Kasachstan davon?

Auch der Energiekonzern Eurasiens (die spätere Holding ENRC) profitierte, wie bereits erwähnt, von der Privatisierung der Kraftwerke, indem er sich im Herbst 1996 das Kraftwerk Aksu (ehemals Ermak) mit einer Leistung von 2400 MW sicherte.

Das Kraftwerk Dschambul (1200 MW Leistung) wurde 1996 ebenfalls in eine AG umgewandelt. Drei Jahre später wurde sie zugunsten der Gruppe unter der Leitung von Evgeni Feld aufgekauft. Dieser Multimillionär steht laut mehreren Medien Kasachstans in einer engen Beziehung zu Timur Kulibajew, dem Schwiegersohn von Nasarbajew[38]. Diese Privatisierung wurde mit größter Diskretion abgewickelt, so dass nicht einmal ich als Energieminister alle Hintergründe kannte. Im Jahr 2002 wurde das Kraftwerk aber von der nationalen Gasgesellschaft Kaztransgaz zum Teil wieder verstaatlicht, wahrscheinlich weil es Verluste schrieb und die Erwartungen der eigentlichen Besitzer nicht erfüllte. Der Selbstkostenpreis der Stromerzeugung auf der Grundlage von Naturgas und Heizöl erwies sich in der Tat als zu hoch. Unter dem Vorwand, diesem mit Schwierigkeiten kämpfenden Kraftwerk unter die Arme zu greifen (die regionale Industrie brauchte Elektrizität), erleichterte die Regierung innerhalb weniger Jahre die Steuerzahler um mehrere Milliarden Tenge (beispielsweise 5 Milliarden im Jahr 2008).

Das Kraftwerk Bukhtarma mit einer Leistung von 675 MW erfuhr dasselbe Schicksal wie zahlreiche andere florierende Industrieunternehmen. 1997 trat man das Management nach der Umwandlung in eine AG langfristig an die Gesellschaft Kaztsink ab, als deren Hauptaktionär niemand anderes fungierte als die Handelsgesellschaft Glencore (siehe weiter oben). Im Jahr 2006 wurde auf Anordnung von Präsident Nasarbajew der Staatskonzern Samruk gegründet. In dieser neuen Gruppe flossen die Anteilscheine der großen, nicht oder teilweise privatisierten Unternehmen des Landes zusammen, wie z. B. Kaztsink. Nasarbajew persönlich ernannte die Mitglieder des Direktorenrats. Und schließlich erwarb Glencore 2012 Kaztsink fast zur Gänze (im Umfang von 93 %) für den Betrag von 3,2 Milliarden Dollar, die die Tasche von Bulat Utemuratow flossen, diesem langjährigen Glencore-Partner und bedeutenden Aktionär von Kaztsink; in der internationalen Presse wird er gerne als „Consigliere“ von Nasarbajew bezeichnet.

---

38. Er ist mit Dinara verheiratet, der zweiten Tochter des Präsidenten.

Doch die Saga dieser Entwicklung wäre nicht vollständig ohne das Kapitel über die Privatisierung des Kraftwerks Kaptschagai am Fluss Ili, das in einem engen Zusammenhang mit dem Eintritt der internationalen Gesellschaft Tractebel mit Sitz in Belgien in den Energiemarkt Kasachstans steht. Dieses Unternehmen trat zu Beginn der 1990er Jahre auf dem kasachischen Markt auf. Kadyr Baikenov, der damalige Energieminister, hatte einen Vertrag mit Tractebel unterzeichnet, und zwar betreffend den Bau von Gasturbinen im Kraftwerk Uralsk im Westen Kasachstans, um uns weniger abhängig von Stromlieferungen aus Russland zu machen. Doch die Verwirklichung dieses Projekts verzögerte sich. Im Juni 1996 sollte Präsident Nasarbajew anlässlich seines Besuchs in der Schweiz (er nahm am internationalen Wirtschaftsforum in Crans Montana teil) die Geschäftsleitung von Tractebel treffen. Schließlich schlug Premierminister Kaschegeldin vor, die Verhandlungen mir zu übertragen. Zusammen mit Garry Shtoik, dem für die Energieindustrie zuständigen stellvertretenden Premierminister, sprachen wir mit zwei Führungskräften des Stromkonzerns, Nicolas Atherinos und Ludo Candries.

Es wurde ein schwieriges Unterfangen, denn die Verantwortlichen von Tractebel waren nicht in der Lage, uns den Termin für den Beginn der in Kasachstan geplanten Arbeiten zu nennen. Wir wiederum betonten die Dringlichkeit bei der Umsetzung des Projekts. Da teilten uns die Leute von Tractebel mit, ihr Unternehmen würde demnächst den Industriekonzern Almatyenergo kaufen, ein Konglomerat aus kleinen Kraftwerken, die gemeinsam die Stromversorgung der Hauptstadt und ihrer Umgebung gewährleisteten. Unter ihnen befanden sich zehn Wasserkraftwerke, die hintereinander an den Flüssen Bolshaya (Große) und Malaya (Kleine) Almatinka liegen. Mich haute diese Nachricht fast um. „Wir haben nur ein winziges Problem: Wir müssen einer einflussreichen Person 50 Millionen Dollar zahlen und alles geht in Ordnung“, flüsterte Atherinos, als ob er uns ein Geheimnis anvertrauen würde. Ich widersprach energisch: „Solange ich Minister bin, kriegt ihr Almatyenergo nicht!“ Darauf reagierten die beiden Unterhändler nur mit einem schelmischen Grinsen.

Nach unserer Rückkehr nach Almaty wurde ich vom Premierminister vorgeladen, der mir alsbald einen neuen Auftrag erteilte: Ich sollte nach Großbritannien reisen, um dort rein technische Verhandlungen zu führen, obwohl die Teilnahme eines Ministers ganz offensichtlich nicht nötig war. Ich schlug vor, einen meiner Assistenten zu schicken, doch Akeschan Kaschegeldin beharrte darauf, dass nur ich in Frage käme. Er behauptete, die Reise böte mir die Gelegenheit, meinen britischen Amtskollegen zu treffen. Ich reiste also nach Großbritannien. Ich staunte nicht schlecht, als ich nach meiner Rückkehr von Eduard Utepov, dem stellvertretenden Präsidenten des Staatskomitees für Privatisierung, erfuhr, dass Almatyenergo an Tractebel verkauft worden war! Im Nullkommanichts! Es war nicht von der Hand zu weisen, dass man mich nur deswegen weggeschickt hatte, um diesen Verkauf durchzuführen. Almatyenergo war für den lächerlichen Betrag von 5 Millionen Dollar verhökert worden. Ich war schockiert und verlangte eine Erklärung von Kaschegeldin, der himmelwärts blickte und meinte: „Das hat Papa so beschlossen."

Was kann man in einer solchen Situation tun? Man versucht zu retten, was zu retten ist. Ich schlug also vor, Tractebel zu einem zehnjährigen Modernisierungsprogramm zugunsten von Almatyenergo zu verpflichten und dafür insgesamt 630 Millionen Dollar zu investieren. Da noch nicht alle Dokumente unterschrieben waren, war Tractebel gezwungen, dieser Bedingung zuzustimmen. Damals bildete ich mir ein, einen Sieg davongetragen zu haben. Wenn Tractebel diese Verpflichtung nicht einhielte, würde die Gesellschaft wieder dem Staat zufallen.

Am 15. November 1996 rief mich Präsident Nasarbajew an. Er erkundigte sich nach allen Einzelheiten der Reformen, die ich im Energiesektor durchführte, und fragte mich dann, was ich gegen die Privatisierung der Wasserkraftwerke des Landes habe. Ich erklärte ihm geduldig, diese Kraftwerke stellten den energietechnischen Stützpfeiler Kasachstans dar und hätten einen tiefen Selbstkostenpreis, weil sie in der sowjetischen Ära gebaut worden und vollständig amortisiert seien. Deswegen sei es für den Staat von Vorteil, sie zu behalten. Der Präsident hörte mir schweigend und ohne zu widersprechen zu. Ich dachte, ich hätte ihn überzeugt. Doch meine Erläuterungen auf der Grundlage des öffentlichen Interesses ließen ihn anscheinend völlig kalt. Kurze Zeit nach dieser Unterhaltung wurde das Wasserkraftwerk Kaptschagai tatsächlich für knappe 2 Millionen Dollar an Tractebel verkauft. Der Haken bei der Sache war, dass Tractebel die Transaktion über die Erhöhung der Strompreise für die Einwohner der Hauptstadt und der Region von Almaty finanzierte, unter dem Vorwand, damit die früheren Schulden von Almatyenergo zu tilgen. Im Klartext bedeutete es aber, dass Tractebel keinen Cent aus seinen Eigenmitteln für den Kauf des Kraftwerks Kaptschagai aufbrachte.

Somit wurde ab Herbst 1996 und im Laufe des Jahres 1997 der Regierungserlass mit der Liste der Kraftwerke, die nicht privatisiert werden sollten, außer Kraft gesetzt, und dies ohne meine Zustimmung. Es ist nicht einfach, die Dokumente aus jener Zeit heute wiederzufinden, doch ich habe im

Internet einen Erlass der kasachischen Regierung aufgestöbert, der meine Aussage bestätigt. Er ist vom 3. Oktober 1996 datiert und trägt die Nummer 1222[39]; darin wird die Privatisierung des Kraftwerks Karaganda-2 gestattet, das eigentlich auf der Liste der nicht zu privatisierenden Werke stand. Im Erlass heißt es:

„Es ist Sache des Staatskomitees für Privatisierung Kasachstans, eine geschlossene Ausschreibung im Hinblick auf den Verkauf des Kraftwerks Karaganda-2 zu veranlassen und auszuführen, und zwar im Rahmen einer Holländischen Auktion[40]. (...)Das Objekt «Kraftwerk Karaganda-2» ist von der Liste im kasachischen Regierungserlass vom 30. Mai 1996 «Über das Privatisierungs- und Restrukturierungsprogramm im Energiebereich» zu streichen. Die Aufsicht über die Umsetzung des vorliegenden Erlasses ist dem stellvertretenden Premierminister Garry Shtoik zu übertragen."

Der Erlass ist mit der Unterschrift von Premierminister Akeschan Kaschegeldin versehen. Jene Personen, die mich heute zu Unrecht beschuldigen, die Kraftwerke verscherbelt zu haben, mögen mit eigenen Augen feststellen, wer die eigentlichen Verantwortlichen dieses unglaublichen Ausverkaufs sind.

Ich möchte zu Tractebel noch ein Detail anfügen. 1997 nahm diese Gesellschaft an einer Ausschreibung betreffend den Erwerb eines Netzwerks von Gasleitungen im Süden Kasachstans teil. Unter der Leitung des Premierministers wurde eine 13-köpfige Kommission ins Leben gerufen, um den Gewinner zu ermitteln; sie umfasste mehrere Minister sowie die Direktoren der Komitees für Staatsgüter und für Privatisierung. Diese Kommission, der ich auch angehörte, prüfte alle Angebote und gab Empfehlungen aus. Wir setzten zwei Gesellschaften an die Spitze, die einen gemeinsamen Antrag eingereicht hatten: Gaz de France und Enel. Ihr Angebot war effektiv das beste; jenes von Tractebel, das sich ebenfalls um diese Ausschreibung beworben hatte, war mit Sicherheit das schlechteste. Unsere Kommission trat am 14. Juni 1997 zusammen. Gleich am nächsten Tag teilte mir der Premierminister mit, dass Tractebel die Ausschreibung gewonnen habe. Ich protestierte natürlich. Dies widersprach völlig den Schlussfolgerungen der Kommission! Doch Kaschegeldin hob die Augen gen Himmel und seufzte: „Das hat Papa so entschieden. Geh und beweise ihm, dass er sich irrt ..." Da erinnerte ich mich an die Summe von 50 Millionen Dollar, von denen beim Verkauf von Almatyenergo

39. http://adilet.zan.kz/rus/docs/P960001222_
40. Bei einer Holländischen Auktion beginnt man die Angebote für die Objekte auf dem höchsten Preis, der immer weiter sinkt, bis sich ein Bieter meldet und alle Objekte verkauft sind.

die Rede gewesen war. Ich war ab sofort überzeugt, dass die mysteriöse Person, die alle Bedingungen für das Eindringen von Tractebel auf den kasachischen Markt geschaffen hatte, niemand anderes als der Präsident persönlich war.

Meine Funktionen weiten sich aus

Zu den zahlreichen Bodenschätzen Kasachstans gehören viele Erze, darunter vor allem Uran: 31 % der weltweiten Vorkommen befinden sich hier. Als zu Sowjetzeiten in allen Teilen der UdSSR Atomkraftwerke entstanden und fast 20 % des Stroms produzierten, wurde Uran den wirtschaftlichen Interessen Kasachstan zum Trotz gefördert, denn der Selbstkostenpreis lag über dem Preis auf dem Weltmarkt. Doch was in einer Planwirtschaft noch möglich war, wurde nach ihrem Zusammenbruch undenkbar.

Im März 1997 wurde ich infolge der Zusammenlegung dreier Ministerien zum Minister für Energie und natürliche Ressourcen ernannt. Im Rahmen dieses neuen Amtes, das meine bisherigen Aufgaben erweiterte, führte mich eine meiner ersten Dienstreisen nach Aktau im Südwesten von Kasachstan, wo in den 1950er Jahren ein Komplex gegründet worden war, der Bergwerke für den Uranabbau sowie Unternehmen umfasste, die sich auf die Aufbereitung und Anreicherung von Uran spezialisiert hatten. Was ich vor Ort sah, erschütterte mich zutiefst: stillgelegte Fabriken und Menschen ohne Existenzgrundlage. Es war alles abmontiert und geplündert worden. Als ob Krieg geherrscht hätte. Ich erinnere mich an einen Raum, in dem Flaggen und Dekorationen zu Ehren des „besten sowjetischen Unternehmens" am Boden lagen. Ich beschloss, wenigstens den Reaktor für schnelle Neutronen zu retten, denn diese 1972 erbaute Einrichtung war einzigartig und funktionierte erstaunlicherweise noch. Dies brachte mir komplizierte Verhandlungen mit der IAEA[41] ein, die ihr Einverständnis geben musste, damit das mit diesem Reaktor ausgestattete AKW weiter betrieben werden durfte, trotz kleinerer, bereits behobener Vorfälle. Ich erhielt diese Zustimmung sofort, doch der Reaktor wurde 2000 vor allem aus politischen Gründen endgültig stillgelegt. Es ist bekannt, dass Präsident Nasarbajew auf dem internationalen Parkett als Atomgegner auftritt.

Zur Privatisierung der Steinkohleindustrie möchte ich ebenfalls einige Worte sagen. Wie ich bereits zu Beginn dieses Kapitals erwähnte, fand die Koks-

41. Abkürzung für „International Atomic Energy Agency" mit Hauptsitz in Wien.

kohle aus den Zechen Kasachstans nach dem Zerfall der UdSSR keinen Absatz mehr, weil ihr Selbstkostenpreis sehr hoch lag. Russland und die Ukraine, die in der Vergangenheit 80 % der Produktion aufgekauft hatten, verzichteten nun darauf. Allein acht Bergwerke, die verkokbare Kohle für das Karmetkombinat produzierten, wurden weiterhin erfolgreich betrieben. Ich schlug vor, diese acht Zechen zum Marktpreis zu verkaufen, um mit dem Erlös die Schließung der unrentablen Zechen zu finanzieren: Ihr Betrieb lastete schwer auf dem Staatshaushalt. Doch auch in diesem Fall wurden meine Empfehlungen in den Wind geschlagen. Die Zechen für verkokbare Kohle wurden zu einem symbolischen Preis an Lakshmi Mittal abgetreten, und die Schließung der schwächelnden Bergwerke wurde auf Befehl des Präsidenten aus der Staatskasse finanziert.

Bogatyr hingegen, die weltweit größte Zeche im Tagebau mit einer Förderleistung von 50 Millionen Tonnen Steinkohle pro Jahr, wurde zu einem Schleuderpreis der Gesellschaft Access Industries verkauft. Sie befindet sich im Besitz des amerikanischen Multimilliardärs russischer Abstammung namens Leonard Blavatnik, der seit dem Ende der 1990er Jahre im Zentrum mehrere internationaler Erdöl-Skandale steht[42]. 2006, zehn Jahre später, verkaufte er Bogatyr an die russische Holdinggesellschaft Rusal (russisches Aluminium), deren Aktionär er wurde. Und schließlich wurden 50 % der Bogatyr-Aktien 2007 für 345 Millionen Dollar von der kasachischen Staatsholding Samruk erworben. Ein toller Return on Investment für Blavatnik.

Rückblickend frage ich mich heute, ob ich nicht hätte zurücktreten müssen, um nicht an dieser institutionalisierten Plünderung meines Landes teilzunehmen, und sei es nur passiv. Ich habe natürlich protestiert, doch meine Einwände wurden oft einfach vom Tisch gewischt. Leider begreifen wir oft erst hinterher, was passiert ist. Damals war alles ganz neu für uns. Auch das große Russland privatisierte seine wichtigen Betriebe. Die Verfechter des amerikanischen Liberalismus beteuerten, die privaten Besitzer seien viel bessere Manager als die „roten Direktoren“[43]. Und die meisten Mauscheleien jener Zeit sollten erst viele Jahre später bekannt werden.

Was soll's, ich wurde durch meine ständigen Protestrufe, die zwar nur für die Regierung bestimmt waren und nicht für die Öffentlichkeit, schnell zum Störfaktor. Am 16. Juni 1997 erhielt ich ein neues Amt, nämlich das des

42. Weitere Informationen zu dieser dubiosen Person auch unter http://rumafia.com/ru/person.php?id=108

43. So nannte man die Unternehmenschefs, die seit der sowjetischen Ära auf ihrem Posten saßen.

Akim (Bürgermeister) von Almaty. Einmal mehr kam mein Leben an einen Wendepunkt.

Der Aufbau von Almaty

Von dem Tag an, da ich im Militärdienst von einem Viehwaggon aus Almaty erblickt hatte, liebte ich diese Stadt von ganzem Herzen. Und nun gab mir der Präsident die Möglichkeit, als Bürgermeister in diese Stadt zurückzukehren. War dies nun eine Beförderung oder eine Kaltstellung? Weshalb die Ernennung auf diesen Posten? Einerseits galt ich als Störenfried, trotz meiner Erfolge im Energiebereich – selbst der Chef der Vereinten Stromsysteme Russlands, Anatoli Tschubais, betonte anlässlich eines Besuchs in Kasachstan, er verneige sich vor meinen Reformen –, denn ich kritisierte jene, welche die Güter des Landes verscherbelten. Andererseits befand sich Almaty in einer Krise und brauchte dringend ein entsprechendes Management. Ich kannte ja die Stadt in- und auswendig, jedes Quartier und jeden Stein, da ich seit 1970 hier lebte und nacheinander verschiedene Ämter bekleidet hatte, insbesondere jahrelang jenes des stellvertretenden Bürgermeisters. Ich war nicht nur mit der Wirtschaft und dem Handel dieser Metropole vertraut, sondern auch mit allen Infrastrukturen: Wärme- und Wasserleitungen, Kanalisationen, Strom- und Gasnetz, Straßennetz usw.

Der Präsident unterzog mich vorher, wie üblich, einer kleinen Prüfung. Ich wurde am 15. Juni 1997 vorgeladen. Ohne Umschweife teilte er mir mit: „Du erhältst einen Posten in der Region Karaganda“. Dabei hatten Leila und ich eben erst unseren Sohn Daniel bekommen. Ich fragte: „Gibt es eine Möglichkeit für mich, in Almaty zu bleiben?“ Nasarbajew runzelte die Stirn: „Ausgeschlossen. Du kannst gehen“. Was sollte ich da noch sagen? Am nächsten Tag erfuhr ich zu meiner großen Überraschung von meinen Kollegen, dass ich zum Bürgermeister von Almaty ernannt worden war, während mein Amt als Minister für Energie und natürliche Ressourcen nun dem ehemaligen stellvertretenden Premierminister Dussembai zufiel.

Der bisherige Bürgermeister wiederum, Schalbaj Kulmachanow, wurde zum Präsidenten des Staatskomitees für Notsituationen gemacht, was eindeutig einem Abstieg gleichkam. Sofort nach meiner Ernennung bat mich der Präsident übrigens, kompromittierende Informationen über meinen Vorgänger zu suchen. Ich konnte nicht ablehnen, doch ich versuchte, die Sache hinauszuzögern. Ich sagte Nasarbajew, ich bräuchte Zeit, um die Dossiers zu „durchforsten“. Der Präsident antwortete mir, er gebe mir höchstens zwei Monate. Nach Ablauf dieser Frist ließ er mich tatsächlich rufen und wollte wissen, wie weit ich sei. Ich wagte es, ihm die Stirn zu bieten: „Ich finde nichts, geben Sie diesen Auftrag doch den Spezialeinheiten." Seine überraschende Antwort: „Du hast recht, lass es bleiben." Ich weiß bis heute nicht, warum mich der Präsident darum gebeten hatte. Kulmachanow stieß übrigens nichts zu, 2001 wurde er sogar Gouverneur der Region Almaty. Wollte mich der Präsident prüfen? Oder wollte er als misstrauischer Mensch Verleumdungen auf den Grund gehen, die ihm in Bezug auf Kulmachanow zu Ohren gekommen waren? Da er immer Unheil witterte, sammelte er belastende Informationen über alle Personen in seinem Umfeld. Ein unumgänglicher Schritt bei der Umsetzung seines Mottos: Teile, um zu herrschen.

In den drei Jahren meiner Abwesenheit hatte sich der Zustand der Stadt stark verschlechtert. Da Astana demnächst die neue Hauptstadt werden würde, hatte die Regierung Almaty ziemlich vernachlässigt: Die Straßen sahen furchtbar aus, die Straßenbeleuchtung funktionierte oft nicht, die meisten Industriebetriebe standen still und die Menschen wurstelten sich mehr schlecht als recht durch den Alltag, vor allem dank kleiner Handelsgeschäfte. Viele reisten regelmäßig nach China, kauften ein und schleppten die Waren auf dem Rücken zurück, um sie auf den Märkten zu verkaufen. Zur selben Zeit herrschte bei kleinen und mittleren Unternehmen Flaute. In dieser Stadt mit 1,5 Millionen Einwohnern waren nur 7 500 Geschäfte und Dienstleistungsbetriebe registriert. Den städtischen Angestellten, Lehrern und Ärzten waren die Löhne von der Stadt schon lange nicht mehr bezahlt worden. Dies galt auch für die Renten. Angesichts dieser Situation waren die Menschen entmutigt. Sie hatten ihr Selbstvertrauen und ihr Vertrauen in den Staat verloren. Es zerriss mir das Herz. Ich musste Mittel und Wege finden, um den Einwohnern meiner geliebten Stadt neue Hoffnung zu geben. Warum wollte Nasarbajew eigentlich Astana zur neuen Hauptstadt von Kasachstan machen?

Almaty und Astana

Rufen wir zunächst einige wichtige Fakten in Erinnerung. Die autonome Republik Kasachstan wurde am 29. August 1920 gegründet, Hauptstadt war Orenburg. Die Bolschewiken begannen aber bald damit, die territoriale Aufteilung zu verändern, um die Bildung mono-ethnischer Körperschaften zu verhindern, die leichter ihre Unabhängigkeit hätten erklären können. Daher kam die Region Orenburg zu Russland und Kasachstan erwarb sieben russische Regionen, die sich heute im Nordosten des Landes befinden. Gleichzeitig unterstellte man diese ursprünglich von Kasachen bevölkerten Gebiete der Hoheit von Usbekistan. Kasachstan hatte nun keine Hauptstadt mehr, es musste eine neue gefunden werden. 1925 erhielt diesen Status die 1820 gegründete Stadt Qysylorda, die am rechten Ufer des Syrdarja im südlichen Kasachstan liegt. Es zeigte sich aber rasch, dass diese schwer zugängliche Stadt zu weit entfernt von den pulsierenden Zentren Kasachstans lag. Ab 1927 verlegte man also einen Teil der Administration in die Stadt Verny, die bei dieser Gelegenheit wieder ihren historischen Namen Almaty annahm, was übersetzt „Ort der Äpfel" bedeutet. In der Mitte des 19. Jahrhunderts waren durch Kreuzungen entstandene junge Apfelbäume gepflanzt worden, und da das lokale Klima ihnen zusagte, wurde die Stadt bald berühmt für ihre phantastischen Äpfel. Zu recht: Einige Früchte wiegen bis zu 800 Gramm!

Almaty (die Stadt trug in der Sowjetzeit den abgewandelten Namen Alma-Ata) liegt im Süden Kasachstans am Fuß des Transili-Alatau, der zum Gebirgszug Tian Shan als Fortsetzung des Pamir gehört. Die Stadt selbst befindet sich zuhinterst im Tal und profitiert somit von einer ähnlichen Lage wie Athen oder Los Angeles. Nach einer 20-minütigen Autofahrt ab dem Stadtzentrum erreicht man die bei den Stadtbewohnern beliebte Sommerfrische Chimbulak, die bereits auf 2 000 m über Meer liegt. Mehrere Gipfel des Transili-Alatau in der Nähe von Almaty sind über 4 000 m hoch. Dieser Kontrast prägt das spezielle Klima der Stadt. Pjotr Semjonov, der russische Geograf des 19. Jahrhunderts, der als Erster den Tian Shan erkundete, schrieb über Almaty: „Dieser Ort ist mit einem Fluch belegt. Der Luftdruck verändert sich mehrmals täglich, was der Gesundheit nicht zuträglich ist."

Die befestigte Stadt Verny („treu" auf Russisch) wurde 1854 von russischen Truppen erbaut, um die Region gegen die Einfälle der Kirgisen aus den Bergen zu schützen. Als Standort wählten sie ein altes Dorf namens Almaty, das zu jener Zeit kaum mehr besiedelt war. Verny wurde, wie auch Sankt-Petersburg, aus strategischen Gründen errichtet, die schwierigen klimatischen Bedingungen nahm man dabei in Kauf. Die Stadt durchquerende Bergbäche, Erdrutsche, Felsstürze, Erdbeben, Überschwemmungen, Nebel, eisige Winter und heiße Sommer – so sieht der Alltag der Einwohner aus.

Die größte Gefahr stellen die Lawinen aus Schlamm und Fels dar, die zu Zeiten der abrupten Schneeschmelze oder sintflutartigen Regenfälle entstehen. Die Kasachen nennen sie „schwarze Drachen". 1921 wurde die Stadt von einem solchen Erdrutsch fast zerstört. 1963 vernichtete ein weiterer „Drache", der sich im Flussbett des Jessik gebildet hatte, den See und die Stadt gleichen Namens und tötete dabei Hunderte von Menschen. 1973 ergossen sich über 10 Millionen Kubikmeter Schlamm und Steine auf Almaty, und nur ein Staudamm, der in der zweiten Hälfte der 1960er Jahre auf dem Fluss

Kleine Almatinka gebaut worden war, bewahrte die Stadt vor einer Katastrophe. Wissenschaftlern zufolge hätte die Naturkatastrophe ohne diesen Damm knapp 180 000 Menschenleben gefordert.

Die Einwohner von Almaty leiden außerdem unter einer schwierigen ökologischen Situation. Ein grauer Smog, der hauptsächlich durch Abgase entsteht, hängt ständig über der Stadt. Eigentlich hätte die Einwohnerzahl unter 500 000 Personen bleiben sollen, doch als ich Bürgermeister wurde, überstieg sie bereits eine Million und liegt heute bei über anderthalb Millionen.

Doch selbst die aufgeführten Gründe – Naturkatastrophen, schwieriges Klima, ökologische Probleme – reichen als Erklärung nicht aus, weshalb Nursultan Nasarbajew beschloss, ohne vorheriges Referendum die Hauptstadt von Almaty nach Astana zu verlegen. Auch die Griechen kehren ja Athen nicht den Rücken und die Einwohner von Los Angeles denken nicht im Traum daran, die Stadt zu verlassen. Die Menschen sind ein Leben in Gefahr gewöhnt. Warum also? Das kam so.

Akmolinsk, so lautet der historische Name von Astana, wurde 1830 von russischen Soldaten gegründet. Diese kleine Festung in der Steppe befand sich an dem Ort, den die Kasachen „Ak Mola" nannten, „weißes Grab", und zwar wegen eines lokalen Helden, der dort begraben sein soll. Chruschtschow beschloss anlässlich seiner Kampagne zur Eroberung unbewohnter Gebiete als Erster, diese gottverlassene Siedlung zur Hauptstadt Kasachstans zu machen. Er mochte den Namen Akmolinsk nicht und ordnete daher die Umbenennung in Zelinograd an, „Stadt der Neuland-Region". Er befahl sogar, dort einen Palast der Siedler zu errichten, eine genaue Kopie des Kongresspalastes im Kreml. Kunajew versuchte die Verlegung der Hauptstadt zu verhindern, doch dies schwächte nur seine Position. Der exzentrische Chruschtschow hätte ihn fast abgesetzt, weil er angeblich zu wenig Verständnis für die Parteipolitik hatte. Letztendlich wurde aber 1964 Nikita Chruschtschow selbst abgesetzt, und Kunajew erhielt die Zustimmung von Leonid Breschnew, dem neuen Generalsekretär. Almaty blieb also die Hauptstadt.

Nach der Unabhängigkeit von Kasachstan blieb das in Akmola umgetaufte Zelinograd weiterhin ein Symbol für das Fiasko der Urbarmachung von unbewohntem Gebiet. Nach einigen ertragreichen Ernten wurde nämlich ein großer Teil der Steppe nach nur wenigen Jahren völlig unfruchtbar: Vergeblich versuchte man nach dem Weizen Hülsenfrüchte oder Mais anzubauen; hier gedieh nichts. Die dünne Schicht fruchtbarer Erde war schnell ausgelaugt. Das „urbar" gemachte Land verwandelte sich in endlose Weiten voller Staub, den der Wind über Hunderte von Kilometern wegbläst. Erst kürzlich haben die kasachischen Landwirte mit der Unterstützung von Wissenschaftlern Methoden entwickelt, dank denen man die Schäden in Grenzen halten kann.

Die Abgeordneten der Mäschilis waren verblüfft, als Nasarbajew Ende 1993, Anfang 1994 vorschlug, die Hauptstadt nach Akmola zu verlegen. Ich war damals noch Parlamentarier und nahm an dieser Sitzung teil. Ich erinnere mich sehr gut an das Hauptargument des Präsidenten. Er betonte, Almaty liege nur 360 Kilometer von der chinesischen Grenze entfernt und die Hauptstadt müsse ins Zentrum des Landes verlegt werden. Merkwürdigerweise erwähnte er mit keinem Wort die tatsächlichen Probleme von Almaty, die durch das Bevölkerungswachstum noch zugenommen hatten. Doch die Abgeordneten versagten ihm die Unterstützung, vor allem wegen des Klimas in der Region von Akmola, das kaum erträglich und in Kasachstan allgemein berüchtigt ist. Im Sommer klettert das Thermometer auf über 40 Grad, während die Temperaturen im Winter häufig auf 40 bis 50 Grad unter Null fallen. Oft fegen orkanartige Winde über die Stadt und bringen im Winter die Kälte Sibiriens und im Sommer warme Luftmassen und Staub aus den Wüsten Zentralasiens mit.

Dieser Vorschlag kam uns daher absurd vor, und Nasarbajew konnte sich zu jener Zeit noch nicht erlauben, seine autoritäre Art allzu deutlich zu zeigen. Er wartete einige Monate und versuchte es erneut. Er tat dies an seinem Geburtstag, dem 6. Juli 1994. An diesem Tag hielt er eine Rede zugunsten der Verlegung und schloss mit den Worten: „Ich mache bei gewissen Projekten Zugeständnisse, doch heute ist mein Geburtstag, stimmt bitte der Verlegung der Hauptstadt nach Akmola zu!“ Die Parlamentarier gaben nach und der Erlass des Obersten Sowjets wurde verabschiedet.

Ich komme auf die Frage nach dem Warum zurück. Mir scheint, Nasarbajew hegte den Wunsch, wie schon andere Staatschefs vor ihm, die sich vom vorangehenden Regime abheben wollten, eine neue Stadt, „seine“ Hauptstadt, zu erbauen. Peter der Große erbaute Sankt Petersburg, die Bolschewiken kehrten nach Moskau zurück, um sich von der Herrschaft der Romanows abzugrenzen, Mustafa Kemal Atatürk wählte statt Istanbul Ankara als neue Hauptstadt usw. Zudem wollte sich der Präsident von der Elite entfernen, die in der Sowjetzeit entstanden war und seinem autoritären Treiben misstrauisch gegenüberstand. Dies gestand er mir überdies unter vier Augen im Jahr meiner Ernennung. Ich zitiere sinngemäß: „In Almaty gibt es zu viel korrupte Intelligenzija. Ich überlasse dir diesen Abschaum, der mir nicht nach Akmola folgen wird, dort ist es zu kalt! Ich wünsche dir viel Spaß.“ Und er wieherte vor Lachen. Nasarbajew, der als Arbeiter angefangen hatte, fürchtete sich seit jeher vor der Intelligenzija, da er glaubte, sie hindere ihn an der Durchführung seiner Reformen. Er hatte auf seine Weise aus der Perestroika gelernt: War es nicht die Intelligenzija, der es gelungen war, den autoritären Kurs der Sowjetunion umzukehren? Das wollte er in Kasachstan vermeiden, deshalb führte er einen unermüdlichen Krieg gegen die Intelligenzija und zerstörte insbesondere ihre aus der Sowjetzeit übernommenen Künstler-Vereinigungen, wie den Schriftsteller-, Komponisten- oder Architektenverband, oder auch jenen der Maler und Bildhauer. Nur die hartnäckigen Anstrengungen einiger Persönlichkeiten haben diese Vereinigungen vor ihrer vollständigen Auflösung gerettet.

An dieser denkwürdigen Sitzung des Obersten Sowjets im Juli 1994 erklärte Nasarbajew, die Verlegung der Administration nach Akmola (1998 in Astana umbenannt) würde drei bis vier Jahre in Anspruch nehmen. Am 20. Oktober 1997 unterzeichnete der Präsident den Erlass, der den Transfer der Hauptstadt anordnete, und im Dezember 1997, kurz nach meiner Ernennung zum Bürgermeister von Almaty, brachte man die Staatssysmbole von Kasachstan, die Flagge und das Wappen, in einem feierlichen Akt nach Akmola. Zu dieser Zeit befanden sich die meisten Verwaltungsbüros bereits dort. Ich konnte den Präsidenten nur davon überzeugen, die nationalen Strom-, Telefon-, ÖV- und Erdölgesellschaften in Almaty zu lassen, damit noch etwas in die Stadtkasse flöße. Doch mein Einsatz verzögerte den Umzug dieser Gesellschaften nur um ein Jahr.

Meine ersten Entscheidungen

Wie ich bereits erwähnte, befand sich die Stadt bei meinem Amtsantritt als Bürgermeister von Almaty in einem erbärmlichen Zustand. Sofortige Maßnahmen drängten sich auf. Als Erstes musste man die wichtigsten Probleme definieren und lösen. Innerhalb weniger Monate arbeitete mein Team ein komplexes Programm aus, das 35 untergeordnete Programme zu allen Bereichen des Alltags in dieser Metropole umfasste. Das „Staatliche Entwicklungsprogramm für die Stadt Almaty" wurde vom Präsidenten gutgeheißen.

Ich führte auch etwas ein, was für die Einwohner von großer symbolischer Bedeutung wurde. Im Dezember 1997 rief ich eine Versammlung ins Leben, in der alle bedeutenden Persönlichkeiten der Stadt einschließlich des Präsidenten vertreten waren. Dieses Gremium hielt fest, dass Almaty das Kultur-, Bildungs- und Wissenschaftszentrum Kasachstans war und blieb und dass diese Stadt die Wiege der staatlichen Unabhängigkeit darstellte.

Wir erklärten Almaty zur „südlichen Hauptstadt Kasachstans“, denn der Präsident besaß hier weiterhin eine Residenz und verbrachte einen Teil seiner Regierungszeit in der Stadt. Diese neue Bezeichnung Almatys gefiel allen. Ich denke, die Einwohner hatten so den Eindruck, es sei für sie nicht alles verloren. Diesen Trick musste Nasarbajew, trotz seines Unmuts, einfach akzeptieren. Gemäß dem sehr unangenehmen Gespräch, das ich mit dem Chef der präsidialen Administration führte, war der Präsident der Ansicht, es könne in Kasachstan nur eine Hauptstadt geben.

Ich stand sehr schnell vor riesigen Problemen. In den drei Jahren meiner Abwesenheit hatte sich der Zustand der Stadt stark verschlechtert, insbesondere wegen der Haushaltkürzungen und des allmählichen Abzugs der Verwaltungen und Unternehmen nach Astana. Unter meinem Vorgänger Kulmachanow belief sich der Jahreshaushalt auf 225 Millionen Dollar, während ich nur über 165 Millionen verfügte. Die Regierung sparte auf unsere Kosten, um dadurch die Kasse der Stadt Astana aufzustocken, die sich im Aufbau befand. Wir verlangten also für unsere 35 Unterprogramme zur Verbesserung des Alltags der Einwohner zusätzliche Mittel bei den Ministerien für Finanzen und für wirtschaftliche Entwicklung. Ich forderte auch eine Reform der Steuerpolitik, denn gemäß den geltenden Vorschriften musste ich sämtliche Erträge der Stadt der Staatskasse überweisen und anschließend Mittel für meine Projekte beantragen.

Diese Herausforderungen konnte ich nur mit der Unterstützung des Premierministers bewältigen. Doch einen Monat nach meiner Ernennung zum Bürgermeister trat Akeschan Kaschegeldin zurück. Er wurde durch Nurlan Balgimbajew ersetzt. Was war geschehen?

Die Bilanz der Ära Kaschegeldin fiel durchwachsen aus. Einerseits hatte er es verstanden, die Hyperinflation aufzuhalten und einen gewissen Wiederaufschwung der Industrietätigkeit zu gewährleisten. Andererseits war, wie ich im vorangehenden Kapitel ausführte, unter seiner Ägide auch fast die gesamte Wirtschaft des Landes zu Schleuderpreisen privatisiert worden (Verkauf oder langfristige Leasingverträge), und zwar fast ausschließlich zugunsten ausländischer Gesellschaften und eines kleinen Kreises von Privilegierten, darunter in erster Linie der Präsident und seine Familie. Der Premierminister musste für die Rolle, die er bei der Privatisierung gespielt hatte, scharfe Kritik einstecken. Er wurde auch für als zu liberal empfundene Reformen gerügt, wie z. B. die Rentenreform (Erhöhung des Rentenalters[44] und Streichung bestimmter Vorrechte für Pensionierte).

Doch ungeachtet dieser Kritik galt Kaschegeldin zwischen 1995 und 1997 als potenzieller Kandidat für die Nachfolge von Nasarbajew. Um den Präsidenten zu beschwichtigen, hatte er im Juni 1997 in einer öffentlichen Erklärung sogar bestätigt, er hege nicht die Absicht, sich für die Präsidentschaftswahlen 2000 aufstellen zu lassen. Und dennoch waren Gerüchte im Umlauf, die besagten, Nasarbajew habe kein Vertrauen mehr in seinen Premierminister. Umgehend war von Rachat Alijew dem Schwiegersohn des Präsidenten (damals Chef der Steuerpolizei), und dessen Frau Dariga, der ältesten Tochter des Präsidenten, eine Kampagne gegen Kaschegeldin eingeleitet worden. Der Premierminister war von der Presse, die von der Präsidentenfamilie kontrolliert wurde, und insbesondere vom Staatssender Khabar unter der Leitung von Dariga aufs Schärfste angegriffen worden.

Bestimmte Umstände hatten diese Kampagne unterstützt. Man hatte Kaschegeldin insbesondere angekreidet – als ob dies noch nie vorgekommen sei –, für die Privatisierung einer großen Erdölraffinerie in Tschimkent einen zu tiefen Preis akzeptiert zu haben, nämlich 60 Millionen Dollar. In Wirklichkeit war es Präsident Nasarbajew, der alle Transaktionen im Erdölbereich persönlich kontrollierte, nicht genehm, dass diese Raffinerie gegen den Willen seines Umfelds verkauft wurde, und zwar an Nurschan Subchanberdin, Hauptaktionär und Präsident des Direktorenrats der Kazkommertsbank, der Handelsbank von Kasachstan. Nasarbajew nahm dies als Zeichen der Auflehnung wahr, die im Keim erstickt werden musste.

In den Augen der regierenden Elite verdüsterten sich die politischen Aussichten von Kaschegeldin natürlich zusehends. Am 22. September 1997 reiste er nach einer Lungenembolie infolge einer Venenentzündung zur Behandlung in die Schweiz. Doch eine Lungenembolie, die tödlich verlaufen kann, ist keine chronische Krankheit, die in einem hochmodernen Krankenhaus behandelt werden muss; es reicht, gerinnungshemmende Medikamente einzunehmen und sich einige Zeit auszuruhen. Daher erfolgte seine überstürzte Abreise ganz offensichtlich, weil er um seine Freiheit bangte. Kaschegeldin gab dann tatsächlich am 9. Oktober 1997 in der Schweiz seinen Rücktritt bekannt. Der Präsident ernannte an seiner Stelle Nurlan Balgimbajew, den früheren Minister für Erdöl- und Erdgasindustrie von Kasachstan, der

44. Das neue Gesetz sah die schrittweise Erhöhung des Rentenalters von 60 auf 63 Jahre für Männer und von 55 auf 58 Jahren für Frauen vor.

später Präsident von Kazakhoil geworden war, der nationalen Gesellschaft für Öl und Gas.

Ich bat den neuen Premierminister, den ich seit vielen Jahren kannte, gegenüber Almaty eine andere Politik einzuschlagen. Meine Argumente waren einleuchtend. Wenn ich mehr Mittel für die Entwicklung der Stadt bekäme, würde sie dem Staatshaushalt wesentlich mehr einbringen. Der Staat sollte also einfach in die Stadt investieren und anschließend Dividenden abschöpfen. Gemeinsam mit Balgimbajew unterzogen wir die Finanzen der Stadt einer eingehenden Prüfung. Wir konnten punkto Ertrag mit 35 Milliarden Tenge[45] rechnen; es wurde vereinbart, dass wir nicht die Gesamtsumme, sondern „nur" 16 Milliarden dem Staat überweisen würden. Dies kam einem kleinen Triumph gleich.

Als jedoch der Nachfolger von Kaschegeldin im Herbst in den Urlaub fuhr, entnahm der stellvertretende Premier Oraz Dschandossow, der ganz neu in seinem Amt war, meinem Budget weitere 9 Milliarden Tenge zugunsten des Staates. Ich hätte ihm nur zu gern meine Meinung schlagkräftig mitgeteilt, wie ich dies in meiner Jugend so gut konnte, doch ich hielt mich zurück. Nach meinem Streit mit ihm suchte ich den Präsidenten auf und wurde endlich ernst genommen: Ein Teil dieser Summe wurde uns zurückgezahlt. Bei diesem Gespräch wurde mir allerdings klar, dass der Befehl, Geld abzuziehen, vom Präsidenten persönlich stammte: Er ließ Almaty zugunsten von Astana ausnehmen wie eine Weihnachtsgans, versteckte sich aber hinter Dschandossow, um sich nicht den Zorn der Einwohner der südlichen Hauptstadt zuzuziehen. Ein raffinierter Griff in die orientalische Trickkiste.

Ich meinerseits suchte nicht die Konfrontation, sondern vielmehr den Dialog und die Zusammenarbeit mit der Regierung. Ich unternahm manchmal Schritte, die von Bauernschläue zeugten, aber immer die erwünschte Wirkung zeitigten. Dazu ein Beispiel. Als ich dieses Amt antrat, war die Straßenbeleuchtung der Stadt auf eine Stunde abends beschränkt, da kein Geld für die Stromrechnungen da war. Dies war einer der Gründe, weshalb ich so wütend auf Dschandossow war! Er begriff nicht, dass der Staat durch den missbräuchlichen Griff in ihre Kasse der Stadt die Luft zum Atmen nahm. Ich musste also zu einem Trick greifen, um das Beleuchtungsproblem zu lösen. Ich rief eine Sitzung mit den Vertretern der Stromgesellschaft von Almaty zusammen und sagte: „Wir haben hier Dreiphasenstrom. Richten Sie es so ein, dass in jeder Phase nur eine von drei Lampen brennt." Bei einer Gesamtleistung von 30 MW der 55 000 Glühbirnen in der Stadt senkte ich auf diese

45. Fast 457 Millionen Dollar zum damaligen Wechselkurs

Weise den Verbrauch auf 10 MW. Dann erwirkte ich von der Stromgesellschaft die Einführung eines Nachttarifs für jene Unternehmen, die nachts tätig waren. Dadurch wurde deren Produktion angekurbelt.

Doch mit Ad-hoc-Lösungen Marke Eigenbau konnte es natürlich nicht weitergehen. Ich bat in erster Linie um zusätzliche finanzielle Mittel, um die Wirtschaftstätigkeit anzukurbeln. Mit welchen Maßnahmen konnte man die Stadt wieder „beleben" und die Zahl der kleinen und mittleren Unternehmen erhöhen? Als erstes änderten wir den Status des Erdgeschosses in allen Wohngebäuden. In der sowjetischen Zeit war es verboten, Wohnfläche in Geschäftsräume zu verwandeln. Dieses Verbot wurde aufgehoben. Die Menschen freuten sich, dass sie nun ihre privatisierten Wohnungen an Händler verkaufen und das Erdgeschoss verlassen konnten, wo oft eingebrochen wurde. Das Resultat war beeindruckend: Als ich 2004, d. h. sieben Jahre später, vom Amt des Bürgermeisters zurücktrat, gab es in der Stadt fast 148 000 kleine, mittelständische Unternehmen . Dadurch erhielt meine südliche Hauptstadt ein ganz neues Gesicht: Dank diesen Kleinunternehmen, die über die Steuern Projekte von öffentlichem Interesse finanzierten, konnten die Straßen und Bürgersteige renoviert und Grünanlagen eingerichtet werden, ganz zu schweigen von der optischen Belebung der Quartiere durch Werbeplakate und beleuchtete Schaufenster.

Diese Entwicklung verlief natürlich nicht reibungslos. Parallel zur Zulassung von Gewerbe im Parterre der Wohnhäuser ordnete ich an, dass alle Straßenkioske geschlossen würden, wo vor allem minderwertige Ware oder gepanschter Alkohol verkauft wurden. Diese Kioske wurden aber von übermächtigen Mafiaclans kontrolliert: Ich erhielt unzählige Anrufe, in denen man mich oft unter Drohungen bat, damit aufzuhören. Es steckten nicht nur Mitglieder der Mafia dahinter, sondern auch zahlreiche angesehene Persönlichkeiten, die in dieses einträgliche Business investiert hatten. Auch in den Medien, die diesen Personen verpflichtet waren, musste ich harsche Kritik einstecken; man warf mir vor, der Bevölkerung günstige Einkaufsmöglichkeiten vorzuenthalten und weit teurere Lebensmittel- oder Bekleidungsgeschäfte zu bevorzugen. Das mag ja stimmen, doch Qualität und Hygiene haben eben ihren Preis. Es ging schließlich um das Wohl der Allgemeinheit.

Ich erhielt weitere Drohungen. Bei meiner Ernennung gab es in der Stadt praktisch keine Tankstellen. Diese Aufgabe übernahmen mehrere hundert mobile, von der Mafia kontrollierte Container, wo minderwertiges Benzin verkauft wurde. Die Verwendung von Benzin oder Diesel, die mit ungeeigneten Substanzen gestreckt worden waren, führte zu vielen Unfällen. Die Luftqualität und folglich auch die Gesundheit der Einwohner waren dadurch auch beeinträchtigt. Zusammen mit den potenziellen späteren Besitzern erarbeiteten wir ein Programm zum Bau von modernen Tankstellen, um die Stadt mit einem Versorgungsnetz für hochwertigen Treibstoff auszustatten. Für die Mafia zeichneten sich enorme finanzielle Einbußen ab. Ab diesem Zeitpunkt trafen Drohungen gegen mich und meine Familie ein, sodass ich zwei Jahre lang von einer Sondereinheit der Präsidentengarde beschützt werden musste. Der Konflikt zog sich so lange hin, weil der jüngste Bruder des Präsidenten, Bolat Nasarbajew, meinem Projekt große Steine in den Weg legte. Er integrierte eine Reihe dieser mobilen Container in seine Gesellschaft BN und ich musste eine hartnäckige juristische Fehde gegen ihn austragen. Doch ich hatte einen langen Atem und Almaty erhielt schließlich mehrere Dutzend moderne Tankstellen nach westlichem Vorbild.

Ein weiterer Zusammenstoß mit Bolat hatte die städtischen Märkte zum Gegenstand. Gegen Mitte der 1990er Jahre besaß Almaty 112 Märkte, auf denen der Handel nicht reglementiert war und die Verkäufer keine Abgaben zugunsten der Stadt leisten mussten. Eigentümer dieser Märkte waren einflussreiche Leute. So wurde der Zentralmarkt, eine Art Flohmarkt, beispielsweise von Timur Kulibajew kontrolliert, dem Schwiegersohn des Präsidenten. Dessen Vater Askar Kulibajew besaß einen eigenen Markt. Ebenso Nurtaj Abykajew, der Präsident des Komitees für Staatssicherheit KNB, und viele andere. Der große Flohmarkt Ialian befand sich hingegen unter der Aufsicht von Li Hui, dem chinesischen Botschafter in Kasachstan. Er ließ sich per Diplomatengepäck ganze Warenladungen aus China schicken und überwies einen Betrag von über einer Million Dollar pro Tag über die China Bank in sein Heimatland, ohne einen Cent Steuern zu zahlen. Als wir diesen Tatbestand ermittelt hatten, verlangte ich, dass die Papiere sämtlicher chinesischer Staatsangehörigen kontrolliert würden, die mit diesem Markt in Verbindung standen: Es zeigte sich, dass mehr als 500 von ihnen keine Aufenthaltsbewilligung für die Stadt besaßen[46]. Die Direktion für Migranten forderte sie auf, Kasachstan sofort zu verlassen. Daraufhin veranstalteten sie einen Protestaufmarsch vor der chinesischen Botschaft. Li Hui persönlich setzte sich für sie ein, doch angesichts der unumstößlichen Beweise musste er Ende 1999 abdanken.

Während ich mich für die Regelung dieser Situation und insbesondere jener der von Schmuggelware überschwemmten Flohmärkte einsetzte, beschloss Bolat Nasarbajew, einen eigenen Markt zu eröffnen. Er maßte sich

46. Diese Regel stammt noch aus sowjetischen Zeiten: Die Einwohner der großen Städte mussten eine von der jeweiligen Stadtpolizei ausgestellte Niederlassungsbewilligung besitzen, um arbeiten zu dürfen.

alle Rechte an und besetzte ohne Genehmigung 4 Hektar Land, umgab sie mit einem hohen Metallzaun und ließ auf diesem Gelände 400 Container mit Waren installieren. Er reagierte überhaupt nicht auf unsere dringenden Aufforderungen, diese illegale Tätigkeit umgehend einzustellen. Da erteilte ich den Befehl, die Absperrung abzumontieren und alle Container fortzuschaffen. Dieses Vorgehen löste in der Stadt ein riesiges Echo aus. Die Menschen begannen zu glauben, dass es noch eine Gerechtigkeit gibt.

Der Vorfall war damit aber noch nicht abgeschlossen. Ich saß wie üblich eines Sonntags in meinem Büro (ich gestand mir nur wenig Erholung zu), als das Telefon klingelte. Es war der Präsident persönlich. Nach der üblichen Frage nach meiner Gesundheit ging er zum Angriff über:

- „Warum hinderst du meinen Bruder am Arbeiten, du H...sohn? Weshalb hast du seine Absperrung abmontiert und seine Container konfisziert?“
- „Bolat hat das Gelände ohne entsprechende Genehmigung besetzt. Das kann ich nicht zulassen.“
- „Mir liegt aber ein Dokument vor, auf dem nur deine Unterschrift fehlt. Warum hast du nicht unterschrieben?“.
- „Das stimmt nicht, Nursultan Abischewitsch[47]. Das Schreiben, das Sie erwähnen, betrifft ein anderes Gelände mit 0,22 Hektar, er hat aber ein Grundstück von 4 Hektar besetzt!“

Der Präsident bedachte mich mit einem Schwall von Flüchen und legte auf. Am nächsten Tag tauchte Bolat bei mir auf, um „das Problem“ gütlich beizulegen. Ich weigerte mich, in illegale Machenschaften verwickelt zu werden. Einige Tage später rief erneut der Präsident bei mir an und teilte mir Folgendes mit: „Vergiss die Angelegenheit, mach weiter. Mein Bruder hat mich aufgehetzt, du kannst dir ja vorstellen, wie sehr ich von meiner Familie unter Druck gesetzt werde. Das ist nicht leicht für mich.“

Ich gebe zu, ich musste den Wünschen aus dem Umfeld des Präsidenten schließlich doch mehrmals nachgeben: Bolat eröffnete letztlich einen Markt mit einer ordnungsgemäß ausgestellten Genehmigung, so wie auch die Schwester des Präsidenten, Anipa. Zudem erreichte auch Imangali Tasmagambetow, der stellvertretende Direktor der präsidialen Administration, dass zwei seiner Kumpel dasselbe Recht erhielten. Ich konnte es eigentlich

47 Vorname und Vatername von Nasarbajew, eine übliche Anredeform.

nicht verhindern, obwohl meine Strategie darin bestand, die Märkte allmählich durch ordentliche Geschäfte zu ersetzen. Am Ende meiner Amtszeit war die Zahl der Märkte immerhin von 112 auf 77 gesunken.

Leider stellten die Märkte nur eines von zahlreichen Problemen dar. Eine andere Angelegenheit, die mich sofort in Beschlag nahm, betraf die erschreckend hohe Zahl von brachliegenden Baustellen mit einer Gesamtfläche von 940 000 m². Sie waren Schauplatz unzähliger Verbrechen. Der ehemalige stellvertretende Premier, der Neffe Nasarbajews, Achmetschan Essimow, weiß dies sehr wohl, da zwei seiner Fahrer dort umgebracht wurden. Doch die Stadt hatte nicht die Mittel, diese Bauprojekte zu vollenden. Auch in diesem Fall musste ich erfinderisch sein. Ich lud die Vertreter der Geschäftswelt ein und schlug ihnen einen Deal vor: „Ich überlasse euch diese Baustellen kostenlos, aber unter einer Bedingung: Ihr führt das Projekt zu Ende und sorgt für die anschließende Bewirtschaftung." Bei Wohngebäuden waren die Promoter zudem verpflichtet, eine bestimmte Anzahl von Wohnungen zugunsten von Invaliden und kinderreichen Familien an die Stadt abzutreten. Als ich von meinem Amt zurücktrat, waren tatsächlich alle Bauvorhaben beendet! Der Haushalt von Almaty erhöhte sich von Jahr zu Jahr, so dass auch andere Projekte erfolgreich abgeschlossen werden konnten, wie beispielsweise die Schaffung von Kreuzungen und Kreiseln zur Verbesserung des Verkehrsflusses und zur Reduktion von Smog, unter dem die Stadt regelmäßig zu leiden hatte.

Zum Thema Baustellen muss ich auch die Geschichte der zentralen Moschee von Almaty erwähnen. Der Bau hatte 1993 begonnen, wurde jedoch nach der Fundamentlegung eingestellt. Ich schämte mich für diese Situation: Man hatte die alte Moschee zerstört, ohne dass eine neue entstanden war. Es war aber eine heikle Angelegenheit: In Kasachstan gilt die Trennung von Kirche und Staat, es ist daher nicht gestattet, einen religiösen Bau mit staatlichen Mitteln zu finanzieren. Die Geschäftstätigkeit in der Stadt bewegte sich damals noch auf bescheidenem Niveau, ich konnte also nicht die Geschäftsleute um einen Beitrag bitten. Ich beschloss, mit dem Präsidenten zu sprechen.

Anlässlich eines Treffens teilte ich ihm mit, ich wolle den Bau der Moschee beenden und ich sei auf der Suche nach finanziellen Mitteln.

– „Wie viel Geld braucht es?"
– „Knapp 5 Millionen Dollar."
– „Soll ich dir helfen?"

– „Nursultan Abischewitsch, es macht mich verlegen, das Geld des Präsidenten für den Bau einer Moschee zu verwenden. Ich werde eine andere Lösung finden."

Einige Tage später rief er mich an und fragte:

– „Soll ich dir eine Million geben?"
– „Nursultan Abischevitsch, wenn Sie das wirklich wünschen ..."
– „Versteh mich richtig: Ich will, dass die Öffentlichkeit davon erfährt."
– „Ok, danke, ich kann Ihre Entscheidung nur begrüßen."
– „Gut", sagte er und legte auf.

Am übernächsten Tag klingelte das Telefon. Es war der Chef der präsidialen Administration: „Viktor Viatscheslawowitsch, ich bitte Sie, am Samstag um 11 Uhr morgens in mein Büro an der Internazionalnaja-Straße zu kommen." Ich erschien, wir begrüßten uns, und er reichte mir ohne ein weiteres Wort eine grüne Sporttasche: „Da sind 500 000 Dollar drin". Ich bin sprachlos: „Wie, in bar?" Er antwortet seelenruhig: „Ja, alles bar. Das ist der Beitrag des Meisters."

Ich trete, immer noch völlig verblüfft, auf den Korridor, wo rund 15 Männer wartend herumstehen. Mir wird klar, dass sie alle hier sind, um „ihr Problem" zu regeln, und zum ersten Mal begreife ich, dass dies die Art und Weise ist, wie der Präsident einen Teil seiner Schmiergelder unter den Seinen aufteilt. Wie ein Mafiaboss, der die Finanzen seiner Bande verwaltet.

Letztendlich hat er mir nur die Hälfte der versprochenen Summe gegeben, da er offensichtlich dachte, das reiche aus, um als Heiland gepriesen zu werden. Ich hätte bestimmt einen Weg gefunden, den Bau ohne dieses Geld zu beenden. Doch was sollte ich tun? Ich überwies den gesamten Inhalt der grünen Tasche den Bauleuten. Und sie bemühten sich, den Bau rechtzeitig abzuschließen, damit die Moschee am Geburtstag des Präsidenten, am 6. Juli 1999, eröffnet werden konnte.

Zwei Tafeln rechts und links vom Eingang der Moschee informieren darüber, dass sie mit der persönlichen Unterstützung von Präsident Nasarbajew errichtet wurde. Es ist ein wunderschönes Gebäude, das 7 000 Gläubige aufnehmen kann und von einer riesigen blauen Kuppel überragt wird. Im Jahr 2000 wurde diese Kuppel von türkischen Kalligrafen vollständig mit Versen aus dem Koran verziert. Die Moschee ist für die Einwohner von Almaty zum sichtbaren Symbol dafür geworden, dass das Leben trotz der Verlegung der Hauptstadt weitergeht.

Kazakhgate

Während meiner Amtszeit als Bürgermeister von Almaty brach im Jahr 1999 ein enormer internationaler Skandal aus, ausgelöst durch die Korruption in den obersten Etagen des kasachischen Machtapparats.

September 1998. Nursultan Nasarbajew spricht sich in der Öffentlichkeit gegen vorzeitige Präsidentschaftswahlen aus. Insgeheim aber heißt er die Initiative einiger Abgeordneten gut, diese Wahlen zu organisieren, wenn im Vorfeld Verfassungsänderungen verabschiedet werden, welche die Dauer des Präsidentschaftsmandats auf sieben Jahre erhöhen, wenn die Regel betreffend das Mindestalter bei den Kandidaten aufgehoben wird[48] und wenn die Gültigkeit einer Wahl unabhängig von der Zahl der teilnehmenden Wähler anerkannt wird. Diese Modifikationen passen selbstverständlich perfekt auf die Situation Nasarbajews. Einmal mehr versucht der Präsident, seine Machtstellung zu festigen.

Doch weshalb so überstürzt? Anfang 1998 hatte der KNB, der kasachische Geheimdienst, der seine eigene Position verstärken und sich beim Präsidenten ins rechte Licht rücken wollte, damit begonnen, Kaschegeldin als besonders gefährlichen politischen Gegner an den Pranger zu stellen. Nasarbajew erhielt täglich Informationen darüber, wie sich Kaschegeldin aktiv auf die bevorstehenden Präsidentschaftswahlen vorbereitete. Laut dem KNB habe der ehemalige Premierminister angeblich in Kasachstan und im Ausland Analysezentren eingerichtet, mehrere Medienunternehmen finanziert, Soziologen, Werbefachleute und Journalisten eingestellt, sowie eine mächtige Lobby in der russischen, amerikanischen und israelischen Elite aufgebaut. Diese Informationen beruhten durchaus auf zumeist wahren Fakten, waren aber maßlos übertrieben: Der KNB versuchte Kaschegeldin als den politischen Feind Nummer Eins darzustellen, um jede mögliche Absprache zwischen ihm und dem Präsidenten zu vereiteln.

Gleichzeitig hatte der KNB damit begonnen, die Medienlandschaft Kasachstans von all jenen zu „säubern“, die grundsätzlich Kaschegeldin hätten unterstützen können. So war beispielsweise im Juni 1998 Boris Ghiller, der Besitzer der Medienholding *Karavan*, die eine recht eigenständige Verlagslinie betrieb, entlassen worden. Im selben Monat war die auf Kasachisch herausgegebene Oppositionszeitung *Dat* einer Razzia des KNB zum Opfer gefallen und sollte einige Monate später ihren Betrieb einstellen. Im August 1998

48. Davor musste ein Kandidat unter 65 Jahre alt sein.

führte der KNB eine Einschüchterungskampagne gegen mehrere auf Russisch arbeitende Provinzmedien durch, und im September 1998 erwirkte er die Schließung der Oppositionszeitung *XXI vek*. Und schließlich wurde im selben Monat die Herausgabe des Buchs von Kaschegeldin mit dem Titel *Kasachstan: Das Recht auf Entscheidung* in kasachischer Sprache gestoppt, die bereits gedruckten Exemplare wurden eingestampft.

Doch der KNB begnügte sich nicht mit dieser Säuberungsaktion in den Medien, sondern ordnete eine Reihe handfester Angriffe gegen das Umfeld von Kaschegeldin an. Im September 1998 wurde sein Presseattaché Amirschan Kossanow von maskierten Männern überfallen. Die anschließende Untersuchung verlief im Sand. Im Folgemonat wurde Elena Nikitenko, eine russische Werbefachfrau, die für Kaschegeldin gearbeitet hatte, Opfer eines ähnlichen Angriffs, was sie zur sofortigen Ausreise aus Kasachstan veranlasste. Schließlich wurde im Dezember 1998 Rysbek Kasymbolinow, ein kasachischer Mitarbeiter des Ersten Sekretärs der US-Botschaft Adam Sterling, von Unbekannten brutal zusammengeschlagen. Da er von dem Amerikanern damit beauftragt war, Kontakte zur Opposition zu pflegen, legte man diesen Vorfall als „Warnung" aus.

Kurz, die Leitung des KNB und insbesondere ihr Chef Alnur Mussajew[49] hatten Nasarbajew von der Gefahr überzeugt, die Kaschegeldin darstellte. Sie empfahlen dringend die Durchführung vorgezogener Wahlen, um zu verhindern, dass der „Staatsfeind" noch mächtiger würde, sie sprachen sogar von einer raschen Verhaftung des Gegners. Am 8. Oktober 1998 erklärte sich Kaschegeldin offiziell zum Präsidentschaftskandidaten. Einige Tage später vereitelte der KNB seine Pressekonferenz in Almaty und warf ihm einen Verstoß gegen die Gesetze über die Vereine vor. Seine Wohnung und jene einiger seiner Anhänger wurden durchsucht. Am 15. Oktober brummte man Kaschegeldin eine Geldstrafe für seine Vergehen auf, was gemäß der geltenden Rechtsprechung seine Teilnahme an den Wahlen unmöglich machte. Parallel dazu lief in der Nasarbajew-freundlichen Presse eine Kampagne gegen den vom Pech verfolgten Oppositionskandidaten: Man warf ihm insbesondere vor, auf ausländischen Bankkonten Millionen von Dollar zu horten, die aus korrupten Geschäften stammten. Kaschegeldin war schließlich gezwungen, das Land zu verlassen.

Die vorgezogenen Präsidentschaftswahlen fanden am 10. Januar 1999 statt. Nursultan Nasarbajew erhielt 81 % der Stimmen, sein Hauptgegner, der

49. Dieser hohe Beamte aus dem Innenministerium, der als Direktor des KNB und später als Direktor des Schutzdienstes des Präsidenten fungierte, musste 2007 auswandern. 2008 wurde er in Abwesenheit wegen Vorbereitung eines Staatsstreiches verurteilt.

kommunistische Leader Serikbolsyn Abdildinnur, nur 11,9 %. Angesichts dieses triumphalen Wahlergebnisses war man in den höchsten Kreisen davon überzeugt, der Präsident würde seinen unterlegenen Konkurrenten nun ignorieren. Doch der KNB tat genau das Gegenteil und redete Nasarbajew ein, Kaschegeldin sei im Ausland noch gefährlicher als in Kasachstan.

Die republikanische Partei[50], die Kaschegeldin im Dezember 1998 gegründet hatte, wurde bald vom Geheimdienst verfolgt. Es gelang dem KNB, Nasarbajew davon zu überzeugen, diese Partei diene als Basis für einen zukünftigen Staatsstreich. Der Präsident befahl, die Entführung oder die offizielle Auslieferung von Kaschegeldin zu veranlassen. Da der Entführungsversuch in der Tschechischen Republik fehlschlug, wurde er auf Antrag des Interpolbüros von Kasachstan bei seiner Ankunft in Moskau-Scheremetjewo im September 1999 von der Flughafenpolizei verhaftet. Doch weil diese willkürliche Verhaftung im Westen, insbesondere in den USA, heftig kritisiert wurde und dieses Vorgehen von Boris Jelzin nicht genehmigt worden war, ließ der russische Präsident Kaschegeldin wieder ausreisen.

Zu diesem Zeitpunkt befahl Nasarbajew dem KNB, bei der eidgenössischen Justiz eine Untersuchung der angeblichen Bankkonten Kaschegeldins in der Schweiz anzufordern, um die Strafverfolgung des Erzfeindes aufgrund juristischer Fakten fortzusetzen. Ein kapitaler Irrtum! Denn weil Kaschegeldin Premierminister gewesen war, unterzogen die Schweizer Behörden sämtliche Konten kasachischer Staatsangehöriger einer peniblen Prüfung. Mit welchem Ergebnis? Statt der erfundenen Konten, deren Existenz Kaschegeldin immer geleugnet hatte, entdeckte man, dass Nasarbajew und einige seiner Familienangehörigen Konten besaßen, auf denen 84 Millionen Schweizer Franken lagen ... Dieses Vermögen bei der Genfer Bank Pictet&Cie verkörperte einen Teil der Beträge, die der Präsident und sein Umfeld von den amerikanischen Erdölgesellschaften als Gegenleistung für die Gewährung bestimmter Privilegien und Konzessionen in Kasachstan eingesteckt hatten. Später stellte sich heraus, dass dies nur die Spitze des Eisbergs war. Allein in der Schweiz befanden sich insgesamt mehrere hundert Millionen Dollar an „schmutzigem Geld" auf Konten, die auf Nasarbajew und seine Angehörigen lauteten[51]. Der Genfer Staatsanwalt Bernard Bertossa eröffnete ein Strafverfahren. Und so begann die endlose Affäre namens *Kazakhgate*.

Ich erfuhr von der Entdeckung der geheimen Konten Nasarbajews am Arbeitsplatz. Eines schönen Tages platzte ein hoher Regierungsbeamter mit

50. Diese Partei existierte bis 2002. Ihr Programm umfasste den Aufbau eines demokratischen Staats mit einer sozial ausgerichteten Marktwirtschaft.
51. Vgl. die Website http://flb.ru/infoprint/9583.html.

zerzaustem Haar völlig außer sich in mein Büro: „Wir stecken bis zum Hals im Schlamassel. In einer, spätestens in anderthalb Stunden geben die russischen Medien, in erster Linie das Fernsehen, bekannt, man habe die Konten von Nasarbajew in der Schweiz eingefroren, und zwar mit einem Vermögen von 96 Millionen Dollar. Diese Information darf nicht rausgehen! Der Präsident hält sich gegenwärtig aber im Ausland auf. Was sollen wir tun?"

Diese Mitteilung versetzte mich in einen Schockzustand. Der Präsident meines Landes versteckte riesige Summen im Ausland? Das musste ein Irrtum sein. Das war zu weit hergeholt, um zu stimmen! Ich gab also dem Beamten den einzigen vernünftigen Rat: „Man muss die kasachischen TV-Gesellschaften, welche die russischen Sender übertragen, darum bitten, diese Meldung zu zensieren." Genau dies tat nun der KNB, doch die – leider – korrekte Neuigkeit verbreitete sich dennoch rasch im ganzen Land und sorgte für gehörig Aufruhr: Das Volk begann zu begreifen, dass es vom Präsidenten persönlich betrogen wurde ...

Im Verlauf dieser Untersuchung entdeckte man ebenfalls das geheime Konto des amerikanischen Bankiers James Giffen, auch bekannt als „Mister Kasachstan". Die Figur des James Giffen ist in ihrer Originalität und Tragik eine Erwähnung wert. Zudem ist sie ein zentrales Element von Kazakhgate. Dieser raffinierte Geschäftsmann hatte ab dem Ende der 1980er Jahre das Herz von Nasarbajew erobern können, noch bevor letzterer Staatschef geworden war. Folgende Episode veranschaulicht ihr Verhältnis: Im Juli 1991 begleitete James Giffen Nasarbajew an das Dinner, das Michail Gorbatschow im Kreml für den Empfang von George Bush gab[52]. Zu jener Zeit planten die beiden Männer einen Deal, dank dem der amerikanische Erdölgigant Chevron die riesigen Vorkommen in Tengiz in Kasachstan ausfindig machen und abbauen konnte. Das Geschäft wurde letztendlich erst 1993 abgeschlossen.

Giffen wurde zum Berater und Vertrauten von Nasarbajew, er erhielt sogar einen diplomatischen Pass von Kasachstan, obwohl er amerikanischer Staatsbürger blieb. Doch im Juni 2000 bat die amerikanische Justiz die eidgenössischen Behörden, die Schweizer Konten von Giffen einzufrieren. Und 2003 wurde er beschuldigt, in den Jahren 1997 und 1998 den kasachischen Präsidenten und seinen damaligen Premierminister Nurlan Balgimbajew geschmiert zu haben, um an einträgliche Verträge heranzukommen, die Kasachstan mit amerikanischen Erdölgesellschaften abschloss, insbesondere mit Exxon Mobil. Diese Beträge waren über Off-shore-Gesellschaften, die Giffen gehörten und auf den britischen Virgin Islands registriert waren, auf

52. Vgl. das Dossier unter http://kazakstan.narod.ru/nur17.html.

die Konten Nasarbajews und seiner Angehörigen einbezahlt worden, darunter auch zugunsten seiner Tochter Dinara und seines Schwiegersohns Timur Kulibajew. Diese Affäre, die sich über mehrere Jahre erstreckte, erhielt in der US-Presse den Namen *Kazakhgate*.

Nasarbajew reagierte rasch auf die Vorstöße der amerikanischen Justiz. Am 27. Juni 2000 verabschiedete die Mäschilis in höchster Dringlichkeit das Verfassungsgesetz „Über den Ersten Präsidenten der Republik Kasachstan", das ihm lebenslänglich juristische Immunität garantierte. Nasarbajew fand jedoch nicht sofort die entsprechenden Mittel und Wege, um die gegen ihn und seine Angehörigen laufenden Ermittlungen im Ausland zu stoppen. 2006 standen der Name des Präsidenten sowie jener seiner Tochter Dinara und deren Ehemann Timur Kulibajew immer noch auf den Listen von Interpol. Dies bedeutete theoretisch, dass sie bei einer Reise im Ausland, vor allem in den USA, jederzeit verhaftet werden konnten.

James Giffen wurde am 30. März 2003 am Flughafen John F. Kennedy in New York verhaftet, als er sich anschickte das Flugzeug nach Almaty zu besteigen. Man setzte ihn aber schon am nächsten Tag gegen eine Kaution von 250 000 Dollar wieder auf freien Fuß. Nach einem langwierigen Gerichtsverfahren wurde er 2007 verurteilt – zu einer symbolischen Geldstrafe. Wie war das möglich? Diese unglaubliche Wendung verdankte er einem gewichtigen Detail. Seine Anwälte hatten geltend gemacht, er sei ein Informant der CIA und leite regelmäßig Berichte über Kasachstan an den amerikanischen Geheimdienst weiter, und zwar schon seit geraumer Zeit! Dieser Umstand trug nicht unbedingt zum guten Ruf von Nasarbajew bei.

Schließlich geriet aber Kazakhgate in Vergessenheit, dies dank den Bemühungen des mächtigen bulgarisch-amerikanischen Lobbyisten Alexander Mirtschew, der in der zweiten Hälfte der 2000er Jahre Kampagnen in der internationalen Presse lancierte, um das Image von Nasarbajew aufzupolieren. Seine Dienste wurden offensichtlich von den drei Oligarchen der Eurasian Natural Resources Corporation ENRC bezahlt, die ich weiter oben bereits erwähnte: Schodiew, Ibrahimov und Maschkewitsch. Sie wagten es nicht, ihren Boss herauszufordern, schließlich hing ihre weitere Zukunft in Kasachstan von ihm ab.

Der Aufruhr rund um den Flughafen von Almaty

Der 14. Juni 1999 sorgte bei den Einwohnern Almatys – und in ganz Kasachstan – für Erschütterung. Am Flughafen brach in einem der Terminals ein heftiges Feuer aus und zerstörte innerhalb weniger Stunden 10 000 m² Fläche. Glücklicherweise waren keine Opfer zu beklagen. Da sich das Terminal in Staatsbesitz befand, trug die Stadtverwaltung keinerlei Verantwortung für den Wiederaufbau. Ich verlangte allerdings mehrmals vom Staat, er solle wenigstens den Abriss des ausgebrannten Gebäudes gewährleisten. Jeder, der mit dem Flugzeug in Almaty eintraf, erblickte als erstes diese Ruine, und dies trug nicht wirklich zum Image meiner Stadt bei.

Als Nasarbajew Ende 1999 zusammen mit dem Transport- und Kommunikationsminister Serik Burkitbajew nach Almaty reiste, stellte er mit Erstaunen fest, dass die Spuren des Feuers immer noch sichtbar waren. Der Minister erklärte ihm, er verfüge nicht über ausreichende Mittel für den Abriss und den Wiederaufbau eines neuen Terminals. Da ich als Bürgermeister zum Empfangskomitee gehörte, wandte sich der Präsident an mich: „Wäre denn die Stadt in der Lage, dieses Terminal neu zu bauen?" Ich bejahte. Da ordnete der Präsident an, das Gebäude ab sofort der Stadt zu unterstellen.

Während ich noch nach Investoren suchte, beschloss mein ehemaliger Chef, Zamanbek Nurkadilov, der 1997 Gouverneur der Region Almaty geworden war, aufgestachelt durch eine Gruppe von Geschäftsleuten, zur Tat zu schreiten. Er versuchte offensichtlich, nach einem Abstecher in die Opposition seine Stellung zu sichern: Nachdem er im Dezember 1995 Parlamentsabgeordneter geworden war, hatte er sich den Anführern der Bürgerbewegung *Azamat*[53] angenähert und hatte begonnen, Präsident Nasarbajew offen zu kritisieren. Letzterer versuchte offenbar, ihn wieder für sich zu gewinnen, indem er ihn zum Gouverneur der Region Almaty ernannte, als das Parlament Ende 1997 nach Astana verlegt wurde.

Nurkadilov legte bald ein Alternativprojekt vor: Anstatt das eine Terminal neu zu bauen, schlug er vor, in der Nähe der Stadt Kaptschagai einen neuen Flughafen zu errichten. Seine Argumente? Schaffung eines neuen Wirtschaftszentrums und ein angenehmeres Klima. Es ist nicht von der Hand zu weisen, dass der Nebel in Almaty häufig zu Verspätungen im Flugplan führt. Nurkadilov veranstaltete sogar eine Feier rund um die Grundsteinlegung des zukünftigen Flughafens von Kaptschagai. Das hinter ihm stehende

53. Diese Bewegung wurde Anfang 1996 von einer Gruppe einflussreicher Persönlichkeiten gegründet.

türkische Unternehmen verpflichtete sich dazu, die Finanzierung des Projekts zu garantieren, wenn alle internationalen Flüge dann in Kaptschagai landen würden, was dem Flughafen hohe Gebühren eingebracht hätte. Gewiefte Speichellecker schlugen gar vor, den zukünftigen Flughafen auf den Namen Nursultan zu taufen, um die Unterstützung des Präsidenten zu bekommen.

Ich verstand die Motivation von Nurkadilov nur zu gut. Jeder Gouverneur oder Bürgermeister möchte sich ein Denkmal setzen, und der Bau eines Flughafens gehört zu den nachhaltigen Erinnerungen. Leider war sein Projekt unhaltbar. Einerseits kostete der Bau eines Flughafens viel mehr als jener eines Terminals, und andererseits ist Kaptschagai 74 km von Almaty entfernt, obwohl die akzeptable Entfernung bei höchstens 20 bis 30 km liegt. Es blieb also beim Luftschloss. Damit war der Weg frei, das abgebrannte Gebäude ganz normal wieder aufzubauen.

Der Grundstein für das neue Terminal wurde am 16. Dezember 2000 gelegt. Drei Jahre später wurde das Projekt, größtenteils dank den Darlehen der deutsch-irischen Depfa Bank zuhanden der Stadtverwaltung, abgeschlossen. Und es gehört bis heute zu den besten in gesamt Zentralasien. Mit Hilfe von bekannten internationalen Fachleuten wie Moody's Investors Service oder Steer Davies Gleave erarbeitete die Stadtverwaltung einen Finanzplan für die Tilgung der Kredite (der Bau hatte 65 Millionen Dollar gekostet); als Basis dienten die Flughafengebühren der ausländischen Fluggesellschaften und die Abgaben, welche die zahlreichen neuen Anbieter von Waren und Dienstleistungen im neuen Terminal zu leisten haben.

Dies heißt jedoch nicht, dass die Bautätigkeit einfach und reibungslos vonstatten ging. Ich möchte nur eine Episode aus dieser Saga erwähnen, die stellvertretend für alle unsere anderen Schwierigkeiten steht. Kurz vor der Bekanntmachung der Ausschreibung für einen bedeutenden Teil der Bau- und Ausstattungsvorhaben für das Terminal kam Dariga, die älteste Tochter des Präsidenten, zu mir und bat mich, Senator Saken Seidualjew zu empfangen, der jüngst unter dem Druck der „Familie“ gewählt worden war, und auf seine Forderungen einzugehen. Dieser Senator, der mit dem Nasarbajew-Clan entfernt verwandt war, ersuchte mich, die Tochtergesellschaft einer von seiner Frau geleiteten italienischen Baufirma zur Gewinnerin der besagten Ausschreibung zu erklären. Ich erwiderte, sie habe einfach das beste Angebot zu unterbreiten. Für die Entscheidung sei ich überdies nicht zuständig. Schließlich fand Seidualjews Frau angesichts des Drucks der Präsidentenfamilie die notwendige Unterstützung, um den Wettbewerb zu „gewinnen“. Die

Gesellschaft strich einen Vorschuss ein und verschwand, ohne einen Finger zu rühren. Nicht einmal die Polizei konnte sie später wieder aufspüren.

Ich war sehr stolz darauf, dass ich die besten Fachleute verpflichten konnte, allen voran Kaldybai Montachajew, den „König der Architekten". Sein Projekt sah die Verwendung modernster Materialien vor und fiel durch originelles und innovatives Design auf. Leider entsprach dies weder dem Geschmack von Dariga Nasarbajewa noch demjenigen von Timur Kulibajew. Die Medien, die sich praktisch alle in der Hand dieser beiden Personen befinden, setzten zu einer Verleumdungskampagne gegen das Team an, doch es war schnell offensichtlich, dass die Kritik eigentlich gegen mich gerichtet war. In der Zeitung *Karavan*, die Dariga gehört, erschien ein Artikel unter dem entsetzlichen Titel „Das Terminator-Terminal". Darin wurde unter anderem angedeutet, die Struktur des Terminals sei nicht erdbebensicher. Ich war aus diesem Grund gezwungen, seismische Tests der Magnitude 9 auf der Richterskala durchführen zu lassen. Dazu mussten die Bauarbeiten unterbrochen, Spezialgeräte installiert und Versuche durchgeführt werden, dies alles mit einem detaillierten Bericht zum Schluss. Das Gebäude hielt den Tests gut stand, doch wir verloren dadurch sechs Monate.

Die Kinder des Präsidenten legten mir ständig alle möglichen Steine in den Weg. Im Verlauf der Bautätigkeit musste ich Kontrollen des Finanzministeriums, des Rechnungsausschusses, der Staatsanwaltschaft und anderer Instanzen über mich ergehen lassen. Zum Leidwesen aller Beteiligten konnten diese Stellen keinen Verstoß oder Fehler aufdecken. Der Grund für diese Angriffe wurde mir erst am Tag der feierlichen Eröffnung des Terminals am 29. Dezember 2003 klar. Der Präsident fand einen Augenblick, um mir vorzuschlagen, die Eigentumsrechte am Terminal auf eine Gesellschaft zu übertragen, die Timur Kulibajew gehört. Ich lehnte dies mit der Begründung ab, die Stadt sei selbst auf den Ertrag aus dem Betrieb des Terminals angewiesen, um die Baukredite zurückzuzahlen. Nasarbajew wurde fuchsteufelswild und verließ die Veranstaltung vor dessen Schluss, ohne sich von mir zu verabschieden.

Einige Tage später hatte man es erneut auf mich abgesehen. Lloyd Paxton, der Präsident der Luftfahrtgesellschaft „Air Astana", kam zu mir und verlangte, dass die Stadt Almaty ihm für seine Büros einen Teil des Terminals kostenlos abtreten solle, weil es sich um eine „Gesellschaft des Präsidenten von Kasachstan" handle. Auch er erhielt einen abschlägigen Bescheid von mir, obwohl mir bewusst war, dass ich damit den Zorn der Präsidentenfamilie auf mich ziehen würde. Als Bürgermeister hatte ich aber keine Wahl. Ich musste um jeden Preis die Darlehen zurückzahlen, ohne den Haushalt der Stadt zu stark zu belasten.

Die Angriffe Darigas

Die Präsidentenfamilie ist sich nicht immer einig. Die Töchter des Präsidenten, allen voran Dariga, die älteste, die mehrere Jahre mit Rachat Alijew verheiratet war, und Dinara, die zweitälteste, immer noch Ehefrau von Timur Kulibajew, verfolgen ganz persönliche wirtschaftliche, ja vielleicht sogar politische Interessen. Ich erwähnte bereits die Intrige Darigas gegen meine Frau Leila, als sie sich 1994 und 1995 den Fernsehsender Khabar unter den Nagel riss. Meine Probleme mit Dariga setzten während meiner Amtszeit als Bürgermeister von Almaty ein.

Dariga besitzt einen äußerst undurchschaubaren Charakter. Böse Zungen behaupten, sie sei nicht Nasarbajews Tochter. Er habe seine Frau Sara, die wie er der Arbeiterklasse angehörte, geheiratet, als Dariga, die Frucht einer früheren Beziehung, bereits auf der Welt war. Das Kind wuchs auf dem Land auf und wurde von Nasarbajews Mutter erzogen, bis sie zwölf war. Danach zog sie nach Almaty zum Rest der Familie, wobei sich die beiden jüngeren Schwestern Dinara und Alia ständig über sie lustig machten, da sie sich wie eine Bäuerin benahm. Vielleicht hat diese ungewöhnliche Kindheit ihre rachsüchtige Persönlichkeit und ihre intrigante Denkweise geprägt.

1983 heiratete Dariga im Alter von 20 Jahren den Medizinstudenten Rachat Alijew. Ihr Mann war zehn Jahre lang in der Medizin tätig, danach stieg er in die Wirtschaft ein. Sein eigentlicher Aufstieg begann 1996, als er Vorsteher der Steuerpolizei (dieses Amt behielt er bis 1999) und später einer der Chefs des KNB (1999-2001) wurde. In unseren Gesprächen sprach Alijew von Dariga wie von einer politischen Partnerin, doch es lag nie etwas wie Liebe in seinen Worten, obwohl sie ja die Mutter seiner Kinder war. Dariga ihrerseits vertraute sich Leila an, als sie 1994 beim Fernsehen zu arbeiten begann: „Ich liebe meinen Mann nicht, ich liebe meine Mutter nicht, ich liebe meinen Vater nicht, ich hasse meine Schwestern, ich hasse meinen Schwager Kulibajew.“ Und dann fügte sie hinzu: „Ich liebe nur meine Kinder.“

Dieser Mangel an Zuneigung zu „Papa“ hielt Dariga allerdings nicht davon ab, als eine Art informelle Beraterin des Präsidenten zu fungieren, insbesondere in der zweiten Hälfte der 1990er Jahre. Sie spielte bei ihrem Vater dieselbe Rolle wie Tatiana Jumaschewa, Boris Jelzins Tochter, bei ihrem Vater. Doch Dariga erwies sich als weitaus raffgieriger als Tatiana. Da sich Timur Kulibajew, Dinaras Ehemann, anlässlich der Privatisierungen zahlreicher Unternehmen im Erdöl- und Gassektor bemächtigt hatte, beschloss Dariga, sich dem Immobilienmarkt und verschiedenen Geschäften in Almaty zuzuwenden. Was mir während meiner Amtszeit als Bürgermeister unzählige Konflikte mit ihr bescherte.

So versuchte Dariga im Frühjahr 1999 das städtische Unternehmen Gorgaz zu ergattern, das die Gasversorgung der gesamten Stadtbevölkerung gewährleistete. Sie versuchte das bereits stark verschuldete Unternehmen buchstäblich zu ersticken und die Kontrolle über eine Beschlagnahmung zugunsten einer anderen Gesellschaft namens Alautransgaz an sich zu reissen, deren Vizedirektor Mukhtar Jakischew ein enger Jugendfreund war. Auf diese Weise wäre sie *de facto* zum einzigen Gaslieferanten in Almaty geworden. Ich konnte diese Übernahme verhindern, doch um Gorgaz vor dem Konkurs zu retten, musste ich bei den Nachbarländern Usbekistan und Kirgisistan eine Senkung des Preises für Naturgas erwirken. Normalerweise wäre dies Aufgabe des Präsidenten gewesen, doch er wollte sich nicht dazu „herablassen“ (seine Worte), sich mit seinen Amtskollegen mit dermaßen „unbedeutenden“ Problemen zu beschäftigen. Vielleicht rechnete er nicht mit meinem Widerstand und hoffte, Gorgaz falle von allein in Darigas Portfolio ... Doch da hatte er sich geirrt! Ich verhandelte mit den Premierministern der betreffenden Länder und sogar mit dem usbekischen Präsidenten Islam Karimov und erhielt, was ich wollte.

Ein weiterer Angriff erfolgte im Dezember 1999, als ich im Namen der Stadt die Verwaltung des Wasserversorgungsnetzes namens Vodokanal der weltbekannten französischen Gesellschaft Vivendi, ehemals „La Générale des Eaux“, überschrieb. Wasser ist eine wichtige Ressource, und ich hatte mich an eine bedeutende ausländische Gesellschaft gewandt, um dank ihres guten Managements eine Tarifsenkung und weniger Verschwendung zu erreichen. Doch dies passte Dariga nicht in den Kram. Sie wollte den Goldesel Vodokanal selbst haben, um die Tarife später nach Gutdünken erhöhen zu können. In den Presseorganen in ihrem Besitz wurde eine Kampagne gestartet, um mich zu lynchen. Der Sender KTK, der von Rachat Alijew und Dariga kontrolliert wurde, forderte die Regierung auf zu intervenieren und den Vertrag, den ich mit Vivendi unterzeichnet hatte, aufzulösen. In der Folge verkündeten mehrere Medien, meine Entlassung stehe unmittelbar bevor. Doch „Papa“ goutierte es nicht sonderlich, dass eine Hetzkampagne durchgeführt wurde, die er nicht selbst angeordnet hatte. Er bestätigte in der Öffentlichkeit sein Vertrauen in mich und verschaffte mir damit eine mehrmonatige Verschnaufpause.

Dariga wandte sich im Jahr 2000 erneut mit einer Forderung an mich, als ob nichts gewesen wäre: Sie verlangte die kostenlose Abtretung des TV-Senders von Almaty, obwohl die Stadt diesen Sender durch Investitionen in der Höhe von 10 Millionen Dollar zu neuem Leben erweckt hatte. Rachat teilte mir vorsorglich mit, ich würde entlassen werden, falls ich dem Begehren nicht stattgäbe. Ich erwiderte, ich würde die Sache mit dem Präsidenten besprechen, was ihn völlig aus dem Konzept brachte. Er bat mich auf einmal, das Thema mit Nasarbajew nicht anzusprechen, was mir meiner Meinung nach bewies, dass auch er eigenmächtig gehandelt hatte.

Einige Tage später fand eine Sitzung des Präsidenten mit der Stadtregierung statt. Er hörte sich meinen Bericht über die geleistete Arbeit an und beurteilte in seiner anschließenden Rede meine Leistung als durchaus positiv, mit kleineren Kritikpunkten. Man ging davon aus, dass der Präsident nun eine Umstrukturierung vornehmen würde, doch er wünschte uns lediglich viel Glück. Dariga hatte es einmal mehr nicht geschafft, mich in die Knie zu zwingen.

Die Beziehungen des Präsidenten zu seinen Töchtern sind so kompliziert, dass Dariga und Rachat im November 2001 sogar einen Staatsstreich anzettelten und Nasarbajew zu stürzen versuchten. Zu jener Zeit kontrollierte Dariga direkt oder indirekt fast alle republikanischen Medien, nämlich mehrere Fernseh- und Radiosender, Informationsagenturen und Zeitungen. Diese Medien prangerten während des gesamten Jahres 2001 die Korruption an, die unter den Oligarchen und auf den obersten Etagen der Macht herrschte. Sie stellten Rachat Alijew als zentrale Figur in diesem Kampf gegen die Korruption dar. Nasarbajew war zufrieden: Er war überzeugt, sein Schwiegersohn sei ein treues Hündchen, das seine Interessen gegen die Gier seiner Untergebenen verteidigen würde. Gleichzeitig sammelten Rachat und Dariga aber kompromittierende Fakten über den Präsidenten und sein gesamtes engeres Umfeld. Als das Paar glaubte, der Moment sei nun gekommen, zum Angriff auf Nasarbajew überzugehen, organisierte er „Informations-Lecks" auf der Website der Opposition Aziopa und versuchte damit, allgemeine Entrüstung auszulösen. Alijews Verbündete hoben bereits ihre Gläser auf das Wohl des künftigen Präsidenten. Doch Rachat wurde von einigen Mitgliedern aus dem Umfeld des Präsidenten enttarnt, insbesondere von Amangheldy Schabdarbajew, dem Chef der Präsidentengarde, Kairbek Suleimanow, dem Innenminister, und Altynbek Sarsenbajew, dem Sekretär des Sicherheitsrats. Und das Geständnis des Chefredakteurs der Website Aziopa,

Daniar Aschimbajew, überzeugte Nasarbajew schließlich vollends: Die eigene Tochter und sein Schwiegersohn hatten Papa verraten!

Ich war nicht in das Komplott eingeweiht gewesen, doch als es aufgedeckt wurde und der Machtapparat seinen Tribut forderte, nahm ich als Bürgermeister am weiteren Verlauf der Ereignisse in Almaty teil. Der Präsident erklärte den Ausnahmezustand und erteilte den Eliteeinheiten *Spetsnaz* den Befehl, Alijew zu verhaften. Dieser verbarrikadierte sich in seinem Bunker in der Stadt, und ich bin sicher, das Kommando hätte ihn umgebracht, wenn sein Vater Muchtar Alijew, ein bekannter und respektierter Chirurg, nicht eingegriffen hätte. Dieser Arzt rief Nasarbajew an und fragte: „Was tust du da? Warum wirfst du Rachat diesen Aasgeiern vor? Er ist dein Sohn. Lass ihn zu dir bringen und rede mit ihm. Töte ihn mit eigenen Händen, wenn nötig, aber lass dies nicht von einem Mordkommando erledigen." Der Präsident hörte auf Rachats Vater und ließ den Fehlbaren nach Astana bringen. Der Chirurg begleitete Rachat zum Flughafen von Almaty. Plötzlich rief man mich vom Flughafen aus an und teilte mir mit, das Flugzeug, mit dem Rachat nach Astana gebracht werden sollte, sei von bewaffneten Männern umringt. Daraufhin telefonierte ich mit General Kassymov, dem Chef der regionalen Außenstelle des Innenministeriums in Almaty, und forderte ihn auf, diese Belagerung zu beenden. Es erwies sich, dass es sich bei den bewaffneten Personen um den Sicherheitsdienst des Flughafens handelte: Die politischen Gegner von Rachat wollten seiner habhaft werden und hätten ihn wahrscheinlich liquidiert, wenn ich nichts unternommen hätte.

Das Flugzeug hob also Richtung Astana ab. Den Gerüchten zufolge sollen der Schwiegersohn und sein Vater sich vor „Papa" auf die Knie geworfen haben. Und der große Stratege Nasarbajew, der die Machtstellung des Clans, der Alijew verraten hatte, nicht stärken wollte, ernannte in einer außergewöhnlichen Geste Rachat zum stellvertretenden Chef seiner persönlichen Garde. Es kam bestimmt auch zu einer heftigen Auseinandersetzung mit seiner Tochter Dariga, aber davon drang nichts nach draußen. Die Sache schien erledigt. Fast alle Verbündeten von Alijew wurden entlassen und rund 50 hochrangige Offiziere, darunter auch einige Generäle, ins Gefängnis geworfen.

Nasarbajew war zutiefst erschüttert. Ich sah ihn in Astana am Tag nach diesem Drama. Ich sollte ihm in Anwesenheit der Medien ein bedeutendes städtebauliches Projekt für Almaty vorstellen. Der Präsident trat in den mit Journalisten gefüllten Saal, kam auf mich zu und sagte zu mir: „Mein Lieber, du weißt doch, dass ich im Moment andere Sorgen habe. Verwirkliche dieses Projekt ganz nach deinen Vorstellungen." Er klopfte mir auf die Schulter und ging nach einer Minute mit zerstreuter Miene wieder fort. Die Journalisten wagten es nicht, diesen seltsamen Auftritt zu kommentieren.

Rachat blieb nicht bei seinem Schwiegervater. Mehrere junge Minister und hohe Beamte gaben öffentlich zum Ausdruck, wie sehr sie die „Nachgiebigkeit" von Nasarbajew verärgert hatte, und verlangten in einem Ultimatum, dass der rebellische Schwiegersohn streng bestraft würde. Damit forderten sie die Autorität des Präsidenten erneut heraus. Er entschied sich für einen Kompromiss: Er akzeptierte einerseits den Rücktritt einiger Minister, die das Ultimatum gestellt hatten, und schickte andererseits Rachat als Botschafter ins goldene Exil nach Österreich. Er ernannte zudem Altynbek Sarsenbajew, das Zugpferd des Aufstands, zum Botschafter in Russland. So kam es, dass ich einige Zeit nichts mehr mit Dariga zu schaffen hatte, die ihrem Mann nach Wien gefolgt war. Und darüber war ich zutiefst erleichtert!

Tschimbulak, ein „privatisiertes" Naturreservat

Tschimbulak nimmt in meiner Laufbahn als Bürgermeister von Almaty eine besondere Stellung ein. Dieser bekannte Skiort mit der riesigen Eisbahn Medeo liegt nicht weit von der Stadt entfernt. Der Ort auf 2 200 m über Meer, an dem das Zentrum später entstehen sollte, wurde von passionierten Skifahrern nach dem Zweiten Weltkrieg entdeckt. Einige Jahre später richtete man hier die erste alpine Skipiste der UdSSR ein, die europäischen Standards entsprach. Dann kamen weitere Pisten hinzu. Seit 1950 werden in Tschimbulak jedes Jahr nationale Wettkämpfe ausgetragen. 1983 machte man den Ort zu einem olympischen Trainingszentrum. Die Eisbahn Medeo auf 1 700 m über Meer gilt mit 10 500 m^2 als eine der größten Eisflächen der Welt. Hier werden Eishockeymatchs sowie Wettbewerbe in Eiskunstlauf und Eisschnelllauf veranstaltet. Die majestätische Bergwelt, die angenehme Sonneneinstrahlung und ein erstaunlich mildes Klima für diese Höhenlage haben die Einwohner von Almaty seit jeher angezogen. Von Oktober bis Mai verbringt die Hälfte der Städter das Wochenende rund um die Eisbahn oder auf den Skipisten.

Die Modernisierung dieses Wintersportortes gehörte zu den 35 Entwicklungsprogrammen für Almaty, die ich umsetzen wollte. Meine Fachleute arbeiteten also ein Projekt aus, das ich dem Verwalter von Tschimbulak vorlegte; die betreffende Gesellschaft gehört zur Kazkommertsbank, einer der größten Banken Kasachstans und sogar ganz Zentralasiens. An meiner ersten Arbeitssitzung mit Sergei Gitalov, dem Direktor dieser Gesellschaft, wurde ich von ihm ohne Umschweife darüber aufgeklärt, dass 25 % des Ortes Präsident Nasarbajew gehörten. Ich antwortete, das müsse ich nicht wissen.

Wir legten unsere jeweiligen Zuständigkeiten fest. Die Stadt verpflichtete sich, eine neue Straße nach Tschimbulak zu bauen und diese zu unterhalten sowie die Grundstücke zu reservieren, auf denen ein Skilift von Medeo nach Tschimbulak führen sollte. Der Verwalter hingegen verpflichtete sich, ein Hotel neu aufzubauen und den Bau einer Bowlingbahn und eines Schwimmbads zu übernehmen. Doch wir standen rasch vor einem Problem: Das Territorium des Ortes gehörte rechtlich zur Region Almaty und nicht zur Stadt Almaty.

Ein scheinbar belangloser Vorfall änderte die Sachlage. Zufällig war die First Lady der Region, Sara, eine begeisterte Spaziergängerin und liebte Tschimbulak. Als sie eines Tages zu Fuß an einer Baustelle des Bergortes vorbeikam, brach hinter den Waggons, in denen die Bauarbeiter hausten, eine Schießerei aus. Wahrscheinlich waren die Leute betrunken; es kam letztendlich niemand zu Schaden. Ich wurde aber aufgefordert, „Maßnahmen zu ergreifen". Da schrieb ich einen Brief an den Präsidenten und bat ihn, das Gebiet von Tschimbulak der Hoheit der Stadt zu unterstellen. Wie sollte ich sonst dort für Recht und Ordnung sorgen?

Der Präsident sah dies ein, und das Territorium wurde ohne weitere Auflagen meiner Gerichtsbarkeit unterstellt. Allerdings nicht für lange Zeit. Der Generaldirektor und Hauptaktionär der Kazkommertsbank, Nurschan Subchanberdin (ich erwähnte ihn bereits weiter oben), stellte das Bürgermeisteramt von Almaty vor vollendete Tatsachen. Gemäß einem Erlass des Staatskomitees für Privatisierung wurde der gesamte Skiort privatisiert und an die Kazkommertsbank verkauft. Kraft des Gesetzes fiel ihm auch der Boden, auf dem der Ort steht, als Eigentum zu. Da jedoch die Zone von Tschimbulak ein Naturreservat ist, mussten für jedes Bauprojekt erst Sonderbewilligungen eingeholt werden.

Im Winter 1998 erfuhr ich jedoch, dass die Verwaltungsgesellschaft von Tschimbulak, eine Tochter der Kazkommertsbank, dabei war, an einem schwer zugänglichen Standort ohne vorgängige Bewilligung ein Häuschen für Präsident Nasarbajew zu bauen. Meine Hinweise verhallten ungehört. Knapp zwei oder drei Monate später begann dieselbe Gesellschaft mit dem Bau von drei weiteren Landhäusern. Sergei Gitalov erklärte mir, das erste Haus sei für Dariga Nasarbajewa bestimmt, das zweite für Nurschan Subchanberdin. Was das dritte Haus angehe, sagte er, so würde der Präsident bestimmen, wer es erwerben dürfe. Bald darauf teilte mir Gitalov mit, der Präsident bewillige den Verkauf dieses Hauses an mich. Ich muss ehrlicherweise zugeben, dass ich mich trotz aller Bedenken in Bezug auf Nursultan Nasarbajew und sein Umfeld trotzdem geschmeichelt fühlte, dass der Präsident mich zum Nachbarn wollte. Ich ersuchte also um die notwendigen Bewilligungen, bezahlte den angegebenen Kaufpreis und wurde so zum glücklichen Besitzer eines schönen Hauses in einer traumhaften Landschaft.

Ende 1998 war es an Timur Kulibajew, dem Schwiegersohn von Nasarbajew, sich ein Haus zu bauen. Er bemühte sich allerdings nicht um die notwendigen Bewilligungen. Zudem ließ er das riesige Grundstück, das er in unzulässiger Weise für sich beanspruchte, mit einem hohen Zaun umgeben, obwohl der Präsident in einem Entscheid bestimmt hatte, dass es in Tschimbulak aus ästhetischen Gründen keine Zäune oder Mauern geben dürfe. Selbst das Grundstück von Nasarbajew besaß keinen derartigen Schutz! Doch wer hätte es in Kasachstan gewagt, Kulibajew die Stirn zu bieten?

Rasch erfasst die Bauwut in und um Tschimbulak die gesamte Führungselite des Landes. Doch der größte Teil des Landes war nicht an die Kazkommertsbank abgetreten worden, sondern befand sich noch unter der Hoheit von Almaty. Die Crème de la Crème der Nation wandte sich in den Jahren 1999 bis 2001 an mich, um von mir Bauland für Ferienhäuser zugeteilt zu bekommen. Da ich aber von Nasarbajew den Befehl erhalten hatte, keine derartige Bewilligung ohne seine Zustimmung zu erteilen, verwies ich alle diese hohen Herrschaften direkt an den Präsidenten, da ich nicht zuständig sei.

Die Elite des Landes entwickelte geradezu eine Obsession. Tschimbulak wurde rasch zu einer ebenso begehrten Destination wie Malibu für die Hollywood-Stars oder Gstaad für reiche Europäer. Der Präsident wollte ganz offensichtlich seine treuen Anhänger belohnen. 2002 bestätigte er mir gegenüber, er gestatte den Bau eines Hauses für so einflussreiche Persönlichkeiten wie Nurtaj Abykajew, den Direktor des KNB Baurschan Muchamedschanow, den Justizminister Imangali Tasmagambetow, den Premierminister und einige andere. Ich wies natürlich das Bürgermeisteramt und die betreffenden Dienststellen an, die entsprechenden Bewilligungen auszustellen.

Gleichzeitig besetzte Timur Kulibajew, der sich über das Gesetz erhaben wähnte, ohne Bewilligung weitere Grundstücke, auf denen er vier Häuser erbauen ließ. Auch Präsident Nasarbajew ließ 2000 bis 2002 ein neues Gebäude auf einem Stück Land errichten, das nicht an die Kazkommertsbank abgetreten worden war und eigentlich zu Almaty gehörte, sowie zwei zusätzliche Unterkünfte für sein Personal. Als das neue Haus des Präsidenten fertig gebaut war, schenkte er das erste seiner jüngsten Tochter Alia. In der Zwischenzeit hatte die Stadt im Rahmen der von ihr übernommenen Verpflichtungen eine neue Straße gebaut und das Gelände des Skiorts mit weiteren Infrastrukturen ausgestattet.

Zur Saga rund um den Bau des Hauses von Imangali Tasmagambetow möchte ich einige Worte sagen. Sobald er im Januar 2002 zum Premierminister ernannt worden war, nahm er sich ganz offensichtlich das Recht heraus, nach Gutdünken zu handeln. Er suchte mich wegen einer Baubewilligung in Tschimbulak auf und war beleidigt, als ich ihm erklärte, dazu bräuchte ich zunächst die Zustimmung des Präsidenten. „Viktor, ich bin die Nummer Zwei des Staates, er leuchtet dir doch ein, dass ich die Zustimmung des Präsidenten garantiert erhalte, stell mir also einfach die erforderlichen Papiere aus!", tobte er. Als die Bewilligung des Präsidenten endlich vorlag und er mit den Bauarbeiten begann, verhielt er sich sehr rüpelhaft gegenüber dem von ihm beauftragten Bauunternehmen. Er kommandierte seine Untergebenen wie ein herrschsüchtiger Gutsbesitzer herum! Er beleidigte sowohl den Direktor des Unternehmens als auch die Arbeiter und weigerte sich, sie zu bezahlen, und zwar unter dem Vorwand, die ausgeführten Arbeiten entsprächen nicht seinen Wünschen. Es artete zum Alptraum aus. Als das Haus endlich fertig war, richtete er ein großes Fest aus, zu dem er die hohen Tiere des Landes einlud, darunter natürlich auch Nasarbajew persönlich. Bei dieser Gelegenheit hängte er ein Porträt des Präsidenten in den großen Salon und gab mehrere Trinksprüche auf die Gesundheit des „Landesvaters" aus, der ihm den Bau dieses Hauses ermöglicht hatte. Nachdem er zu viel geredet, zu viel gesungen und zu viel getrunken hatte, schlief er schließlich ein, und ich musste den Präsidenten an seinen Platz zurückführen.

Tasmagambetow war nicht der Einzige, der sich so verhielt. Als Nasarbajews eigener Bruder Bolat Lust bekam, sich in Tschimbulak auf dem von der Kazkommertsbank verwalteten Land niederzulassen, drohte er ganz einfach mit der Ermordung von Gitalow, falls dieser seinem Ansinnen nicht stattgäbe. Und diese Drohung war alles andere als gespielt: Er zog eine Pistole und richtete sie auf den Verwalter. Mit einem hämischen Lachen schrie er: „Ich habe keine Angst, dich umzubringen, ich gehe ja kein Risiko dabei ein!" Diese Szene wurde mir von Sergei Gitalow persönlich erzählt. Das Vorgehen erwies sich als äußerst effizient: Bolat besitzt heute zwei Häuser in Tschimbulak.

Dabei darf man nicht vergessen, dass Tschimbulak auch dem Empfang von Staatschefs und anderen hochrangigen Gästen aus dem Ausland in einer entspannten Atmosphäre diente. *Mutatis mutandis*, Tschimbulak war unser

Sotschi. Hier fand unter anderem im März 2002 der „relaxte" Teil des Gipfeltreffens der GUS-Staatschefs statt. Diese Konferenz verdient es übrigens, kurz erwähnt zu werden. Das Arbeitstreffen war am 1. März 2002 in Almaty anberaumt worden. Zum ersten Mal fand diese Zusammenkunft der Staatschefs in Kasachstan statt. Das Protokoll sah vor, dass ich die ausländischen Spitzenpolitiker nach der Landung ihres Flugzeugs in Empfang nehmen würde. Am eindrücklichsten war die Ankunft des turkmenischen Diktators Saparmyrat Nyýazow, der sich selbst Turkmenbaschi nennt, „Vater der Turkmenen". Als ich ihn zu seinem Wagen begleitete, teilte er mir in vertraulichem Ton mit, er sei aus reiner Freundschaft zu unserem Präsidenten gekommen, das Gipfeltreffen sei ihm herzlich egal. Er trug an jedem Finger dicke, mit Edelsteinen verzierte Goldringe wie ein arabischer Scheich. Er bat mich sogar um Rat und fragte, welchen dieser Ringe er wohl Nasarbajew schenken solle. Ich hatte Nyýazow und seine Entourage im Hotel Ankara untergebracht, doch während der Nacht kam ein Anruf aus dem Hotel: Der turkmenische Präsident verlange die Schließung der Bar, die sich auf dem Stockwerk seiner Suite befand, denn er könne nicht dulden, dass in seiner Nähe Alkohol verkauft werde. Ich erteilte selbstverständlich die Anweisung, die Bar zu schließen. Doch das reichte nicht aus, um ihn zu beruhigen. Am nächsten Tag verschwand er nach der morgendlichen Sitzung, ohne eine Erklärung abzugeben und ohne sich von seinen Gastgebern zu verabschieden.

Es blieb nicht bei diesem einen Misston. Am Ende einer Arbeitssitzung verabschiedeten die zwölf Präsidenten einen Beschluss betreffend die engere Zusammenarbeit im Energiebereich. Doch bei der anschließenden Pressekonferenz begann Eduard Schewardnadse, der Präsident Georgiens, Russland und die russische Armee zu kritisieren. Das war etwas merkwürdig seitens des ehemaligen sowjetischen Außenministers. Er bekräftigte insbesondere, Georgien würde sich ab sofort mehr den USA zuwenden und mit Hilfe amerikanischer Instrukteure eine moderne Armee gründen. Dieser Ausbruch, der bestens zu seinem Nachfolger Michail Saakaschwili gepasst hätte, nervte seine Amtskollegen, so dass auch er schnurstracks und vorzeitig zum Flughafen fuhr.

Die zehn verbleibenden Präsidenten wurden nach Tschimbulak gefahren, um dort Ski zu laufen. Wladimir Putin freute sich über diesen Ausflug: Er war der Jüngste von allen und ein guter Skifahrer. Lukaschenko hingegen stand offensichtlich zum ersten Mal in seinem Leben auf den Brettern. Er absolvierte ohne ersichtlichen Spaß eine kurze Abfahrt. Obwohl er sehr sportlich war, fühlte er sich im Vergleich zu Putin und Nasarbajew abgewertet. So stieg also auch er ins Auto und reiste ab. Der russische Präsident hingegen blieb zwei Tage lang und genoss den schönen Skiort. Er borgte sich sogar meinen Dienstwagen, einen Mercedes, für seine Ausfahrten, denn sein eigener Mercedes, den er per Frachtflugzeug aus Moskau mitgebracht hatte, war gepanzert und zu schwer für Passfahrten.

Nasarbajew hatte mich gebeten, bei mir zu Hause ein freundschaftliches und entspanntes Zusammentreffen zwischen ihm und Putin zu organisieren. Die beiden Männer bewunderten einander sehr. Im privaten Kreis behauptet Nasarbajew, Putin sei sein Schüler und habe von ihm gelernt, wie man ein Land regiere. Mein Empfang war ein voller Erfolg und der Präsident bedankte sich herzlich bei mir. Doch als wir vor das Haus traten, war es dort zu einem kleinen Menschenauflauf von Neugierigen gekommen, die beide Präsidenten sehen wollten. Nasarbajew schimpfte mit mir: „Viktor, wieso hast du diesen offen zugänglichen Ort gewählt? Siehst du nicht die vielen Schaulustigen? Wenn du das nächste Mal meine Gäste empfangen möchtest, musst du umziehen. Hast du verstanden?“ Wie gewöhnlich gab es da nichts mehr zu diskutieren. Ich verkaufte mein Haus und ließ mir ein anderes bauen.

Die goldene Regel, dass nur der Präsident den Bau eines Wohnhauses in Tschimbulak erlauben kann, ist bis heute gültig. Nach mir wurde Imangali Tasmagambetow (2004-2008) Bürgermeister, danach Achmetschan Essimow. Beide stellten weiterhin die erforderlichen Bewilligungen für neue Bauvorhaben aus. Der Reigen der Nomenklatur in Tschimbulak dreht sich weiter.

Mein Fazit

Während meiner Zeit als Bürgermeister von Almaty zwischen 1997 und 2004 musste ich mehrmals in die Stadt Astana reisen, die in einem horrenden Tempo ausgebaut wurde. Während dieser Zeitspanne hat sich die Bevölkerung der neuen Hauptstadt fast verdoppelt und stieg von 275 000 auf 510 000 Einwohner. Obwohl sich viele Beamte nur ungern mit ihren Familien dort niederließen, wurden sie allmählich dazu gezwungen, darüber hinaus entstanden immer mehr höhere Schulen und Bildungsanstalten. Während ich um finanzielle Mittel kämpfte, um Almaty weiterzuentwickeln, floss das Geld aus dem Staatshaushalt in Strömen nach Astana. Mehrere Architekten von internationalem Ruf arbeiteten aus Leibeskräften daran, eine moderne Hauptstadt zu schaffen, die für ein wohlhabendes, innovatives und erfolgreiches Land stehen sollte.

In Wirklichkeit vermittelt diese architektonische Phantasie leider einen ganz anderen Eindruck. Man wähnt sich in den Kulissen eines futuristischen

Films, in einer prächtigen Fata Morgana neureicher Prägung inmitten der kargen Steppe. Aus diesem Grund erhielt Astana den wenig schmeichelhaften Übernamen „Steppen-Manhattan". Das Stadtzentrum ist pompös. Eine zwei Kilometer lange Prachtstraße geht von einem riesigen Gebäude aus, das aus zwei symmetrischen, durch einen gigantischen Bogen verbundenen Teilen besteht. Hier befindet sich der Sitz der nationalen Gasgesellschaft Kazmunaigaz. Und wenn der Besucher in der Verlängerung dieser Straße zuoberst auf den Bajterek-Turm steigt, der den mythologischen Lebensbaum symbolisiert, kann er seine Hand in den goldenen Handabdruck Nasarbajews legen, der das Land seit bald einem Vierteljahrhundert mit ebendieser festen Hand regiert.

Von der Spitze des Turms aus erblickt man andere Monumentalbauten. Man genießt insbesondere einen wunderbaren Blick auf den Präsidentenpalast Ak-Orda, der 2004 fertiggestellt wurde. Dieser eklektische Palast erinnert gleichzeitig an das Weiße Haus in Washington – wobei er aufgrund des vorspringenden zentralen Teils in abgerundeter Form und ebenfalls in weißer Farbe wesentlich größer ist –, an eine riesige Moschee wegen der hellblauen Kuppel und an die berühmte Admiralität in Sankt Petersburg wegen der imposanten goldenen Turmspitze, welche die Kuppel überragt. Man gelangt über einen weitläufigen Platz zum Ak-Orda, dem Präsidentenpalast, und sobald man das Tor passiert hat, muss eine weitere beträchtliche Strecke zurückgelegt werden. Diese Methode ist allen Diktatoren eigen: Der Besucher wird erschlagen durch die riesigen Distanzen, die er überwinden muss, um sich dem Herrscher zu nähern, aber auch durch die Mächtigkeit der Gebäude. Wie schon zahlreiche Diktatoren in der Vergangenheit beaufsichtigt Nasarbajew jedes architektonische Vorhaben persönlich und rühmt sich dessen in der Öffentlichkeit. Ich hatte immer den Eindruck, dass diese unmenschliche und überdimensionierte Stadt den Größenwahn ihres Herrschers widerspiegelt. Der aus Wohngebäuden bestehende Komplex namens Triumph von Astana, der den stalinistischen Wolkenkratzern von Moskau verblüffend ähnlich sieht, stellt einen weiteren Beweis dafür dar.

Da das Klima von Astana für den Menschen alles andere als angenehm ist, wirkt die Stadt immer leer, fast unbewohnt. Einzig der nie versiegende Strom von Autos zeugt von menschlicher Präsenz. Es gibt sogar Pläne, einen großen Teil der Stadt mit einer durchsichtigen Kuppel aus fluorkarbonisiertem Harz zu überdachen, um sie vor Wirbelstürmen und der bitteren Kälte im Winter zu schützen. Diese Konstruktion würde rund eine Milliarde Dollar kosten, eine Extravaganz à la Dubai. Dabei leben 20 % der Familien in Kasachstan mit weniger als 200 Dollar pro Monat und nur 46 % der Wohnungen sind an die Kanalisation angeschlossen ...

Nach jedem Abstecher nach Astana wurde mir bewusst, wie viel Glück ich hatte, in Almaty bleiben und mich weiterhin für das Wohl dieser Stadt einsetzen zu können. Ich bin stolz auf das, was ich in sieben Jahren erreicht habe. Dank meiner Tätigkeit gelangte die Stadt zu einigem Wohlstand. 2004, in meinem letzten Jahr als Bürgermeister, nahmen wir 2,5 Milliarden Dollar an Gemeindesteuern ein. Dabei besitzt Almaty weder Erdöl noch Gas oder andere Rohstoffe. Zusammen mit meinem Team habe ich dieses Ergebnis dank der Entwicklung der KMU und des Tourismus erzielt.

Einige meiner Errungenschaften habe ich bereits erwähnt. Diese Liste möchte ich an dieser Stelle gerne ergänzen. Ich habe beispielsweise zwölf Schulen errichten lassen, die insgesamt von 12 000 Schülern besucht werden können; eine dieser Schulen besitzt zudem ein eigenes Schwimmbad (eine Premiere für Almaty), eine andere nimmt behinderte Kinder auf. Dank meiner Bemühungen gibt es heute ein Hospiz für Palliativmedizin, das 300 unheilbar krebskranke Menschen aufnehmen kann, und ein Veteranenheim mit 500 Betten. Mit dem Bau des Heims für Veteranen des Zweiten Weltkriegs und des Afghanistankonflikts hatte man bereits in sowjetischen Zeiten begonnen, die Arbeiten waren jedoch nach der Unabhängigkeit eingestellt worden. Sarybaj Kalmursajew, der korrupte Direktor des Komitees für die Verwaltung von Staatsgütern, hatte das unfertige Gebäude einer privaten Organisation unter der Bedingung zur Verfügung gestellt, dass der Bau abgeschlossen würde. Da diese Auflage nicht erfüllt worden war, beschloss ich, den Betrieb des Heims selbst zu übernehmen, da es mir am Herzen lag, den mehreren hundert Überlebenden dieser beiden schrecklichen Kriege zu helfen. Ich sah dies als meine Pflicht an. Ich ließ also die Bauarbeiten zu Ende führen. Nun wohnen dort die Veteranen in Vollpension und genießen kostenlose medizinische Betreuung, die Kosten trägt die Stadtverwaltung. Als Tüpfelchen auf dem i behalten sie auch ihre Rente! Als Nasarbajew das Heim besuchte, versammelten sich alle Veteranen im Konzertsaal. Und der Präsident sagte doch tatsächlich: „Khrapunov hat für euch den kommunistischen Traum verwirklicht!" Für den Westen gehören solche Hospize, Heime oder Schulen zur Tagesordnung, doch die Einwohner der postsowjetischen Staaten, einschließlich Kasachstan, sind sich sehr wohl bewusst, dass der bei uns herrschende hemmungslose Kapitalismus sich keinen Deut um die Alten, Schwachen und Kranken kümmert. Das Veteranenheim und das Hospiz für

Krebskranke sind einzigartig im gesamten postsowjetischen Raum. Ich hoffe, damit meinen Beitrag zugunsten derjenigen Menschen geleistet zu haben, die im Regime von Nasarbajew unter die Räder gekommen sind.

Einer meiner größten Erfolge ist der Wiederaufbau des Opernhauses von Almaty, das nach dem großen Philosophen und Nationaldichter Abai benannt ist. Hier eine Zusammenfassung der Geschichte. In der Mitte der 1990er Jahre schrieb die Regierung die Sanierung des Opernhauses aus, das während des Zweiten Weltkriegs entstanden war, als sich hunderttausende, aus dem europäischen Teil der UdSSR evakuierte Personen in Almaty niederließen. Ein deutsches Unternehmen unter der Leitung von jugoslawischen Staatsangehörigen gewann den Wettbewerb. Es erhielt ein Budget von 5 Millionen Dollar für die Bauarbeiten. Leider nutzte es diese Summe schlecht und ersetzte eigentlich nur das Dach mit minderwertigen Materialien. Zwei Jahre später ging die Firma bankrott, das Geld verschwand auf Nimmerwiedersehen. Ab diesem Zeitpunkt unternahm die Regierung nichts mehr, unter anderem auch, weil die Hauptstadt ja nach Astana verlegt werden sollte.

Kurz nach meiner Ernennung beschloss ich zu handeln. Für das Ansehen der südlichen Hauptstadt war ein repräsentatives Opernhaus wichtig. Als Nasarbajew eine Reise nach Almaty ankündigte, bat ich die präsidiale Administration, einen Besuch in der damaligen Oper auf sein Programm zu setzen. Seine Leute wollten ihm den Anblick des halb zerfallenen Gebäudes ersparen, doch ich bestand hartnäckig darauf. Nasarbajew begriff, in welch skandalösem Zustand sich das berühmte Theater befand, und so erhielt ich endlich den für die Renovierung erforderlichen Kredit mit Regierungsgarantie. Das erneuerte Opernhaus wurde im Jahr 2000 eingeweiht und gilt bis heute als ein Juwel im Kulturleben unserer Stadt.

Ich ließ auch weitere Theater- und Konzerthäuser bauen oder umgestalten, zudem entstanden moderne Kinosäle mit Dolby-Stereo-Sound, das historische Zirkusgebäude wurde restauriert. Die Stadtverwaltung erwarb Immobilien, um das koreanische und das deutsche Theater sowie das russische Kindertheater unterzubringen, sie ließ auch die Häuser des uigurischen und des russischen Drama-Theaters renovieren. Für die aus zahlreichen Ethnien zusammengesetzte Bevölkerung von Almaty garantierte dies ein friedliches Nebeneinander und den Respekt der Behörden gegenüber allen Einwohnern. Im Sportpalast ließ ich eine Eisbahn installieren, sodass das neues Eishockey-Team trainieren konnte. Später fanden hier internationale Wettkämpfe statt.

Das ökologische Gleichgewicht war mir ein besonderes Anliegen. Zur Verbesserung der Luftqualität musste man die Staus auf den Straßen reduzieren und den öffentlichen Verkehr fördern. Ich ließ die U-Bahn weiter ausbauen, trotz der gegenteiligen Meinung der Regierung; ich beschloss die Einführung von Oberleitungsbussen, weil dieses Transportmittel als ökologisch unbedenklich gilt; es entstanden auf meine Anordnung mehrere unterirdische Parkhäuser (die es früher nicht gab), mehrere Kreuzungen und Kreisel, Dutzende Kilometer neue Straßen, Autobahnen und ein Teil der Stadtumfahrung.

Bei der Schaffung neuer Grün- und Blumenanlagen entwickelte ich einen geradezu leidenschaftlichen Fimmel. Jedes Jahr wurden an den großen Straßenarterien der Stadt wunderbare Blumenbeete angelegt. Ich ließ den seit zwanzig Jahren brach liegenden „Süd-Park" säubern und neu bepflanzen, so dass er sehr schnell wieder zu einem von den Stadtbewohnern geschätzten Aufenthaltsort wurde. Es gelang mir sogar, der Region ein Stück Land abzuluchsen, auf dem Immobilienhaie Wohn- und Bürotürme errichten wollten. Stattdessen schufen wir auf diesem Gelände einen neuen Park mit 74 Hektar, den wir kurz vor dem Jahr 2001 auf den Namen „Park des 21. Jahrhunderts" tauften. Später wurde er von gewissen Speichelleckern umbenannt in „Park des Ersten Präsidenten". Dort steht auch die erste Statue von Nasarbajew – noch zu seinen Lebzeiten! Egal, ich bin stolz darauf, diesen Park geschaffen zu haben, der heute noch als die grüne Lunge von Almaty gilt.

Ich kann mich auch rühmen, die Stadt europäisiert zu haben. Die Avenue Ablai-Khan symbolisiert das neue Gesicht von Almaty. Nach dem Neubau mit Hilfe modernster deutscher Technologie strömten die Schaulustigen herbei, um den Straßenbelag zu testen, auf dem man wie auf einer europäischen Autobahn dahinglitt, und um den Pflanzenschmuck und die Blumenrabatten zu bewundern. Doch in Europa ist es auch üblich, behinderte Menschen zu respektieren. Ich führte ein Programm ein, das eine verbesserte Behindertenmobilität anstrebte. Zum ersten Mal im postsowjetischen Raum ordnete ich die Schaffung gesonderter Wege für Rollstuhlfahrer an.

Ich würde mich ganz ohne falsche Bescheidenheit als guten Verwalter bezeichnen. Deswegen reagierte ich begeistert auf den Vorschlag des Präsidenten, mich zum Premierminister zu ernennen. 2002 traf Nasarbajew in Almaty ein, um das Fest am Ende des Ramadan zu begehen. Ich bereitete einen schönen Empfang in einem Restaurant vor, der Präsident war zufrieden und entspannt. Im Laufe des Abends fragte er mich unter vier Augen, ob ich Premierminister werden wolle. Ich antwortete, ich sei sehr glücklich, in Almaty zu arbeiten, wo noch viel zu tun bliebe, um die südliche Hauptstadt in eine moderne, fortschrittliche Metropole zu verwandeln. Ich betonte aber auch, meine Ernennung zum Premierminister liege in seiner Hand, und dass ich, wenn er sich dazu entschlösse, mein neues Amt äußerst verantwortungsvoll wahrnehmen würde. Ich fügte hinzu, dass ich ihm im Falle meiner Ernennung das Leben erleichtern könnte, indem ich ihm zahlreiche technische Probleme abnehmen würde. Ich fühlte mich bereit für diese Aufgabe, außerdem – das will ich nicht leugnen – hatte ich auch große Lust darauf.

Der Präsident umarmte mich, bot mir einen Platz an seiner Seite an und sprach gut vierzig Minuten lang mit mir. Er stellte viele Fragen, und ich antwortete ganz aufrichtig, einschließlich einer recht kritischen Einschätzung der Arbeit von Imangali Tasmagambetow[54]. In der Zwischenzeit waren fast alle anderen Gäste gegangen, und der Präsident bat mich, ihn zu seiner Residenz zu begleiten. Er lud auch zwei weitere Personen ein: Achmed Mestojew, den kasachischen Handelsattaché in Russland, und Temirchan Dosmuchambetow, den Chef seines administrativen Dienstes. In der Residenz führten wir ein offenes Gespräch über Innenpolitik, Bauplanung, die Zivilgesellschaft und einige andere Themen.

Plötzlich stand der Präsident auf und sagte: „Ich schlage vor, dass wir alle einen Treueschwur leisten, den wir mit unserem Blut besiegeln.“ Wir zuckten zusammen. Mestojew holte ein Messer, um unsere Finger einzuritzen. Doch der Präsident hielt ihn auf: „Das werden wir nicht tun. Wir nehmen Brot und Wein, wie die Jünger Jesu.“ Wir tunkten also Brot in ein Glas Wein und der Präsident sprach folgende Worte: „Ich selbst und wir alle geloben Treue gegenüber allen hier Anwesenden. Wir versprechen, nie etwas gegeneinander oder gegen unsere Kinder, Kindeskinder und unsere Familien zu unternehmen. Derjenige, der diesen Schwur bricht, soll sterben.“ Angesichts dieser Rede standen mir die Haare zu Berge. Dabei hatte ich nicht sofort begriffen, weshalb Nasarbajew den Schwur nicht mit Blut besiegeln wollte, wie es die jahrtausendealte orientalische Tradition verlangt. Viel später wurde mir klar, dass er sich tatsächlich für Jesus hielt, für Gott. Nicht mehr und nicht weniger.

In jenem Moment nahm ich das feierliche Gelöbnis ernst, obwohl es nur Lug und Trug war. Wegen dieser grotesken Szene fühlte ich mich lange Jahre verpflichtet, zu schweigen und die Verbrechen des Regimes nicht öffentlich anzuprangern. Heute, mit dem nötigen Abstand, frage ich mich erstaunt, wie ich Nasarbajew vertrauen konnte. Es grenzt an ein Wunder, dass ich diese

54. Premierminister vom 28. Januar 2002 bis zum 11. Juni 2003.

Farce wirklich ernst nahm! Weil der Präsident selbst an seinen engsten Mitarbeitern zweifelte, zwang er sie alle, solche Gelöbnisse abzulegen, um sich später ihrer entledigen zu können, sie mit Füßen zu treten, sie in die Namenlosigkeit zu verbannen und ihnen Hab und Gut und die Freiheit zu nehmen. 2003 erhielt die Presse der Opposition (oder vielmehr was von ihr übrig war) Wind von einer geheimen Zusammenkunft, an der der Präsident die Liste seiner Vertrauensleute erstellt haben soll. Sie umfasste in erster Linie seine Familie und einige wenige auserwählte Freunde.

Es ist zweifellos kaum möglich, die sehr eigenwillige Denkweise von Nasarbajew zu verstehen, ohne die Struktur der traditionellen kasachischen Gesellschaft zu kennen. Sie ist in drei Gruppen von Clans aufgeteilt, die *Schus*, die den Nachkommen von drei sagenumwobenen Brüdern entsprechen. So unterscheidet das kasachische Gesellschaftssystem zwischen Älterer, Mittlerer und Jüngerer Schus. Dazu kommen die *Tore* (Nachkommen von Dschingis Khan, die vor der sowjetischen Ära die herrschende Schicht bildeten) und die *Koscha* (Nachkommen der islamischen Heiligen). Der Präsident und seine Familie gehören der Älteren Schus, jedoch einem kleinen Clan namens *Schapyraschty* an, der bei den Traditionalisten kein besonders hohes Ansehen genießt. Ein Grund mehr für Nasarbajew, nur den Seinen wirklich zu vertrauen. Daher umgibt er sich gern mit Personen, die seinem eigenen Clan entstammen, wie Nourtaj Abykajew, der Schlüsselstellen besetzte und Chef der präsidialen Administration und erster stellvertretender Außenminister, Präsident des Senats und Chef des KNB war; Achmetschan Essimow, der Neffe des Präsidenten, der u. a. als stellvertretender Premierminister und Landwirtschaftsminister fungierte und zurzeit das Amt als Bürgermeister von Almaty bekleidet; Adil Schajachmetow, ehemaliger Chef des KNB; oder Serik Umbetow, früherer Landwirtschaftsminister und Gouverneur der Region Almaty, aktuell Chef des administrativen Dienstes des Präsidenten. Dies heißt natürlich nicht, dass eine Person aus einem anderen Clan oder gar einer anderen Schus nicht hoffen darf, in das engere Umfeld des Präsidenten aufgenommen zu werden. Die steile Karriere von Imangali Tasmagambetow, welcher der Jüngeren Schus angehört, beweist dies. Doch die Ausnahme bestätigt eigentlich die Regel.

Ein ethnischer Russe wie ich besaß jedenfalls unabhängig von der Dauer seiner Verwurzelung, seiner Integration und seinem patriotischen Denken keinerlei Aussicht auf Aufnahme in den innersten Kreis. Und diese Tendenz zu „ethnischen Reinheit" verstärkt sich immer mehr. Heute gibt es in Kasachstan nur noch einen einzigen Minister, der nicht zur vorherrschenden Volksgruppe gehört: Es ist KNB-Generalleutnant Vladimir Bojko, der nach meinem Rücktritt 2007 zum Minister für Notsituationen ernannt wurde. Heute gehört kein einziger anderer Gouverneur, kein Bürgermeister, kein Staatsanwalt oder Gerichtspräsident der Region, kein hoher Beamter des Innenministeriums oder der Steuerpolizei einer anderen Ethnie an.

Doch dies war nicht der einzige Beweggrund des Präsidenten, mich ungeachtet seines Versprechens nicht zum Premierminister zu machen. Der damalige erste stellvertretende Premierminister Kasachstans, Alexander Pawlow, ein weiterer ethnischer Russe, erzählte mir, Nasarbajew habe zwischen mir und Danial Achmetow, dem Gouverneur der Region Pavlodar, geschwankt. Er fragte einige Personen seines nächsten Umfelds meinetwegen um Rat mit dem Hinweis, dass er mich als Premierminister in die „Staatsgeheimnisse" würde einweihen müssen. Als Entscheidungshilfe veranstaltete er sogar eine Lotterie mit unseren beiden Namen, und bat auch seine Frau Sara, sich zu beteiligen. Beide Male gewann das Los mit meinem Namen.

Ungeachtet dieses Resultats ließ Nasarbajew seinem Vorschlag keine Taten folgen. Neben meiner ethnischen Abstammung störten ihn bestimmt auch mein Widerspruchsgeist und meine wiederholten Versuche, die Plünderung des Eigentums von Stadt und Nation durch seine Angehörigen zu verhindern. So wurde im Juni 2003 Danial Achmetow ernannt. Ich wirkte nach diesem Abend in der präsidialen Residenz von Almaty im November 2002 weitere zwei Jahre als Bürgermeister. Im Dezember 2004 drehte sich das Rad meines Schicksals dann erneut weiter.

Jahre des Abschieds von Kasachstan

Ab Anfang 2004 wurde mein Verhältnis zum Präsidenten und zu gewissen Personen seines Umfelds immer angespannter. Ich erinnere mich insbesondere an einen Konflikt mit Nasarbajew.

Es geschah im März. Bei einem Skiunfall in Tschimbulak hatte ich mir einen Bänderriss im rechten Knie zugezogen. Ich lag zu Hause im Bett, als der Präsident anrief:

- „Leidest du große Schmerzen, Viktor?"
- „Ja, aber da muss ich jetzt durch. Es ist allein mein Fehler. Meine Frau wollte nicht, dass ich skifahren gehe, und ich habe nicht auf sie gehört."

Soweit der Austausch der üblichen Höflichkeiten. Doch der Präsident fährt fort.

- „Timur [Kulibajew] ist bei mir. Du musst ihm APC[55] überschreiben."

Dieser Vorschlag machte mich sprachlos. Meine Verblüffung lässt sich nur durch die Vorgeschichte erklären: Es geht um die belgische Gesellschaft Tractebel in Kasachstan. In Kapitel 4 habe ich bereits berichtet, wie dieses Unternehmen auf den kasachischen Markt gelangte und im Jahr 1996 APC erwarb, offiziell für 5 Millionen Dollar, wobei das Zehnfache dieser Summe in Form von Schmiergeldern bezahlt wurde, wahrscheinlich an das Umfeld von Nasarbajew, während ich von den Verhandlungen ausgeschlossen worden war. Mir war es immerhin gelungen, Tractebel zu einer Investition von 630 Millionen Dollar in die Modernisierung der Anlagen zu verpflichten; letztendlich hatte das Unternehmen aber nur die Stromtarife erhöht und ihr Investitionsversprechen vergessen. Deshalb schrieb ich im Jahr 2000 einen Brief an den Präsidenten, in dem ich ihm die Auflösung des Vertrags ans Herz legte. Ich verlangte zudem, APC wieder in den Zuständigkeitsbereich der Stadtverwaltung von Almaty zu geben. Der Präsident erklärte sich mit allem einverstanden, stellte aber eine Bedingung: Ich sollte Tractebel 50 Millionen Dollar, d. h. die Summe der bezahlten Schmiergelder, zurückerstatten, und zwar aus

55. Die Abkürzung steht für „Almaty Power Consolidated". Dieses Unternehmen ist für die gesamte Stromversorgung von Almaty zuständig. Nach der Privatisierung 1996 hieß es „Almatyenergo".

der Stadtkasse. Diese Bestechungsgelder waren natürlich nie offiziell erwähnt worden. Ich beschloss, mich dumm zu stellen. Ich suchte den Premierminister auf (dies war bereits Kassym-Schomart Tokajew[56]) und fragte ihn:

- „Die Belgier haben damals 5 Millionen Dollar bezahlt, warum soll ich ihnen nun 50 Millionen zurückerstatten?"
- „Darüber wird nicht diskutiert", erwiderte er, „diese Frage wurde bereits entschieden. Wenn du willst, dass APC wieder Eigentum der Stadt wird, zahl einfach!"

Für das Budget der Stadt war dies ein harter Schlag; wir konnten uns einen solchen Betrag nicht leisten. Ich musste komplizierte Verfahren einleiten, um Bankkredite zu beantragen und Tractebel auszuzahlen. In der Folge wurde ich mehrfach unter Druck gesetzt. Es sollte der Stadt unmöglich gemacht werden, die Kredite zu tilgen, die sie aufgenommen hatte; damit versuchte man sie zu zwingen, APC zu einem Schleuderpreis abzutreten. Zum Zeitpunkt meines Gesprächs mit dem Präsidenten im März 2004 hatte ich es endlich geschafft, mit Hilfe der Depfa Bank eine Restrukturierung unserer Schulden zu erreichen: Die Bank hatte sich bereit erklärt, dem Bürgermeisteramt ein Darlehen über 40 Millionen Dollar zu gewähren. Falls Timur Kulibajew sich APC unter den Nagel reißen wollte, musste er meiner Ansicht nach der Stadt mindestens dieses Darlehen finanzieren, was der Schwiegersohn des Präsidenten natürlich ablehnte.

Der Präsident zog sich, wie üblich, geschickt aus der Affäre. Am 9. Dezember 2004 setzte er mich als Bürgermeister von Almaty ab und ernannte mich zum Gouverneur der Region Ost-Kasachstan. Und sobald ich meinen Posten geräumt hatte, schlug der neue Bürgermeister, Imangali Tasmagambetow, eine Umstrukturierung von APC vor. Das Unternehmen kam unter die Leitung von Timur Kulibajew.

Dieser Konflikt mit Timur gesellte sich zu mehreren anderen, bereits erwähnten Unstimmigkeiten, wie beispielsweise seinem Versuch, den Flughafen von Almaty, für dessen Wiederaufbau ich gesorgt hatte, für sich zu beanspruchen. Parallel dazu kam es im selben Jahr 2004 zu einem heftigen Zusammenstoß zwischen mir und Dariga, der ältesten Tochter des Präsidenten. Nach dem missglückten Staatsstreich von 2001 hatte Nasarbajew Darigas Ehemann Rachat Alijew zum Botschafter in Österreich ernannt[57]. Dariga reiste nun regelmäßig zwischen Österreich und Kasachstan hin und her, wo

---

56. Premierminister von Oktober 1999 bis Januar 2002.
57. Vgl. Ausführungen im Kapitel *Die Angriffe Darigas*, S. 104.

sie 2003 die Partei *Asar* („Zusammen") gründete, deren Programm sich in fast allen Punkten mit der politischen Linie von Nasarbajew persönlich deckte und deren Präsidentin sie wurde. Doch warum eine neue Partei, die derjenigen an der Macht namens *Otan* („Die Heimat") so ähnlich war? Ein vom Präsidenten persönlich gefordertes Ablenkungsmanöver, um die Illusion eines Mehrparteienstaats aufrechtzuerhalten? Oder sollte es sich dabei um den Wunsch von Dariga handeln, eine eigene politische Organisation zu besitzen? Jedenfalls konnte sich kein Gouverneur der Tochter des Präsidenten widersetzen, die sehr schnell regionale Sektionen ihrer Partei ins Leben rief. Niemand wusste mehr, was zu tun war: Sollte man die Präsidentenpartei *Otan* unterstützen oder sich Darigas Partei *Asar* zuwenden? Der künstlich produzierte Erfolg von *Asar*, der ausschließlich auf dem raffinierten Kalkül Nasarbajews und seiner Nachsichtigkeit gegenüber seiner Tochter beruhte, stieg Dariga jedenfalls zu Kopf. Sie schien erneut den Ehrgeiz zu verspüren, die Macht im Staat an sich zu reißen.

Zwei oder drei Monate vor den im Oktober 2004 geplanten Parlamentswahlen suchte sie mich mit einer absurden Bitte auf. Dazu muss man erwähnen, dass die Stadt Almaty im Unterhaus des Parlaments von Kasachstan durch fünf Abgeordnete vertreten ist. Und nun verlangte Dariga, ich solle es als Bürgermeister doch einrichten, dass alle fünf Sitze den Kandidaten ihrer Partei *Asar* zufielen. Ich antwortete ihr, ich könne nichts für sie tun. Sie solle doch einfach eine effiziente Wahlkampagne lancieren, um bei den Bürgern genug Stimmen für ihre Kandidaten zu gewinnen. Dariga verließ mein Büro grußlos und knallte die Tür hinter sich zu.

Ich informierte den Präsidenten über den Besuch seiner Tochter und ihre Forderungen. Er seufzte nur und gestand, er befinde sich in einer heiklen Situation, da die Ambitionen Darigas völlig unsinnig seien. Der Chef der präsidialen Administration, Imangali Tasmagambetow[58], rief regelmäßig die Bürgermeister aller Städte zusammen und verlangte, die Partei *Otan* müsse bei den Wahlen mindestens 70 % der Sitze erhalten. Er drohte den Politikern sogar mit der Behauptung, ihre Eignung zum Regieren werde anhand ihrer Fähigkeit beurteilt, die erwarteten Ergebnisse zu erzielen.

An dieser Stelle möchte ich kurz erklären, wie die Bürgermeister, ich eingeschlossen, mit der Bevölkerung zusammenarbeiteten. Wir wandten eine ganz einfache Methode an, die zum Teil noch aus der Sowjetzeit stammte und an die neuen Umstände angepasst worden war. Vor jeder Wahl ernannte der

---

58. Er besetzte diesen Posten von März bis Dezember 2004 und wurde danach zu meinem Nachfolger als Bürgermeister von Almaty.

Bürgermeister in jedem Quartier der Stadt einen Verantwortlichen, der seinerseits die für jedes Haus zuständigen Personen berief. Letztere besaßen Tabellen („Schachbrett“ genannt) mit einem Kästchen für jede Wohnung. Sie kannten die Probleme jeder Familie in ihrem Sektor. Vor den Wahlen half man den Leuten: Man versorgte den einen mit 5 kg Mehl, den anderen mit 5 kg Fleisch, damit er für die von uns gewünschten Kandidaten stimmte. Zur Kontrolle gab man dem jeweiligen Bürger einen bereits ausgefüllten Stimmzettel. Am Tag der Wahl legte er ihn in die Urne und brachte dem Zuständigen einen leeren Zettel aus dem Wahlbüro zurück. Dieser Zettel wurde wiederum ausgefüllt und dem nächsten in die Hand gedrückt, und so weiter. Wir nannten dieses System den „Knoten“. Im Unterschied zur Sowjetzeit gab es keine Strafe für jene, die nicht für die designierten Kandidaten stimmen wollten, doch dies kam sowieso nur selten vor. Bei den meisten Menschen reichte ein kleiner materieller Vorteil oder gar ein warnendes Wort aus, damit sie „richtig“ wählten.

Ich setzte also meine „administrativen Ressourcen“, d. h. diese Armee von Quartierverantwortlichen, nicht ein, um die Wahlen zugunsten von Darigas Kandidaten zu beeinflussen. Und die Ergebnisse fielen nicht sehr erfreulich für sie aus: Von den fünf Sitzen der Stadt fielen drei an Parteimitglieder von *Otan*, einer an den Kandidaten der (präsidentenfreundlichen) Bürgerpartei und nur ein Sitz an den Kandidaten von Asar. Dariga schäumte vor Wut. Nach den Wahlen feierte die Familie des Präsidenten bei ihm zu Hause seinen Sieg. Und in diesem privaten Kreis erklärte Dariga – so wurde mir zugetragen –, ich hätte ihre Pläne sabotiert und sie würde mir das nie verzeihen. Einer der Anwesenden konnte sich die Frage nicht verkneifen:

- „Wer hat denn letztendlich den Sieg davongetragen? Die Partei *Otan*? Das bedeutet doch, dass dein Vater gewonnen hat! Khrapunov hat sich in diesem Fall vorbildlich für den Präsidenten eingesetzt.“
- „Ganz egal, für wen er sich einsetzt“, erwiderte Dariga. „Für mich ist er ab sofort mein größter politischer Feind.“

Gouverneur von Ost-Kasachstan

Am 8. Dezember 2004 rief mich der Präsident abends an:

- „Hallo, Viktor.“
- „Guten Abend, Nursultan Abischewitsch.“
- „Was würdest du sagen, wenn ich dich bäte, ein neues Amt anzunehmen?“

– „Ich möchte meinen Posten behalten. Sie wissen sehr wohl, dass ich große Darlehen von der Depfa Bank erhalten habe – fast 8 Milliarden Dollar –, und dass ich gegenwärtig in mehrere Bauprojekte der U-Bahn und in die Sanierung des Stromnetzes von Almaty investiere. Gestatten Sie mir, diese Projekte zu Ende zu bringen?"
– „Nein, ich brauche dich im Hinblick auf die Präsidentschaftswahlen von 2005. Ost-Kasachstan ist eine sehr heikle Region. Ich bitte dich daher, ein Jahr dort als Gouverneur zu amten. Du kümmerst dich um die Wahlen, danach arbeitest du an meiner Seite in Astana."
– „Darf ich mein Amt wenigstens bis Ende des Jahres behalten?"
– „Nein, das darfst du nicht. Ich komme morgen früh zu dir nach Almaty, hol mich am Flughafen ab."

Am nächsten Tag empfing ich ihn am Flughafen. Während der Fahrt sagte er in entschuldigendem Ton: „Viktor, die Lage im Osten des Landes ist extrem kompliziert. Du weißt doch, der Gouverneur ist schwach, er wird die Wahlen in den Sand setzen. Ich brauche dort eine starke Hand, um das Ruder herumzureißen."

Nasarbajew war effektiv auf einen Krisenmanager angewiesen, um die Region Ost-Kasachstan zu retten. Doch meine Ernennung war, wie bereits erwähnt, vor allem eine praktische Lösung, um seiner Tochter Dariga und seinem Schwiegersohn Timur Kulibajew entgegenzukommen, die mich loswerden wollten. Dennoch bin ich nach wie vor überzeugt, dass mich der Präsident damals noch sehr schätzte. Dies waren seine Worte an jenem Tag: „Viktor, du bist mein Freund und treuer Gefährte. Du hast mich nie reingelegt, ich vertraue dir. In der Politik hast du großen Einfluss und ich danke dir für deine Arbeit in Almaty. Du bist aber der Einzige, der die Probleme im Osten lösen kann."

Welche Probleme meinte der Präsident eigentlich? Erstens wohnen in den Industriestädten dieser Region heute fast nur ethnische Russen, die vom Zwang zur kasachischen Sprache in der Verwaltung nicht begeistert waren. Nehmen wir zum Beispiel die größte Stadt der Region, Ust-Kamenogorsk. Zur Zeit meiner Ernennung zählte sie 316 000 Einwohner, davon waren 76 % russischsprachig. In einigen kleineren Städten wie Ridder[59] fiel das Verhältnis noch unausgewogener aus: Von rund 55 000 Einwohnern waren nur 10 % ethnische Kasachen, 85 % waren Russen. Letztere reagierten natürlich ablehnend, ja schon fast allergisch auf die Tatsache, dass alle Mitarbeitenden der

59. Die Stadt ist nach dem russischen Militäringenieur Filip Ridder benannt, der hier bedeutende Rohstoffvorkommen entdeckte.

Ordnungsdienste und des Rechtssystems ethnische Kasachen waren. Nasarbajews Reformen – dazu gehörte die ausschließliche Verwendung von Kasachisch für alle offiziellen Plakate und Dokumente –, die ihm Leute eingeredet hatten, die sich zwar als Demokraten ausgaben, in Wirklichkeit aber knallharte Nationalisten waren, wurden von den Russischsprachigen vehement abgelehnt. Was blieb jenen übrig, welche die Sprache nicht beherrschten? Sollten sie zurück nach Russland ziehen, wo die meisten von ihnen nie gelebt hatten und wo niemand auf sie wartete? Ich erinnere daran, dass die kasachische Sprache zu den Turksprachen gehört und mit Russisch nichts gemein hat, da dies eine slawische Sprache aus der indoeuropäischen Familie ist. Es ist für einen Russen ebenso schwierig, Kasachisch zu lernen, wie für einen Franzosen Türkisch.

Dazu kam die unerfreuliche wirtschaftliche Lage in dieser Region. Jede Stadt war auf die lokale Industrie angewiesen, um zu überleben. Zahlreiche Städte und Ortschaften waren um eine Fabrik oder ein Kombinat herum gebaut, wo fast die gesamte Bevölkerung mit Arbeit versorgt wurde. Da mehrere Fabriken nun stillgelegt waren, herrschte in den Städten große Not. Die Menschen hatten keine Arbeit mehr und erhielten keinen Lohn. In den Jahren 1997 bis 2003 war die Region von Vitali Mette regiert worden, einem Wissenschaftler, der sich als hoch qualifizierter Manager bewährte und einen ausgezeichneten Ruf genoss. Doch er war mit Nasarbajew aneinandergeraten und musste sein Amt niederlegen. Sein Nachfolger war Talgatbek Abaibildin, ein Politiker, viel schwächer als seine Mitarbeitenden, die ihm auf der Nase herumtanzten. Innerhalb weniger Monate hatte Abaibildin engste Verbindungen zur Mafia geknüpft und bot einem berüchtigten Gauner sogar den Posten als Chef seiner Administration an. Kurz, die Macht war von Korruption und dubiosen Geschäften geprägt, was viele Einheimische erboste. Es schien offensichtlich, dass Abaibildin die nächsten Wahlen „in den Sand setzen“ würde, wie sich der Präsident ausdrückte.

Doch warum diese Eile? Warum sollte ich mein neues Amt so plötzlich antreten? Viel später begriff ich, dass der Präsident neben der APC-Affäre wahrscheinlich die Möglichkeit einer „Farbrevolution“ fürchtete. Der Gedanke, zum Zeitpunkt der Präsidentschaftswahlen mit einer Massenbewegung konfrontiert zu sein, die einen Kandidaten aus dem Volk an die Macht bringen wollte, war ihm zuwider. Die erste Revolution dieser Art im postsowjetischen Raum, die Rosenrevolution von November 2003 in Georgien, hatte Nasarbajew wahrscheinlich noch nicht sonderlich beeindruckt, denn es handelte sich um ein kleines Land nach einem langen Bürgerkrieg; doch Ende

November 2004 wiederholte sich dieses Schreckensszenario eines autoritären Regimes in der Ukraine, wo während der Orangenen Revolution mehrere hunderttausend Bürger in Kiew und im ganzen Land auf die Straße gingen und protestierten. Ich denke, er wollte eine solche Gefahr rechtzeitig aus der Welt schaffen.

Ich ließ also Leila mit dem kleinen Daniel in Almaty zurück (sie sollte später nach Ust-Kamenogorsk nachkommen) und kehrte in die Region heim, wo ich meine Kindheit verbracht hatte. Ich bedauerte es natürlich, so überstürzt aus Almaty abreisen zu müssen, doch gleichzeitig freute ich mich, in die außerordentlich schöne Gegend Kasachstans zu ziehen, die vielen Besuchern aus dem Ausland unbekannt ist. Sie ist es wert, kurz erwähnt zu werden.

Ost-Kasachstan grenzt an China und Russland und liegt im Flussbecken des Irtysch. Die Region umfasst eine Fläche von 283 000 km² und weist eine abwechslungsreiche Geografie auf: Es gibt hier hohe Berge, reissende und tiefe Flüsse, Schluchten, wunderschöne Seen, Heilquellen, Alpweiden, aber auch Taiga, Steppe und sogar Wüstenzonen. Meines Wissens gibt es keine andere Region auf der Welt, die so viele verschiedene herrliche Landschaften in mehreren Naturreservaten umfasst. Diese Naturschönheit wird überragt vom höchsten Gipfel des Altai-Gebirges, dem dreiköpfigen Belucha (4506 m).

Ganz besonders ins Herz geschlossen habe ich den See Markakol, der dem Baikalsee in nichts nachsteht. Er liegt in den Ausläufern des Altaigebirges auf fast 1 500 m über Meer, ist 35 Kilometer lang und 19 km breit. Es gibt hier über 230 Vogelarten, 50 Tierarten und knapp 1 000 Pflanzenarten. Wunderbar!

Im Unterschied zu weiten Teilen Kasachstans, die sehr unwirtlich sind, wurde Ost-Kasachstan bereits im Altertum von Menschen besiedelt. Hier preschten verschiedene Nomadenhorden aus der Mongolei und Südsibirien vorbei und zogen an die Wolga und später an das Schwarze oder das Kaspische Meer oder ans Mittelmeer. Dschingis Khan und der große Tamerlan durchquerten diese Gegend immer wieder mit ihren Armeen. Karawanen mit exotischen Waren folgten hier der nördlichen Route der großen Seidenstraße.

Gott schenkte Ost-Kasachstan nicht nur eine außergewöhnliche Landschaft, sondern auch unglaubliche Bodenschätze. Die Region ist besonders bekannt für ihre Vorkommen an Nichteisenmetallen wie Kupfer, Blei, Zink, Silber und anderen Erzen sowie für ihre Goldminen. Der Teil des Altai-Gebirges, der sich in Ost-Kasachstan befindet, wird oft „Erzhaltiger Altai" genannt. Dieser Überfluss an Bodenschätzen verleiht den Bergen und Felsen ungewöhnliche, fast märchenhafte Farben.

Die Wirklichkeit, die ich antraf, war leider weit weniger märchenhaft. In der Region musste alles neu aufgegleist werden: In erster Linie hatte ich eine Reihe von zwielichtigen Beamten zu ersetzen und ein eigenes Team zusammenzustellen. Auch da versuchte Dariga Nasarbajewa erneut, mir einen ihrer Leute aufzudrängen, um mich besser zu kontrollieren. Gleich nach meiner Ernennung verlangte sie, dass ich Adylgazy Bergenew, einen Inspektor der präsidialen Administration, als ersten Assistenten einstellte. Nachdem ich den Mann bei einem Aufenthalt in Astana kennen gelernt hatte, bat ich das Innenministerium, sein Dossier zu prüfen. Diese Überprüfung erfolgt zwingend bei der Besetzung einer Führungsstelle der öffentlichen Hand. Zum Leidwesen Darigas riet mir das Innenministerium von seiner Ernennung ab, und zwar wegen seiner Beziehungen zur Unterwelt und seiner Verwicklung in diverse Korruptionsaffären. Ich erklärte dies der Tochter des Präsidenten, und sie hatte nun einen weiteren Grund, mich zu hassen! Schließlich wurde mein Nachfolger als Gouverneur von Ost-Kasachstan, Janybek Karibschanow, von Dariga gezwungen, Bergenew einzustellen und später den Sitz als Gouverneur der Region an ihn abzutreten (er blieb zwischen 2008 und 2009 insgesamt zehn Monate im Amt, bevor er geschasst wurde).

Doch eigentlich geht es ja um mein eigenes Mandat. Die Aufgabe, die in Ost-Kasachstan auf mich wartete, lastete schwer auf mir. Ungeachtet des Bergbaus und der Fabriken, die 20 % der industriellen Produktion des Landes ausmachten, bildete diese schöne Region das Schlusslicht bezüglich des Entwicklungsstandards in Kasachstan. Die Nahrungsgüterindustrie kämpfte mit Schwierigkeiten, KMU gab es kaum. Darüber hinaus kontrollierte die Familie des Präsidenten die meisten Unternehmen in Ost-Kasachstan: Jene, die zu Kaztsink und Kazakhmys gehörten (Riesenkonzerne für die Förderung und Verarbeitung von Nichteisenmetallen), aber auch das Titan- und Magnesiumkombinat von Ust-Kamenogorsk (TMK), die Zementwerke von Buchtarma und Semei, diverse Goldminen und viele mehr. Dadurch wurde mein Handlungsspielraum natürlich eingeschränkt, doch andererseits war ich auch weit weg vom bürokratischen Apparat der Hauptstadt und konnte Reformen auf regionaler Ebene ins Auge fassen, ohne Intrigen von Widersachern zu befürchten.

So war es mir möglich, bedeutende Summen in den Energiesektor zu investieren, um die Stromversorgung zu verbessern. Ich arbeitete zudem für die Städte der Region allgemeine Entwicklungspläne aus, vereinfachte das

Verfahren bei der Gründung von KMU, setzte mich für die Wiederbelebung der Nahrungsmittelindustrie ein, entwickelte Programme für den Bau von Sozialwohnungen und erweckte die Flussschifffahrt zu neuem Leben. Innerhalb eines einzigen Jahres verbesserte sich die Region landesweit vom letzten auf den drittbesten Platz. Und noch ein Jahr später lag sie auf dem zweiten Rang.

Meine tägliche Arbeit war nicht leicht: Ich trug die Verantwortung für eine weitläufige Region mit schwierigen klimatischen und geografischen Bedingungen, die regelmäßig von Naturkatastrophen heimgesucht wurde. Folgende Episode veranschaulicht sehr gut, mit welchen Problemen ich fertig werden musste. Anfang Oktober 2006 reiste ich nach Uralsk[60], um dort am Forum der Staatschefs und Gouverneure der Regionen an der 5 700 km langen russisch-kasachischen Grenze teilzunehmen. Anlässlich dieses Forums sollte ein wichtiges Treffen zwischen Nursultan Nasarbajew und Wladimir Putin stattfinden und über zehn umfassende Regierungsabkommen, insbesondere bezüglich Erdgas, sowie mehrere Verträge zwischen den Grenzregionen Russlands und Kasachstans unterzeichnet werden. 70 % der Handelsbeziehungen zwischen Russland und Kasachstan fanden nämlich in diesen Regionen statt, und die während des Forums von russischen und kasachischen Unternehmern veranstaltete Messe, an der meine Region optimal vertreten war, stellte einen weiteren Anreiz für die lokale Industrie dar. Auf regionaler Ebene verwirklichten wir auch Umweltschutzprojekte, zudem bekämpften wir Schmuggel und Drogenhandel, illegale Einwanderung und organisiertes Verbrechen.

Nasarbajew wusste genau, wie er seinen russischen Amtskollegen für sich einnehmen konnte: Er nutzte seine Ansprache, um Wladimir Putin tief in die Augen zu schauen und zu verkünden, 2006 werde in Kasachstan zum Gedenkjahr für den großen russischen Dichter Alexander Puschkin. Dies waren natürlich leere Worte, denn die russische Literatur hatte seit der Unabhängigkeit an Bedeutung verloren, während die kasachische Literatur und jene der Turkvölker in den Vordergrund gerückt war. Doch was versprach man nicht alles im Namen der sprichwörtlichen kasachischen Gastfreundschaft!

An diesem Tag kam ich sehr spät nach Hause und ging sofort zu Bett. Im Morgengrauen weckte mich ein Anruf. In einem Naturreservat war ein Waldbrand ausgebrochen und hatte das gesamte Dorf Begen zerstört. Es gab auch Tote. Ich begab mich umgehend per Helikopter vor Ort. Der Flug dauerte drei

60. Administratives Zentrum von West-Kasachstan.

Stunden. In der Zwischenzeit begann es zu schneien. Bei der Ankunft bot sich mir ein Bild, das direkt einem Film über den Zweiten Weltkrieg hätte entstammen können: Dort, wo das Dorf gestanden hatte, befanden sich nur noch verkohlte russische Öfen mit ihren Kaminen, da die Holzhäuser vollständig verbrannt waren. Insgesamt waren 92 Wohnhäuser, 2 Verwaltungsgebäude und rund 600 Gewerbebauten wie Scheunen, Viehställe und Schuppen ein Opfer der Flammen geworden. Das Dorf war übersät mit den Wracks von Traktoren und Mähmaschinen, verkohlten Tierskeletten und einigen menschlichen Leichen. Eine Horrorszene! Es hatten nur diejenigen überlebt, die in tiefen Kellern Unterschlupf gefunden hatten. Andere wiederum, die vor dem Feuer zu fliehen versucht hatten, waren gestorben oder hatten sich schwere Verbrennungen zugezogen.

Was war passiert? Das Feuer war ursprünglich in einem Kiefernwäldchen im Naturreservat ausgebrochen, von dort hatten sich die Flammen über den Baumwipfeln mit der unglaublichen Geschwindigkeit von 100 km/h verbreitet. Und als der Wind sich drehte, verbrannte auch das Dorf Begen unweit des Waldes, als ob es nie existiert hätte.

Ich ordnete an, alle 500 Überlebenden im Festsaal des Hauptortes zu versammeln. Alle weinten und klagten. Ich trat aufs Podium und sprach über drei Stunden lang zu den Menschen. Gemeinsam erstellten wir die Liste der Opfer. Ich versprach den Einwohnern, all jenen, die ihr Haus verloren hatten, eine neue Unterkunft zu geben. Als erstes versorgten wir die Menschen mit dem Allernötigsten, nämlich mit Kleidung, Zelten und Nahrungsmitteln. Ich schrieb einen Bericht zuhanden des Präsidenten und forderte 380 Millionen Tenge, d. h. fast 3 Millionen Dollar, um die Folgen des Brandes zu tilgen. Doch ich erhielt nur die Hälfte dieser Summe. Wie sollte ich mit einem so geringen Betrag mein Versprechen einhalten? Ich beschloss, alle Überlebenden in Semei unterzubringen, wo zwei unbewohnte Rohbauten standen. Mit den zur Verfügung stehenden Mitteln wurde der Bau beendet, außerdem konnte ich jeder Familie sogar ein paar wenige Möbelstücke, einen Kühlschrank und einen Kochherd verschaffen. Dann durften alle meine Schützlinge einziehen. Was für ein Fest! Die Menschen weinten und wollten mich alle zu sich einladen. Jede Familie, die im Feuer einen Angehörigen verloren hatte, erhielt zudem eine Million Tenge. Das war zwar nicht viel, aber doch eine wichtige Geste, die den Leuten Mut machte. Dieses Geld stammte natürlich aus dem Haushalt meiner Region ...

Die Präsidentschaftswahl 2005 und die Jagd auf die Opposition

Wie ich bereits erwähnte, zählte der Präsident auf mich, um die wirtschaftliche Situation in Ost-Kasachstan zu verbessern und ihm bei der Präsidentschaftswahl ein gutes Ergebnis zu sichern. Die Wahl fand am 4. Dezember 2005 statt, ein Jahr nach meiner Ernennung. Ich war recht zufrieden mit dem Resultat: In meiner Region hatten über 60 % der Einwohner tatsächlich für Nasarbajew gestimmt. Auf diese Weise dankten sie mir indirekt für meine Arbeit und gaben zu, dass ihr Alltag etwas leichter geworden war. Doch das offizielle Ergebnis fiel noch viel sensationeller aus: Gemäß den gefälschten Zahlen, die letztendlich in allen Regionen Kasachstans ähnlich ausgefallen waren, soll der Präsident in Ost-Kasachstan fast 90 % der Stimmen erhalten haben.

Dieser massive Wahlbetrug bewirkte scharfe Reaktionen seitens der OSZE, des US-Außenministeriums und der EU. Die Kritik betraf die Verhaftung politischer Gegner, die Konfiszierung mehrere Zeitungen der Opposition, den auf Studierende, Beamte und Militärangehörige ausgeübten Druck, „richtig" zu wählen, die Einschüchterung der Beobachter, die Undurchsichtigkeit des elektronischen Stimmenzählsystems, sowie die Wählerkarussells und andere Methoden des Wahlbetrugs.

Im Westen fragt man sich oft, weshalb Nasarbajew es für nötig hielt, die Resultate zu verfälschen. Wäre es nicht ehrenvoller gewesen, im ersten Durchgang mit 60 oder 70 % der Stimmen gewählt zu werden, als mit einem Ergebnis von 90 % zu prahlen, wie es nur in Diktaturen vorkommt? Doch jene, die diese Frage stellen, verkennen die Mentalität des Präsidenten. Im Laufe der Jahre ist es ihm gelungen, einen eigentlichen Personenkult um sich selbst zu schaffen, wie er in Titeln wie „Erster Präsident" und „Führer der Nation" zum Ausdruck kommt. Er ist, wie alle anderen Diktatoren, davon überzeugt, dass er als unbestrittener Staatschef die bedingungslose, ungeteilte Unterstützung der Bevölkerung braucht. Bei der Präsidentschaftswahl 2011 erzielte er das Traumergebnis von 95,5 %, was die unheilvolle Entwicklung seines Regimes deutlich bestätigt.

Die Atmosphäre, die vor und nach dieser Präsidentschaftswahl herrschte, ist einer ausführlichen Beschreibung wert, ich möchte insbesondere von meinem ehemaligen Vorgesetzten in Almaty berichten, der von 1985 bis 1994 für die Stadt zuständig war. Zamanbek Nurkadilov wurde 2001 zum Direktor des

Amts für Notsituationen ernannt (das später in ein Ministerium umgewandelt wurde) und im April 2004 völlig unerwartet entlassen. Warum? Er hatte in die Opposition gewechselt und eine „öffentliche Kommission" gegründet, welche die Aktivitäten von Nasarbajew untersuchen sollte. Ihr gehörten mehrere Mitglieder der Oppositionsbewegung *DVK* („Demokratische Option Kasachstans")[61], der kommunistischen Partei und des Rentnerverbands *Generation* an. Anlässlich ihrer ersten Sitzung am 10. April 2004 hatte Nurkadilov übrigens die sofortige Freilassung des Anführers der DVK namens Galymschan Schakianov verlangt, der seit 2002 im Gefängnis saß. Er hatte außerdem, was noch schlimmer war, den Präsidenten öffentlich angeklagt, in Kasachstan ein Feudalsystem eingeführt und die „Bodenschätze des Landes verschleudert" zu haben. Er hatte die Parlamentarier aufgerufen, ein Amtsenthebungsverfahren gegen den Präsidenten einzuleiten, und hatte sogar eine Klage bei einem Kreisgericht von Almaty eingereicht: Der Staatschef sollte wegen seiner treuhänderischen Beziehung zum amerikanischen Geschäftsmann James Giffen, der auch an Kazakhgate[62] beteiligt war, verurteilt werden.

Nurkadilov gehörte zu den letzten hohen Staatsbeamten, die seit der Sowjetzeit immer an der Macht gewesen waren. Ich fragte mich damals, was diesen 60-jährigen Mann, der als treuer Anhänger Nasarbajews galt, dazu bewegt hatte, den Präsidenten so heftig anzugreifen. Es war bekannt, dass einem die Leitung des Amtes für Notsituationen eher am Ende als am Anfang einer Laufbahn übertragen wurde. Spürte er, dass er demnächst vom politischen Parkett verdrängt werden sollte? War er mit seiner Geduld am Ende? Aus heutiger Sicht neige ich aufgrund eigener Erfahrungen eher zur zweiten Annahme. Während mehrerer Monate setzte er dessen ungeachtet im Jahr 2004 und in der ersten Hälfte 2005 seinen Kampf gegen das Regime fort. Man erwartete, dass er für die Präsidentschaftswahl kandidieren würde, doch zur allgemeinen Überraschung war dem nicht so. Gemäß seiner Witwe Makpal Schunussowa, die dies in einem Gespräch 2008[63] erwähnte, war er bedroht worden und ließ nun Vorsicht walten. Doch auch ohne seine Kandidatur stellte er eine Gefahr für das Regime dar. Nach dem unvermeidlichen Sieg Nasarbajews hätte er das Ergebnis an der Spitze einer entsprechenden Bewegung anfechten können. Am 12. November 2005, weniger als einen Monat nach der Wahl, fand man ihn tot in seiner Wohnung. Er wies drei Schussverletzungen auf: zwei im Herzen und eine im Kopf. Von offizieller Seite hieß es,

---

61. Diese 2001 gegründete Partei wurde im Januar 2005 per Gerichtsbeschluss verboten.
62. Vgl. Ausführungen im Kapitel *Kazakhgate*, S. 97.
63. Vgl. http://www.inkar.info/index.php?id=1776.

es handle sich um einen Selbstmord. Doch darauf fiel natürlich keiner rein. Kein Kriminalist hätte diese These vertreten. Zudem berichtet seine Witwe im oben erwähnten Interview, er sei offensichtlich vor seinem Tod geschlagen worden. Dieses Archivmaterial wurde umgehend konfisziert und die Daten, die sie nach eigenen Angaben aus Vorsicht in Deutschland hinterlegt hatte, wurden nie gefunden. Es kann nicht bewiesen werden, dass der Präsident persönlich den Befehl erteilte, Nurkadilov umzubringen, doch in einem autoritären Regime ist der Geheimdienst immer bereit, die Wünsche des Chefs auszuführen, auch wenn sie unausgesprochen bleiben.

Selbst wenn das Geheimnis rund um die Ermordung Nurkadilovs nie gelüftet wurde und die Ausführung der Tat durch den Geheimdienst nur vermutet werden kann, gilt als bewiesen, dass letzterer am Tod eines anderen, lästig gewordenen Gefolgsmanns von Nasarbajew beteiligt war. Es handelt sich um Altynbek Sarsenbajew, der im Alter von 43 Jahren ermordet wurde. Sarsenbajew war in den 1990er Jahren Presse- und Informationsminister (bis Mai 2001) und gehörte zu den Ideologen rund um Nasarbajew, die letzterem eine immer strengere Kontrolle der Medien ermöglichten. Er war es, der Dariga dabei half, das noch junge Staatsfernsehen 1994 an sich zu reißen und dabei meine Frau Leila auszuspielen; er war es auch, der die Idee hatte, 1998 eine Art Versteigerung für die Radio- und TV-Frequenzen zu veranstalten und damit fast alle unabhängigen Medien zu vernichten, da diese nicht mehr in der Lage waren, die horrenden Summen für die Fortsetzung ihrer Tätigkeit zu bezahlen. Man weiß, dass der hochintelligente Sarsenbajew die verschiedenen Strategien ausgeheckt hatte, mit denen die Macht die Opposition aushöhlte und das Regime dauerhaft stärkte.

2001 gehörte er noch zu den treuen Anhängern des Präsidenten. Er hatte ihm insbesondere bei der Aufdeckung des Komplotts geholfen, das Rachat Aliyew und Dariga[64] im Schilde führten. Unvorsichtigerweise hatte er bei der Revolte einiger junger Minister, die eine strenge Strafe für den Verräter Rachat forderten, als ihre graue Eminenz gedient. Der besagte Verräter war damals immer noch mit Dariga verheiratet, der Tochter des Präsidenten. So wurde Sarsenbajew nicht nur zum Erzfeind Darigas, sondern auch zu einer verdächtigen Person in den Augen des Präsidenten, der Alleingänge nicht sonderlich schätzte. Anfang 2002 verjagte man ihn unsanft von seinem Posten als Sekretär des Sicherheitsrates, den er erst seit wenigen Monaten innehatte, und entfernte ihn aus Kasachstan, indem man ihn zum Botschafter in Russland ernannte. Der Honigmond zwischen Sarsenbajew und Nasarbajew

64. Vgl. Ausführungen im Kapitel *Die Angriffe Darigas*, S. 104.

war vorüber. Er trat im November 2003 als Botschafter zurück. Im Dezember wurde er zu einem der Anführer der im Vorjahr gegründeten Partei *Ak Jol*[65], die sich als eine „konstruktive Oppositionspartei" präsentierte.

Im Juli 2004 ernannte der Präsident Sarsenbajew zum Informationsminister, wahrscheinlich in der Hoffnung, ihn wieder für sich zu gewinnen. Aber Sarsenbajew blieb nur zwei Monate im Amt. Bei den Parlamentswahlen vom 19. September 2004 erreichte seine Partei *Ak Jol* ein respektables Ergebnis und überflügelte sogar Darigas Partei *Asar*. In Almaty beispielsweise erhielt er 23,7 % der Stimmen. In einigen Regionen übertraf er gar die 30 %-Marke. Doch das Gesamtergebnis von *Ak Jol* fiel mit 12 % letztendlich deutlich bescheidener aus, denn in einigen Provinzregionen schnitt die Partei lächerlich schlecht ab. Grund war ein massiver Wahlbetrug, der von den EU-Beobachtern bestätigt wurde. Wegen spezifischer Eigenschaften des Wahlsystems musste sich *Ak Jol* am Schluss mit einem einzigen Sitz in der Mäschilis[66] zufrieden geben (gegenüber 4 für die Partei *Asar*). Aus Protest gegen den Betrug trat Sarsenbajew von seinem Ministeramt zurück. Er warf der zentralen Wahlkommission vor, betrügerische Vorgehensweisen bei den Wahlen gutgeheißen zu haben. Er griff auch Dariga an: Er erklärte öffentlich, das Medienimperium unter ihrer Leitung, darunter auch die Nachrichtenagentur Khabar, habe die Stimme der Opposition während der Wahlkampagne totgeschwiegen. Bei dieser Gelegenheit enthüllte er Informationen betreffend die illegale Privatisierung des Staatsfernsehens durch Dariga. Sie musste sich gegen diese Vorwürfe verteidigen. Khabar verklagte Sarsenbajew wegen Diffamierung an und gewann den Prozess: Der frühere Minister wurde zu einer Buße von einer Million Tenge verurteilt [67]. Seine Enthüllungen kratzten aber dennoch am Ruf von Dariga. In Kasachstan ist niemand so naiv, an die Unparteilichkeit des Justizapparates zu glauben, wenn es um die Verurteilung eines Feindes der Präsidententochter geht.

Anfang 2005 kam es zu einer Teilung der von Sarsenbajew und fünf anderen Kopräsidenten geleiteten Partei *Ak Jol*. Die radikalsten Elemente, darunter auch Sarsenbajew, gründeten eine neue Gruppierung unter dem Namen *Die Wahre Ak Jol*, die nie offiziell registriert wurde. Die Zeit der „konstruktiven Opposition" war vorbei. Die neue Partei rief dazu auf, gegen Willkür und Autokratie zu kämpfen. Sarsenbajew wurde damit immer gefährlicher für den Clan von Nasarbajew.

---

65. Der Parteiname bedeutet „Leuchtender Weg".
66. In der Mäschilis sitzen insgesamt 107 Abgeordnete.
67. Rund 7 000 Dollar.

Die Tragödie spielte sich am 13. Februar 2006 ab, kurz nach der Amtseinführung des wiedergewählten Präsidenten. Die Leichen von Sarsenbajew, seinem Chauffeur und seinem Leibwächter wurden in der Region von Almaty entdeckt. Sie waren in der Stadt entführt und aus nächster Nähe erschossen worden. Die Medien deckten rasch auf, dass die Morde von den Agenten des KNB durchgeführt worden waren. Der Präsident des Sicherheitsdienstes, Nartaj Dutbajew, trat zurück[68]. Unter dem Druck der Opposition, welche die Affäre zu ihren Gunsten nutzte, wurden mehrere Angehörige der Eliteeinheit *Arystan* vor Gericht gestellt und zu schweren Strafen verurteilt. Erschan Utembajew, der Chef des kasachischen Senatsapparats, gab zu, aus „persönlichen Gründen" der Auftraggeber dieses Mords gewesen zu sein (Sarsenbajew habe ihn in einer Publikation der Alkoholsucht bezichtigt). Er wurde zu 20 Jahren Gefängnis verurteilt. Viele Regimegegner glauben, Utembajew sei nur ein kleiner Fisch in dieser Affäre gewesen, was auch seine extrem komfortablen Haftbedingungen erklären würde.

Es bleibt die immergleiche Frage: Wer profitierte von diesem Verbrechen? Rachat Alijew, Darigas Ex-Mann, beantwortet sie in seinem Buch *The Godfather-in-Law* (2009), das in Kasachstan verboten ist, und liefert damit die sensationellste Enthüllung des Werkes. Laut Alijew war es Nursultan Nasarbajew persönlich, der während seiner Ferien im österreichischen Klagenfurt Anfang Februar 2006 den Senatspräsidenten Nourtaj Abykajew, einen seiner Vertrauensmänner, zu sich kommen ließ und ihm die Liquidierung Sarsenbajews auftrug. Am 23. Mai 2011 wiederholte Alijew seine Anschuldigung in einer öffentlichen Erklärung und behauptete, Beweise zu haben. Er reichte sogar eine strafrechtliche Klage beim Klagenfurter Gericht ein.

Minister für Notsituationen

Der Mord innerhalb weniger Monate an Nurkadilov und Sarsenbajew, zwei hochrangigen früheren Funktionären des Regimes, die in die Opposition gegangen waren, erschütterte die gesamte *Classe politique* und den Staatsapparat. Dieses Zeichen war eindeutig: Das Regime trat in eine neue Phase ein, wurde repressiver und immer paranoider, was letztendlich das unausweichliche Schicksal aller Autokratien ist. Ich war daher nicht unglücklich, mich weit weg vom Zentrum der Macht in meiner Provinz Ost-Kasachstan aufzuhalten, mich um Verwaltungsprobleme zu kümmern und für das Wohl der Bevölkerung einzusetzen. Darin lag immer ein großer Trost: Ich liebe den

68. Er wurde Direktor der KNB-Akademie und später Berater des Präsidenten.

Kontakt zu den Menschen, ich fühle mich gern nützlich, ich mag es, wenn es voran geht. Und für meine Region hatte ich viele Projekte am Laufen.

Doch es handelte ich nur um eine scheinbare Ruhe. Im Juni 2006 erhielt ich ein Alarmzeichen. Nasarbajew reiste normalerweise einmal pro Jahr in seine Residenz am Ufer des riesigen künstlichen Sees Buchtarma, um Wellness zu betreiben. In der Region gibt es verschiedene Zuchten von Altai-Hirschen (sogenannten *Maral*) und jedes Jahr schneidet man ihnen gegen Ende des Frühlings die neu gewachsenen Geweihe ab: Diese Geweihe sind für ihre Heilkräfte bekannt. Kurz nach dem Schnitt sind sie noch weich und durchblutet, man kocht sie in einem Sud aus. Ein Bäderzyklus über zehn Tage mit diesem Sud soll Giftstoffe eliminieren, die Vitalität und die sexuelle Energie erhöhen und die Gelenke regenieren

Im Juni 2005 hatte ich den Präsidenten erstmals als Verantwortlicher der Region willkommen geheißen und er war mit dem Empfang sehr zufrieden gewesen.

Nasarbajew sollte eigentlich am 19. Juni 2006 wiederkommen. Ich hatte alles für seinen Empfang vorbereitet. Doch im letzten Moment teilte mir der Chef seiner Administration mit, der Besuch sei annulliert. Ich war verblüfft. Ich rief einen Bekannten im Wachdienst des Präsidenten an, um zu erfahren, wen der Präsident soeben gesehen habe. Es antwortete mir: „Er hat mit Imangali Tasmagambetow zu Mittag gegessen, sie haben vier Stunden lang zusammen geredet.“ Dann fügte er hinzu: „Bitte, ich habe Ihnen nichts verraten.“ Ich rief den Chef der Administration noch einmal an:

- „Es heißt, der Präsident habe Tasmagambetow getroffen?“
- „Woher weißt du das?“
- „Ich habe da so meine Quellen.“
- „Ja, er hat tatsächlich mit ihm zusammen Mittag gegessen, aber von mir hast du es nicht, ok?“

Viel später erfuhr ich, dass Tasmagambetow den Präsidenten gegen mich aufgehetzt hatte, indem er ihn an eine 15 Jahre alte Geschichte erinnerte: Ich hatte damals kasachische Hausbesetzer daran gehindert, die für die Arbeiter der Fabrik Kirov in Almaty bestimmten Wohnungen zu besetzen, was mir seitens von Tasmagambetow den Vorwurf des russischen Nationalismus einbrachte[69]. Diese falsche Anschuldigung kam zur ständigen Unterminierung durch Dariga. Gleich nach meiner Ernennung zum Gouverneur hatte der

69. Vgl. Ausführungen im Kapitel *Der Abzug der Russen und die Rückkehr der Oralmany*, S. 42.

Sender KTK, der Dariga gehörte, eine Reportage gezeigt, in der ich schlecht wegkam. Man warf mir als ethnischem Russen vor zu akzeptieren, dass es in Ust-Kamenogorsk ausschließlich Schilder und Plakate in russischer Sprache gebe, was gegen das Gesetz der systematischen Zweisprachigkeit Russisch-Kasachisch verstieß. Einziges Problem: Ich war mitten im Winter zum Gouverneur ernannt worden, wenn es in der Region zwischen minus dreißig und minus vierzig Grad kalt ist, und der Film war im selben Winter gedreht und ausgestrahlt worden. Doch in der Sequenz, in der die „falschen" Schilder gezeigt wurden, regnete es in Strömen!

Es wurde immer schwieriger, unter diesen Umständen zu arbeiten. Ich beschloss, mich aus freien Stücken aus dem öffentlichen Leben zurückzuziehen, denn ich fürchtete eine unheilvolle Entwicklung der Situation. Am 3. September 2006 verfasste ich anlässlich einer Reise nach Astana ein Rücktrittsschreiben, das ich an das Sekretariat des Präsidenten weiterleitete. Ich saß im Vorzimmer und wartete auf seine Antwort. Eine halbe Stunde später kam sein Sekretär heraus und sagte: „Man befiehlt Ihnen, den Brief zu zerreißen und in den Müll zu werfen."

Ich kehrte unverrichteter Dinge nach Ust-Kamenogorsk zurück.

Mehrere Monate verstrichen. Am 7. Januar 2007 wurde ich nach den Neujahrsfeiern von Marat Taschin, dem Sekretär des Sicherheitsrats, nach Astana bestellt. Anlässlich einer Arbeitssitzung des Rates würdigte er meine Tätigkeit als Verantwortlicher von Ost-Kasachstan und riet den Gouverneuren aller Regionen, meinem Vorbild zu folgen. Da klingelte plötzlich sein Telefon: „Der Präsident sucht dringend nach Khrapunov." Ich begab mich umgehend in sein Büro. Und da überrumpelte er mich förmlich:

- „Entschuldige, Viktor, ich hatte dir versprochen, dich nur ein Jahr in Ost-Kasachstan einzusetzen und dich nach den Wahlen in meine Nähe zu holen, doch jetzt bist du schon zwei Jahre dort."
- „Das stört mich nicht, Nursultan Abischewitsch. Ich möchte meine aktuelle Funktion beibehalten und meine Region an die Spitze Kasachstans bringen. Dazu brauche ich noch zwei oder drei weitere Jahre."
- „Nein, Viktor, ich brauche dich in Astana. Ich möchte dir das Ministerium für Notsituationen übertragen, damit du es modernisierst, wie dies Sergei Schojgu[70] in Russland getan hat."

70. Minister für Notsituationen der russischen Föderation von 1994 bis 2012. Gegenwärtig Verteidigungsminister.

– „Dieses Ministerium passt mir aber nicht. Es ist ein Amt mit militärischem Charakter und eigenen Streitkräften, und ich war doch immer Zivilist."
– „Das ist doch völlig egal."

Da sah ich mich gezwungen, Klartext zu reden:

– „Ich möchte einige Fakten der jüngsten Vergangenheit ansprechen. Als Sie die Agentur für Notsituationen schufen, wer wurde da deren Chef? Nurkadilov, der ehemalige Bürgermeister von Almaty. Und wo ist Nurkadilov heute? Nach seiner Entlassung wurde er ermordet! Danach haben Sie die Agentur in ein Ministerium für Notsituationen verwandelt. Wen haben Sie zum verantwortlichen Minister ernannt? Schalbaj Kulmachanow, den ehemaligen Bürgermeister von Almaty und ehemaligen Gouverneur der Region Almaty. Und jetzt werden Sie ihn entlassen, wenn ich das richtig verstehe. Auch ich war Bürgermeister von Almaty. Wieso bieten Sie mir diesen Posten an? Ist es eine Art Abschussrampe? Dieses Schicksal möchte ich nicht teilen. Da bleibe ich lieber im Osten."

Der Präsident spielte den Überraschten:

– „Wie kommst du bloß darauf? Daran hatte ich überhaupt nicht gedacht."

Ich kehrte also nach Hause zurück, ohne den Posten angenommen zu haben. Einige Tage später rief mich der bekannte Bankier Muchtar Abljasow an:

– „Ich war in der Residenz des Präsidenten in Tschimbulak eingeladen. Tasmagambetow war auch da. Ich wurde herzlich empfangen und man hat mir viel Gutes über Sie berichtet."
– „Ich weiß. Der Präsident möchte mich an die Spitze des Ministeriums für Notistuationen versetzen."
– „Das steht noch gar nicht fest. Vielleicht ist es dieses Ministerium, vielleicht aber auch ein anderes. Halten Sie sich bereit."

Gleich nach diesem Telefongespräch rief auch der Präsident bei mir an: „Hast du dich nun entschlossen, das Ministerium für Notsituationen zu übernehmen?" Und er begann, mir die Lage zu schildern: „Auf unserem riesigen Staatsgebiet häufen sich die Probleme, und das Ministerium tritt auf der Stelle. Seine Arbeit muss dynamischer werden, es muss so effizient werden wie in Russland." Um mich zu überzeugen, begann er mich mit „Zuckerbrot" zu locken und versprach mir ein staatliches Hilfsprogramm mit beachtlichen finanziellen Mitteln. Ich versuchte mich zu wehren:

- „Sie haben mich doch in den Osten des Landes geschickt, kann ich nicht bleiben?"
- „Natürlich kannst du. Doch ich möchte dich hier an meiner Seite haben."
- „Darf ich Ihr Angebot mit meiner Frau besprechen?"

Da erzählte mir Nasarbajew einen Witz:

- „Stalin lädt den Zweiten Parteisekretär der Region Leningrad ein und sagt: ‚Wir haben beschlossen, Sie als Ersten Sekretär in die Region Wladiwostok zu schicken'. Dieser fragt: ‚Darf ich Ihr Angebot mit meiner Frau besprechen?' Stalin erwidert: ‚ Natürlich. Ich erwarte Sie morgen früh. ' Am nächsten Tag kommt der Zweite Sekretär zurück. Stalin fragt: ‚Haben Sie mit Ihrer Frau gesprochen?'. – ‚Ja'. – ‚Gut. Wir haben auch diskutiert hier. Wir haben beschlossen, Sie nicht nach Wladiwostok zu schicken'. – ‚Danke, Josef Wissarionowitsch'. – ‚Ab heute sind Sie aber auch nicht mehr Zweiter Sekretär der Region Leningrad. Sie können gehen.'"

Ohne meine Reaktion abzuwarten, lachte Nasarbajew laut los.

- „Ich habe verstanden, Nursultan Abyschewitsch. Danke für diesen tollen Witz."
- „Ich rufe Sie morgen um 11 Uhr an."

Am nächsten Tag rief Premierminister Karim Massimov, selbst frisch gewählt, bei mir an. Nach den üblichen Höflichkeiten forderte ich ihn auf, zum eigentlichen Thema zu kommen.

- „Sie müssen das Ministeramt annehmen."
- „Sollte jemand meinen Posten in Ost-Kasachstan brauchen?"
- „Nein, wir brauchen Sie, um das Ministerium zu modernisieren. Sie sind der Einzige, der dazu in der Lage ist. Der Präsident sichert Ihnen staatliche Unterstützung zu. Ihnen werden beträchtliche finanzielle Mittel zur Verfügung stehen. Es wird keinerlei Probleme geben. Sie führen alle Reformen nach ihren Wünschen durch. Ich bitte Sie persönlich darum, das Angebot anzunehmen. Und ich garantiere Ihnen,

dass Ihre persönliche Sicherheit in keinster Weise gefährdet ist. Ihnen wird nichts zustoßen."

Ich verzichte hier auf die Wiedergabe der langen, schmeichelhaften Rede, die er mir hielt. Seinen Überredungskünsten und meiner Eitelkeit konnte ich nicht widerstehen und ich willigte schließlich ein.

– „Wenn der Präsident und mein Land mich so dringend brauchen, erkläre ich mich einverstanden."

Zwei Minuten später hatte ich den Präsidenten am Apparat:

– „Ich habe nichts anderes von dir erwartet. Ich unterschreibe sofort den Erlass mit deiner Ernennung und erwarte dich in Astana."

Am darauffolgenden Tag traf der Premierminister in Ust-Kamenogorsk ein, zusammen mit dem neuen Gouverneur Janybek Karibschanow, dem ehemaligen kasachischen Botschafter in China und in Vietnam. Warum sollte ich Ost-Kasachstan verlassen, obwohl ich der Wirtschaft zu neuem Aufschwung verholfen hatte und die Präsidentschaftswahl erfolgreich verlaufen war? Ich bin eigentlich davon überzeugt, dass ich – wie bereits auf meinen früheren Positionen – ein Hindernis darstellte für die Raffgier der Präsidentenfamilie. Diese hatte sich, wie bereits erwähnt, schon vor meiner Ernennung einen großen Teil der Industrie in dieser Region unter den Nagel gerissen, doch es blieben noch einige fette „Beutestücke" übrig. Zu Beginn der 2000er Jahre hatte man insbesondere riesige Erdöl- und Gasvorkommen entdeckt, dazu kamen Ölschiefer beim Saissansee. Die reinste Goldgrube! Ich hatte einen Bericht zuhanden des Präsidenten verfasst, in dem ich ein Programm betreffend die Erforschung und den Abbau dieser Vorkommen vorlegte. Vergeblich. Timur Kulibajew und einige von ihm kontrollierte Unternehmen hatten diese Bodenschätze sehr schnell für sich beansprucht. Mehrere andere von mir ausgearbeitete Entwicklungsprojekte wurden ebenfalls ignoriert.

So blieb mir nichts anderes übrig, als die Leitung des Ministeriums für Notsituationen zu übernehmen, das sich in erster Linie um die Folgen von Natur- und Industriekatastrophen kümmerte. Ich ließ mich in Astana nieder, dieser gespenstischen Hauptstadt, in der nicht gut leben war. Doch mir blieb keine Zeit für müßiges Jammern. Auch wenn meine neue Aufgabe de facto einem gewissen Rückschritt entsprach, musste ich mich erneut bewähren. Ich setzte, wie immer, alle Mitarbeitenden meines Ministeriums ein, um ein effizientes Programm auszuarbeiten, das auch eine enge Zusammenarbeit mit allen anderen Ministerien vorsah. Während vier Monaten schufteten wir von morgens bis abends und opferten auch unsere Ferien- und Feiertage.

Ich stützte mich auf die Erfahrung kasachischer und internationaler (vor allem russischer, weißrussischer und aserbaidschanischer) Experten, um ein komplexes Programm zu entwickeln, mit dessen Hilfe wir Katastrophen vorbeugen und ihre Folgen besser in den Griff bekommen wollten. Im April 2007 legte ich meinen 600-seitigen Entwurf der Regierung vor. Der Premierminister hieß ihn gut und bat den Präsidenten in einem Brief um staatliche Unterstützung. Im Mai traf ich den Präsidenten und präsentierte ihm das von der Regierung bereits verabschiedete Programm. Er sollte ihm nun den Status eines staatlichen Programms verleihen, damit es vorrangig finanziert würde. Doch der Präsident beschied mir, ohne mit der Wimper zu zucken:

- „Ich werde dein Projekt nicht genehmigen. Wir haben bereits 14 staatliche Programme, die in der Schublade vermodern. Wieso sollte ein weiteres hinzukommen?"
- „Aber Sie haben mir doch versprochen, es zu einem Staatsprogramm zu machen", insistierte ich. „Es ändert doch alles. Wenn mein Programm diesen Status nicht erhält, kann ich nicht arbeiten."
- „Nein, nichts zu machen", blaffte er. „Geh zum Premierminister, vielleicht erklärt er sich einverstanden, dein Projekt als Regierungsprogramm gutzuheißen."

Ich erklärte dem Präsidenten, der Status eines Regierungsprogramms würde uns nur unzureichende finanzielle Mittel verschaffen, doch meine Audienz war beendet. Was sollte ich jetzt tun? Ich traute mich kaum, meinen Mitarbeitenden im Ministerium in die Augen zu schauen. Sie hatten sich monatelang abgerackert, weil sie dachten, auf Erfolgskurs zu sein. Und nun war unser Scheitern vorprogrammiert ...

Selbstverständlich suchte ich den Premierminister auf. Karim Massimow versuchte mich zu trösten: „Mach dir keine Sorgen, dein Projekt erhält den Status eines Regierungsprogramms, ich gebe dir sofort meine Unterschrift."

Diesmal widerstand ich aber der Versuchung. Einen Monat später brachte ich Massimow dazu, beim Präsidenten erneut ein Gesuch einzureichen, um mein Projekt zum Staatsprogramm zu machen. Vergeblich. Ich würde mit den vorhandenen beschränkten Mitteln meines Ministeriums zurechtkommen müssen. Schon seit mehreren Jahren hielt der Präsident seine Administrationen eher knapp, um zusätzliche Gelder für Astana frei zu machen.

Uns ist es aber dennoch gelungen, innerhalb weniger Monate die Katastrophenvorsorge auf die Beine zu stellen und die Folgen mehrerer Vorfälle zu beheben. So leitete ich im Frühjahr 2007 persönlich die Schutzmaßnahmen rund um das saisonal bedingte Hochwasser des Syrdarja. Dieser riesige zentralasiatische Strom durchfließt die drei Länder Usbekistan, Tadschikistan und Kasachstan und mündet in den Kleinen Aralsee[71]. Jedes Jahr richtet der über die Ufer tretende Syrdarja im Süden Kasachstans enorme Schäden an, doch der Winter 2006/07 war besonders hart. Als die dicke Eisschicht auf dem Syrdarja auf hunderten von Kilometern schmolz, musste die Bevölkerung an seinen Ufern notfallmäßig evakuiert werden. Wir trafen auch Maßnahmen zur Minimierung der Schäden durch das Hochwasser.

Im Juli 2007 musste ich die politischen Konsequenzen einer Katastrophe managen, die in der Ukraine vorgefallen war. Am 16. Juli entgleiste bei Lemberg ein aus Kasachstan kommender und nach Polen fahrender Güterzug, der insbesondere 15 Zisternen mit gelbem Phosphor transportierte. Diese hochgiftige Substanz fing Feuer. 42 lokale Polizisten und 15 Rettungsleute des ukrainischen Ministeriums für Notsituationen erlitten beim Löschen Verletzungen oder Vergiftungen durch die schädlichen Dämpfe. Der Vorfall wurde zum Riesenskandal: Die ukrainischen Behörden beschuldigten Kasachstan, veraltete Tankwaggons verwendet zu haben, die dem Aufprall nach der Entgleisung nicht standhielten. Die ansässige Bevölkerung begann gegen die massive Vergiftungsgefahr zu demonstrieren. Ich musste komplexe Verhandlungen mit den ukrainischen und russischen Behörden führen, um das Problem möglichst rasch zu regeln. Ich bot den Ukrainern an, unsere erfahrenen Fachleute mit der Bekämpfung der Folgen vor Ort zu betrauen, doch die Ukraine lehnte dies ab. In einem gemeinsamen Beschluss plante man schließlich, den Unglückszug nach Kasachstan zurückzuführen. Der Konvoi wurde in der Ukraine auf einer geheim gehaltenen Strecke um die großen Städte herumgeleitet. Bei der Durchfahrt von Bahnhöfen platzierte man zuvor Güterzüge auf den beiden parallel verlaufenden Gleisen, um den Konvoi zu „verstecken“ und Proteste zu vermeiden. Moskau erteilte uns die Genehmigung, mit dem Zug russisches Gebiet zu passieren, nachdem russische Fachleute ihn zuvor an der Grenze inspiziert hatten. Ein kompliziertes Unterfangen!

---

71. Damit wird ein Salzsee in der Region Qyzylorda bezeichnet, der den nördlichen Teil des Aralsees bildet (das restliche Gewässer ist völlig ausgetrocknet). Seit 2005 ermöglicht es der Bau des 13 km langen Damms von Kokaral, einen großen Teil des Kleinen Aralsees allmählich zu regenieren und gleichzeitig die Wucht der Überschwemmungen zu reduzieren.

Doch das war harmlos angesichts dessen, was mich noch erwartete. Bald stand ich nämlich vor einer neuen Herausforderung. Am 6. September 2007 missglückte in Baikonur der Start der russischen Rakete Proton-M, die einen japanischen Kommunikationssatelliten in den Orbit hätte bringen sollen. Der Satellit, ein vierstufiges, 57 m hohes Raketenmodell mit einem Gewicht von etwa 700 Tonnen, stürzte rund 50 km südwestlich von der Stadt Scheskasgan ab. Um den Umfang der Schäden zu erfassen, mussten wir eine Fläche von 1 743 km² überfliegen und untersuchen. Die Russen entfernten alle Fragmente der Rakete, die sie entdeckten, und dekontaminierten vier Mal die radioaktive Verstrahlung am Boden. Dennoch machten unsere Spezialisten an mehreren Orten eine unzulässige Kontamination mit dem hochgiftigen und krebserregenden Treibstoff UDMH[72] aus. Ich forderte aus diesem Grund ein Verbot für jeden weiteren Start einer Proton-Rakete von Baikonur aus, solange keine vollständige Dekontamination durchgeführt war und die russischen Partner nicht die Schadenssumme von 9 Milliarden Tenge[73] beglichen hatten.

Dieser Vorfall beweist eindeutig, wie wichtig eigene Flugzeuge für mein Ministerium waren. Zum Glück missraten Raketenstarts nur äußerst selten. Es kam hingegen recht oft vor, dass wir auf speziell ausgerüstete Flugzeuge angewiesen waren, um ausgedehnte Waldbrände zu löschen. Da ich für den Sommer vorbereitet sein wollte, bat ich den Premierminister um das Geld, um vier russische Flugzeuge des Typs BE-200 zu erwerben. Diese außergewöhnlichen Amphibienflugzeuge können von einem Rollfeld abheben, aber auch auf dem Wasser starten. Zahlreiche Länder, unter ihnen vor allem Spanien, setzen sie zum Schutz von großen Wasserflächen, für ökologische Aufgaben und für die Brandbekämpfung ein. Daneben dienen sie natürlich auch dem Waren- und Personentransport. Ich wollte unsere regionalen Aussenstellen in Astana, Ust-Kamenogorsk, Semei und Petropawlowsk mit ihnen ausrüsten.

Der Premierminister halbierte den Betrag ungefragt und versprach mir die notwendigen Mittel für den Kauf zweier Flugzeuge zum Preis von je 28 Millionen Dollar. Ich gab sie also in Auftrag, und zwar bei der Flugzeugfabrik von Irkutsk. Doch kurze Zeit später gab der Premierminister an einer Arbeitssitzung der Regierung bekannt, die für den Flugzeugkauf budgetierte Summe würde „für einen Notfall" benötigt. Ich war völlig ratlos. Nach der Sitzung versuchte ich, mit ihm zu sprechen:

72. Englische Abkürzung für Unsymmetrisches Dimethylhydrazin.
73. Fast 75 Millionen Dollar.

– „Was soll das? Sie haben Ihr Einverständnis gegeben, ich habe mit der Fabrik in Irkutsk verhandelt, sie haben bereits mit der Arbeit begonnen. Das ist unmoralisch!“

Doch Kasim Massimow blieb ungerührt:

– „Nein, an dieser Entscheidung ist nicht zu rütteln. Der Präsident will es so.“

Ich spürte, wie sich die Schlinge täglich enger um mich zog. Zu jener Zeit befand sich niemand mehr im Kreis um den Präsidenten, der schon in seinen Anfängen dabei gewesen wäre, mit Ausnahme von Nurtaj Abykajew[74] und mir selbst. Alle unsere Kampfgefährten waren vom politischen Parkett verschwunden: Sie waren in Ungnade gefallen, man hatte sie entlassen, ins Gefängnis gesperrt oder gar umgebracht. Ich erinnere mich, an einer Regierungssitzung zum Premierminister gesagt zu haben: „Karim, ich bin fehl am Platz in deiner Regierung. Ich bin umringt von halben Kindern“. Seine Antwort war ziemlich rätselhaft: „Ich habe effektiv den Eindruck, dass Sie in Ihrer derzeitigen Position intellektuell unterfordert sind.“ War er aufrichtig? Versuchte er mich zu provozieren? Ich kannte ihn zu wenig, um dies zu entscheiden.

Es war offensichtlich, dass ich gehen musste. Der Präsident wollte niemanden in seinem Umfeld behalten, der zu viel wusste. Leila war auch dieser Meinung. Sie betonte mir gegenüber, dass sie allein fortgehen würde, wenn ich nicht wollte. Sie würde zu ihren Kindern aus erster Ehe reisen, die sich in der Schweiz niedergelassen hatten.

Ein merkwürdiger Vorfall veranlasste mich zu handeln. Im September 2007 fielen dem Präsidenten, der sich in Almaty aufhielt, zahlreiche Grundstücke auf, die von hohen Bretterzäunen umgeben waren und damit die Stadt verunstalteten. Was war geschehen? Die Grundstückpreise waren in schwindelnde Höhen gestiegen, 100 m² kosteten zwischen 250 000 und 280 000 Dollar. Da hatte mein Nachfolger Imangali Tasmagambetow damit begonnen, Land an Privatunternehmen zu verkaufen. Da er bei den Banken dafür bürgen musste, zahlten ihm die betroffenen Gesellschaften jeweils einen Bonus für jedes Darlehen, das sie für die Finanzierung dieser Käufe erhalten hatten. Die neuen Besitzer zäunten ihre Grundstücke ein, doch viele von ihnen bauten letztendlich gar nichts, weil die Immobilienblase plötzlich geplatzt war, wie in vielen anderen Ländern auch. Als der Präsident diese brach

---

74. Vgl. Ausführungen im Kapitel *Nasarbajew oder die ersten Schritte eines Tyrannen*, S. 36.

liegenden Grundstücke sah, warf er dem neuen Bürgermeister schlechtes Management vor. Diesem fiel nichts Besseres ein, als mich als Sündenbock zu bezeichnen und zu behaupten, ich hätte den Katasterplan im Jahr 2003 anlässlich der Verabschiedung neuer Grundbesitzvorschriften völlig geändert. Das Bürgermeisteramt stellte damals den rechtmäßigen Eigentümern entsprechende Zertifikate aus. Doch die kasachische Rechtsprechung entwickelt sich rasant. Kurze Zeit später wurde das Wassergesetz verabschiedet, in dem die Privatisierung von Grundstücken, die in Wasserschutzzonen liegen, verboten wurde. Für diese Grundstücke konnten nur langfristige Mietverträge abgeschlossen werden. Einige unsere Eigentumszertifikate wurden dadurch plötzlich ungültig.

Leider befand ich mich in Bezug auf Tasmagambetow, den aktuellen Favoriten, am kürzeren Hebel. Es wurde eine Sonderkommission unter der Leitung des Premierministers ins Leben gerufen, um die Lage zu prüfen. Dieser versicherte mir, die Untersuchung richte sich gegen den neuen Bürgermeister, doch ich erhielt den Eindruck, die eigentliche Zielscheibe dieser Angriffe sei ich. Nach der ersten Sitzung dieser Kommission Ende Oktober 2007, zu der auch ich eingeladen wurde, schrieb ich dem Präsidenten einen Brief: Ich dankte ihm, mich 20 Jahre lang in die Regierung meines Heimatlandes eingebunden zu haben, und reichte meinen Rücktritt ein. Ich schloss den Brief mit einem Gedicht des russischen Dichters Jaroslaw Smeliakow mit dem Titel „Die Geschichte verträgt keine leeren Worte":

Die Geschichte verträgt keine leeren Worte
Der Weg des Volkes ist steinig
Man dürfte keine grenzenlose Liebe fühlen
Zu ihren mit Blut getränkten Seiten
Doch wie soll man sie nicht mit ganzem Herzen lieben?

Ich legte dem Schreiben ein ärztliches Attest betreffend meinen Gesundheitszustand bei. Die Hetzkampagne, deren Opfer ich war, hat bei mir erhöhten Blutdruck und eine deutliche Gefäßverengung im Hirn ausgelöst. Ich musste mich pflegen, am besten im Ausland, um eine schlimme kardiovaskuläre Erkrankung zu verhindern.

In den letzten Novembertagen ließ mich der Präsident zu sich kommen:

- „Reg dich nicht auf. Du musst hier bleiben."
- „Ich habe gesundheitliche Probleme, Nursultan Abischewitsch, ich muss wieder auf die Beine kommen."

- „Such dir irgendein Ministerium aus, irgendeine Region, ich gebe dir, was du willst."
- „Ich habe Ihnen bereits gesagt, dass ich zunächst gesund werden muss."

Nachdem wir anderthalb Stunden diskutiert hatten, rückte er endlich mit dem Grund heraus, weshalb ich in Ungnade gefallen war: „Du hast wirklich Pech mit deiner neuen Verwandtschaft." Er meinte Muchtar Abljasow, der in der Zwischenzeit zur Familie gehörte: Unser Sohn Ilias hatte vor kurzem Abljasows Tochter Madina geheiratet.

Muchtar Abljasow, ein Bankier geht in die Opposition

Die Geschichte von Muchtar Abljasow darf nicht unerwähnt bleiben. Ich lernte ihn Ende der 1980er Jahre oder auch Anfang der 1990er Jahre kennen, als die ersten Genossenschaften gegründet wurden. Abljasow, damals noch keine 30 Jahre alt, war einer der jungen dynamischen Leute, die es in der Geschäftswelt versuchen wollten. Er hatte an einer Hochschule studiert und am äußerst prestigereichen Institut MIFI (in Moskau) in Physik abgeschlossen. Er war ein begeisterter Schachspieler und hatte sogar einige Bücher zu diesem Thema verfasst. Dieser mathematisch denkende junge Mann, der aber auch über Leidenschaft und Abenteuerlust verfügte, gehörte jener gebildeten und ehrgeizigen Generation an, die überall in der UdSSR und im postsowjetischen Raum die Gelegenheiten nutzte, die ihm die Ära der Perestroika und die ersten Jahre der staatlichen Unabhängigkeit boten, um sich selbständig zu machen. Zusammen mit einigen Geschäftspartnern hatte er ein erstes kleines Vermögen mit dem Verkauf von Autos erwirtschaftet. Er reiste persönlich nach Togliatti, kaufte dort Autos ein und brachte sie nach Kasachstan. Es war ein riskantes Unterfangen: Auf den Straßen waren Verbrecherbanden unterwegs, und man musste sich mit der korrupten Straßenpolizei arrangieren.

Nach dem Ende der sowjetischen Ära übernahm er die Leitung einer Gruppe von jungen Unternehmern und gründete mehrere KMU. 1993 rief dieser Konzern Astana Holding ins Leben, eine Gruppierung mehrerer Firmen. Sie suchten meinen damaligen Vorgesetzten Nurkadilov auf (ich war zu jener Zeit sein Erster Assistent) und baten ihn, ihnen Gewerbeflächen zu vermieten. Es war soeben ein Gesetz zur Unterstützung von KMU verabschiedet worden, und die Stadtverwaltung war nun berechtigt, den KMU gegen einen symbolischen Mietbetrag Gewerbefläche zur Verfügung zu stellen. Die Erfolgskurve der Astana Holding wies steil nach oben, und Abljasow fiel auch Nasarbajew und dessen Premierminister Kaschegeldin auf, die auf der Suche nach jungen Geschäftsleuten waren, die sie bei ihrer Modernisierungspolitik unterstützen würden. Damals hielten alle Nasarbajew noch für einen echten Reformer. Erste Zweifel stiegen erst ein wenig später auf.

Ich begegnete Abljasow erst wieder, als ich bereits Energieminister war. Anfang 1997 erfuhr ich nach der Rückkehr von einer Mission, dass Kaschegeldin den Befehl unterzeichnet hatte, den CEO von KEGOC (das Unternehmen, das die Energiesysteme Kasachstans betrieb) zu entlassen und an seiner Stelle Abljasow zu ernennen. Ich war entrüstet: Ich hatte nichts gegen Abljasow, aber er hatte noch nie im Energiesektor gearbeitet und verfügte über keinerlei Kompetenzen in diesem Bereich! Ich suchte Kaschegeldin auf und erklärte ihm, KEGOC unterstehe der Aufsicht durch mein Ministerium und die Leitung dieses Unternehmens falle in meinen Zuständigkeitsbereich. Aber Kaschegeldin wollte nicht klein beigeben: Einige Tage später ließ er mir die von mehreren Ministern unterzeichnete schriftliche Empfehlung zukommen, Abljasow an die Spitze von KEGOC zu setzen. Ich widersetzte mich dieser fixen Idee erneut.

Am 16. Juni 1997 wurde ich zum Bürgermeister von Almaty ernannt. Ich stellte, wie bereits erwähnt, eine Hürde für eine Reihe von völlig ungerechtfertigten Privatisierungen im Energiesektor dar, und diese Ernennung (in einer Stadt, die darüber hinaus bald nicht mehr Hauptstadt sein würde) war ein eleganter Weg, sich meiner störenden Präsenz zu entledigen. Am Tag nach meiner Ernennung machte man Muchtar Abljasow zum CEO von KEGOC. Im April 1998, nicht einmal ein Jahr später, wurde er erneut befördert: Er wurde Minister für Energie, Industrie und Handel in der Regierung von Nurlan Balgimbajew.

Ab diesem Zeitpunkt schlitterte der Energiesektor vollends in die totale Willkür. Das von mir erarbeitete und im Mai 1996 verabschiedete Energieprogramm wurde unter dem Druck des Präsidenten und seines Umfelds endgültig begraben. Mein Programm setzte sich für die Interessen des Staates und des Energiesektors ein, berücksichtigte aber auch die potenziellen Interessen der gesamten Industrie. Denn wenn der Energiesektor zusammenbräche, wäre keine weitere Entwicklung mehr möglich. Doch der Präsident verfolgte ein ganz andere Vision und vor allem abweichende persönliche Interessen. Er dachte offensichtlich, der auf diesem Gebiet inkompetente Abljasow sei leichter zu manipulieren als ich. Da irrte er sich. Abljasow, ein intelligenter Mann, hatte sich das erforderliche Wissen schnell erarbeitet. Schon wenige Monate nach seiner Ernennung begann er dem Präsidenten Lektionen zu erteilen und erklärte ihm, weshalb dieses oder jenes Unternehmen nicht privatisiert werden dürfe. Ich kann aus eigener Erfahrung bestätigen, dass dies äußerst unvorsichtig gewesen war.

Abljasow setzte immer auf mehrere Pferde gleichzeitig. 1998 erwarb sein kleines Imperium Astana-Holding die Staatsbank Turan-Alem, die aus der Fusion der Turanbank (ehemals Promstroibank, die in der Sowjetzeit Industrieprojekte finanzierte) und der Alembank (ehemals Kazvnecheconombank, die in der Sowjetzeit und in den ersten Jahren der Unabhängigkeit für alle Devisenoperationen zuständig war) entstanden war. Abljasow ergatterte die Bank Turan-Alem zum „Schnäppchenpreis" von 72 Millionen Dollar. Damit machte er sicher ein ausgezeichnetes Geschäft, deren Hintergründe mir nicht bekannt sind. Als talentierter Manager, ja vielleicht sogar Finanzgenie, rühmte sich Abljasow damit, sie zur besten Bank von Kasachstan, der GUS CEI, ja sogar der ganzen Welt zu machen. Dank der Unterstützung der Landesregierung entwickelte sie sich rasant. So wurde der erste in Almaty errichtete Wolkenkratzer zum Hauptsitz der Turan-Alem.

Im August 1998 unterschrieb Abljasow in seiner Eigenschaft als Energieminister zusammen mit Anatoli Tschubais, dem Direktor der Vereinten Stromsysteme Russlands, ein Protokoll, in dem die Umstrukturierung der aus der ersten Hälfte der 1990er Jahre stammenden Energieschulden Kasachstans gegenüber Russland beschlossen wurde. Kraft dieses Abkommens trat Kasachstan das Kraftwerk Ekibastus-2 und die Stromleitung Ekibastus-Omsk an Russland ab, um damit die auf 239 Millionen Dollar geschätzten Schulden zu begleichen. Derartige Tauschhandel waren damals an der Tagesordnung. Es wurde zudem beschlossen, dass beide Vertragsparteien das besagte Kraftwerk und die Stromleitung im Rahmen eines Joint Venture gemeinsam bewirtschaften würden.

Doch kurze Zeit später löste ein russischer Funktionär den Vertrag in einem an Nasarbajew persönlich adressierten Schreiben auf. Laut diesem Funktionär soll Abljasow das Kraftwerk Ekibastus willkürlich zu tief bewertet und als Gegenleistung die Ernennung von Personen aus seinem Umfeld in den Verwaltungsrat des zukünftigen Joint Venture gefordert haben. Diese Information versetzte den Präsidenten in Rage – wo er doch schon einen tiefen Groll gegenüber Abljasow hegte wegen seines Vorgehens an der Spitze des Energieministeriums –, und er bat seinen Premierminister Balgimbajew, der Geschichte auf den Grund zu gehen. Balgimbajew beauftragte damit den

KNB und insbesondere den Schwiegersohn des Präsidenten, Rachat Alijew. Im Oktober 1999 musste Abljasow zurücktreten, zudem wurde eine Strafuntersuchung gegen ihn eingeleitet. Ich meinerseits bin überzeugt, dass der russische Funktionär nicht aus eigenem Antrieb handelte: Es lief alles viel zu reibungslos ab, um nach einer spontanen Aktion auszusehen ...

Im September 2001 wurde Abljasow verhaftet und nach Hinterlegung einer Kaution nach zwei Monaten Untersuchungshaft wieder auf freien Fuß gesetzt. Ganz offensichtlich konnte man ihm nichts Gravierendes vorwerfen. Diese kurze Haft ließ ihn das politische System seines Landes hinterfragen. Und so wurde er nach seiner Freisetzung zu einem der Organisatoren, Sponsoren und Leiter der weiter oben bereits erwähnten Bewegung DVK (Demokratische Option Kasachstans). Am 18. November 2001 berief die Opposition die Gründungsversammlung der Bewegung ein. Diese Versammlung fand in einem Zirkus der Hauptstadt statt, gefolgt von einer Pressekonferenz, der auch ich beiwohnte. Zu den Organisatoren gehörten hochrangige Persönlichkeiten, wie der stellvertretende Premierminister Uras Dschandossow, der Gouverneur der Region Pavlodar namens Galymschan Schakianov, der stellvertretende Verteidigungsminister Schannat Ertlessova, der CEO der Kazkommertsbank, Nurschan Subchanberdin, und einige mehr.

Die neue Bewegung sprach sich für die Schaffung eines Rechtsstaates aus und forderte die Dezentralisierung, einen unabhängigen Justizapparat, einen höheren Stellenwert des Parlaments, Medienfreiheit, sowie die gesellschaftliche Kontrolle über die Nutzung der strategischen Ressourcen des Landes. Wenig später ersuchte der Kern der DVK um einen Termin bei Nasarbajew, um ihm einen friedlichen und freiwilligen Rücktritt von der Macht nahezulegen. Doch in ihren Reihen befand sich ein Verräter: Der stellvertretende Finanzminister Kairat Kelimbetow informierte heimlich Nasarbajew über diese Pläne. Die DVK-Delegation wurde vom Präsidenten natürlich nicht empfangen, einige der Aktivisten wurden sogar verhaftet, unter ihnen auch Abljasow und Jakianow. Da der Präsident jedes Aufsehen vermeiden wollte, das unweigerlich mit einem politischen Prozess einhergegangen wäre, klagte man sowohl Abljasow als auch Jakianow wegen „Wirtschaftsverbrechen“ an. Abljasow wurde im Mai 2002 zu sechs Jahren Gefängnis, Jakianow im August desselben Jahres zu sieben Jahren Haft verurteilt.

In Kasachstan war allen bewusst, dass die Strafverfolgung der beiden Männer aus politischen Motiven erfolgte. Abljasow beispielweise wäre sehr viel früher angeklagt und verurteilt worden, wenn man ihm die Machenschaften, die man ihm 1999 vorwarf, hätte nachweisen können. Er erzählte später, er sei im Gefängnis schlecht behandelt worden, er habe insbesondere Spritzen mit Psychopharmaka erhalten, wie dies zu Sowjetzeiten bei Dissidenten gang und gäbe war. Während seines Gefängnisaufenthalts verlor er alles: Es gelang Erschan Tatischew, seinem Partner bei Turan-Alem, Abljasows Aktien bei der Bank zu ergattern.

Glücklicherweise konnte Abljasow auf seinen Freund Muchtar Schakischew zählen, der als CEO beim riesigen Unternehmen Kazatomprom tätig war, das Uran produziert und anreichert. Er half Abljasows Familie, während dieser seine Haft absaß. Er war es auch, der Nasarbajew dazu überredete, Ilias' zukünftigen Schwiegervater zu begnadigen. Als Gegenleistung forderte der Präsident von ihm, das Versprechen zu unterzeichnen, er würde weder in Kasachstan noch im Ausland je wieder Politik betreiben. Sobald Abljasow im April 2003 das Papier unterschrieben hatte, ordnete der Präsident seine Freilassung an. Jakischev eilte zum Gefängnis, um seinen Freund bei dessen Austritt in Empfang zu nehmen. Eine Stunde später hatte der Präsident unter dem Druck seiner Kinder, welche die Rache des gestürzten Bankers fürchteten, seine Meinung wieder geändert. Doch da war der Häftling schon weg ...

Abljasow hat sein Versprechen gehalten: Er begnügt sich heute mit geschäftlichen Aktivitäten. Im Dezember 2004 starb sein ehemaliger Partner Erschan Tatischew, der während seiner Haft die Aktien Abljasows an sich gerissen hatte, bei einem Jagdunfall. Abljasow bat Tatischews Witwe, ihm seine Aktien zurückzugeben. Er bekam sie zurück und wurde im Mai 2005 zum Präsidenten des Direktorenrats der Bank. Ein Jahr später wurde die Kapitalisierung der Bank auf 26 Milliarden Dollar geschätzt. Diese Summe bereitete dem Präsidenten und zahlreichen hohen kasachischen Beamten schlaflose Nächte. Der Verräter unter den jungen Reformvertretern, Kairat Kelimbetow, war unterdessen zum Wirtschaftsminister befördert worden (noch später sollte er Chef der präsidialen Administration werden) und veranlasste den Präsidenten zu Maßnahmen gegen Abljasow.

Bei meinem letzten Privatgespräch mit Nasarbajew Anfang November 2007 stand Muchtar Abljasow noch auf der Höhe seiner Macht, doch über seinem Haupt brauten sich schon die Gewitterwolken zusammen.

Ende 2006 vertraute uns mein Adoptivsohn Ilias, der seit dem Alter von 14 Jahren in Genf ausgebildet wurde, an, er habe seit einem Jahr eine Beziehung zu Madina, der Tochter von Muchtar, die damals in London studierte, und reise regelmäßig nach Großbritannien, um sie zu sehen. Er wollte sie heiraten. Wir haben den Wunsch unseres Sohnes natürlich gutgeheißen.

Im Sommer 2007 heiratete unsere ältere Tochter Elvira in Südfrankreich. Während der Hochzeit seiner Schwester entführte Ilias Madina, wie dies nach alter kasachischer Tradition üblich ist. Sie wurde damit zu seiner Verlobten, und im Herbst 2007 feierten wir auch ihre Hochzeit.

Seit fast 20 Jahren waren wir zu allen Festen der Präsidentenfamilie eingeladen worden, so wie auch der Präsident, seine Gattin Sara Alpyssovna und seine Kinder bei allen Empfängen unsere Gäste waren. Doch als ich im August 2007 Nursultan Abischewitsch aufsuchte, um ihn zu Ilias' Hochzeit einzuladen, erwiderte er nur barsch: „Ich komme bestimmt nicht zu einem Fest, das mein politischer Feind veranstaltet." Was sollte ich darauf antworten? Ich habe nur betont, dass die jungen Leute sich liebten und wir ihrem Glück nicht im Weg stehen wollten.

Die Hochzeit fand in Almaty statt und war ein voller Erfolg: Nasarbajew kam zwar nicht, dafür aber einige Mitglieder seiner Familie. Die Eheschließung wurde in Genf, wo das junge Paar sich niedergelassen hatte, ein zweites Mal gefeiert. Leider war Nasarbajew weiterhin überzeugt, dass diese Ehe nicht auf gegenseitiger Liebe beruhte. Er dachte wahrscheinlich, mit der Hochzeit von Ilias und Madina werde eine strategische Allianz zwischen Abljasow und mir besiegelt: Der eine besaß Geld und der andere verfügte über politische Erfahrung.

Ich werde wohl nie erfahren, was im Kopf des Präsidenten genau vorging, doch eines steht fest: Er nahm uns als gefährliches Gespann wahr.

Im Exil

Im November 2007 reisten Leila und ich in die Schweiz. Bei meinem letzten Treffen mit Nasarbajew Anfang November hatte mir der Präsident sechs Monate zugestanden, um wieder gesund zu werden. Er hatte betont, er werde nach Ablauf dieser Frist verlangen, ich solle in die Heimat zurückkehren und eine neue Aufgabe übernehmen. In Genf genossen wir vier Monate lang Erholung und Ruhe. Ich schonte mich, denn ich war nach jahrelanger, ununterbrochener Arbeit in einer angespannten und schwierigen Atmosphäre sehr erschöpft.

Eines schönen Tages gegen Ende des vierten Monats rief mich Nasarbajew an:

- „Wie geht es dir, Viktor?"
- „Mir geht es besser, aber ich muss weitere sechs Monate behandelt werden."
- „Das dauert zu lange, Viktor, du musst in die Gänge kommen. Apropos, sind deine Frau und dein Sohn bei dir?"
- „Ja, sie sind auch hier, mein Sohn studiert in Genf."
- „Dann stimmt es also, was man sagt", schloss der Präsident, bevor er auflegte. Man hatte ihm offensichtlich berichtet, ich sei ausgewandert. In Wirklichkeit war diese Entscheidung damals noch gar nicht gefallen.

Nach diesem Gespräch begannen mich diverse Beamte aus dem präsidialen Apparat zu belästigen. Ich erhielt insbesondere mehrere Anrufe von Bulat Utemuratow, dem Leiter der präsidialen Verwaltung, und von meinem alten Freund Temirchan Dosmuchambetow, dem Minister für Tourismus und Sport. Sie setzten am Telefon Zuckerbrot und Peitsche ein und verlangten, ich solle heimkehren. Meine Antwort blieb immer die gleiche: „Ich kuriere mich aus."

Am 5. März 2010 traf Staatssekretär[75] Kanat Saudabajew in der Schweiz ein, nur um mit mir zu reden. Beauftragt hatte ihn Nasarbajew. Aus unverständlichen Gründen spielte er aber Katz und Maus mit mir: Er versetzte mich drei

75. Der Staatssekretär spielt eine wichtige, aber kaum festgelegte Rolle im präsidialen Machtsystem. Er besitzt keine eigentlichen Befugnisse und dient vielmehr als Schaltstelle zwischen dem Präsidenten und dem Regierungsapparat. Er befasst sich in erster

Mal, obwohl er selbst den Termin festgelegt hatte. Wollte er mich unter Druck setzen? Wartete er auf zusätzliche Anweisungen? Schließlich trafen wir uns am Ufer des Genfersees und machten einen langen Spaziergang. „Du kannst dir nicht vorstellen, wie der Präsident die Tatsache aufnimmt, dass du nicht heimkehren willst, wo du doch jahrelang sein engster Mitarbeiter warst", teilte er mir mit. Ich wies auch ihn darauf hin, dass meine Gesundheit es mir noch nicht erlaube, die Schweiz zu verlassen.

Doch mir war bewusst, dass dieser Zustand nicht ewig dauern konnte. Ich beschloss, ihn in meine Überlegungen einzuweihen. Am nächsten Tag schrieb ich Saudabajew eine kurze Mitteilung:

> *Lieber Kanat! Bitte verzeih mir, ich habe maßlos übertrieben, als ich sagte, es gehe mir immer noch nicht gut. Ich bin wieder ganz gesund, ich renne täglich zehn Kilometer. Ich kehre aber nur unter folgenden Bedingungen nach Kasachstan zurück: Entweder der Präsident ernennt mich zum Premierminister, wie er es mir schon zwei Mal versprochen hat. In diesem Fall verlange ich, dass der Erlass mit meiner Ernennung schon vor meiner Rückreise unterzeichnet vorliegt. Falls dieser Posten nicht zur Verfügung steht, akzeptiere ich auch die Ernennung zum Minister für Energie und Bodenschätze oder jene zum Bürgermeister von Almaty. Auch in diesem Fall reise ich erst dann in die Heimat zurück, wenn die offizielle Ernennung vorliegt.*

Saudabajew rief mich am selben Tag zurück: „Ich habe deinen Wunsch weitergeleitet, du hörst von uns!"

Es verstrichen mehrere Monate. Da klingelte im Dezember 2010 das Telefon, der Oligarch Patoch Schodijew war am Apparat. Er schlug ein Treffen am Flughafen Genf vor, wo er auf einen Anschlussflug wartete. Ich ging zum vereinbarten Treffpunkt, wo mich aber sein Partner der Holding ENRC erwartete, Wladimir Maschkewitsch[76]. Das nächste merkwürdige Spielchen!

Ich ging naiv davon aus, Maschkewitsch würde mir ein hohes Amt anbieten. Doch seine Botschaft war eine ganz andere:

Linie mit allen möglichen heiklen Situationen und ideologischen Fragen. Saudabajew hatte gleichzeitig den Posten des Staatssekretärs und jenen des Außenministers inne.

76. Zu diesen Oligarchen und ihren jeweiligen Beziehungen zu Nursultan Nasarbajew vgl. Ausführungen im Kapitel *Die zweite Etappe der Privatisierung*, S. 68.

– „Viktor Wjatscheslawowitsch, es tut mir leid, es aussprechen zu müssen, aber ich habe gehört, Sie selbst und Ihr Sohn würden nun als Verbündete von Muchtar Abljasow gegen den Präsidenten arbeiten."

Ich gab folgende Antwort:

– „Alexander Anatoljewitsch, ich bin kein Verräter. Wenn der Präsident dieser üblen Nachrede Glauben schenken möchte, kann ich das nur bedauern."
– „Soll ich ihm das so ausrichten?"
– „Genau."
– „Dann ist das also eine Kriegserklärung?"
– „Sie wurden gebeten, meine Antwort wortwörtlich wiederzugeben, tun Sie das also einfach."

Maschkewitsch versuchte mich einzuschüchtern:

– „Sind Sie sich bewusst, dass die gesamte Staatsmaschinerie gegen Sie mobilisiert wird?"
– „Was soll ich denn Ihrer Ansicht nach tun?", erwiderte ich. „Soll ich der Meute den Strick liefern, an dem sie mich aufknüpfen wird? Wenn man mich und meine Familie angreift, werde ich mich wehren. Richten Sie dies bitte ebenfalls aus."

Das waren harte Worte. Schließlich verlangte Maschkewitsch, dass mein Sohn einen zuvor verfassten Text unterschreiben solle, in dem er seine absolute Ergebenheit gegenüber Präsident Nasarbajew bestätigte. Ich nahm das Schreiben und gab es Ilias, doch er wollte es nicht unterzeichnen. Seine europäische Erziehung machte es ihm unmöglich, so unterwürfig zu handeln. Zu guter Letzt überredeten ihn Leila und ich, Nasarbajew einen eigenen Brief zu schicken, um das unglückliche Missverständnis aus der Welt zu schaffen. Sein Schreiben ging so:

Sehr geehrter Herr Präsident,
Ich wurde nach bester kasachischer Tradition und im Respekt gegenüber meinem Vaterland und gegenüber meinen Altvorderen erzogen. In jüngster Zeit las ich in diversen Medien Berichte, in denen angedeutet wurde, ich sei in feige Intrigen gegen Kasachstan verwickelt. Ich versichere Ihnen, dass diese Behauptungen falsch sind und dass ich nichts gegen Kasachstan oder gegen Sie unternommen habe oder unternehmen werde.

Dieses Schreiben wurde mit Hilfe von Maschkewitsch an Aslan Mussin, den Chef der präsidialen Administration, weitergeleitet. Kurze Zeit später wurden Leila und ich Anfang Januar 2011 erneut zu einem Treffen vorgeladen, diesmal nach Courchevel, und zwar zusammen mit der Oligarchen-Troika, d. h. Maschkewitsch, Schodiew und Ibrahimov. Letzterer ist letztendlich nicht erschienen, und Maschkewitsch übernahm das Reden in dieser sehr unangenehmen Begegnung, während Schodiew schwieg. Maschkewitsch teilte uns mit, Ilias' Brief habe die Befürchtungen des Präsidenten nicht beschwichtigt und ein paar Sonderbeauftragte würden seine Aktivitäten untersuchen.

– „Falls man irgendetwas findet, werden wir ihn überall auf der Welt aufspüren, um mit ihm abzurechnen, und das kann bis zur physischen Eliminierung gehen. Ist Ihnen das klar, Viktor Wjatscheslawowitsch? Warum sagen Sie nichts?"

Ich war wie betäubt. Doch Leila konnte sich nicht zurückhalten:

– „Noch gestern waren Sie gut auf uns zu sprechen. Sie nannten Viktor sogar Ihren großen Bruder. Wieso bedrohen Sie uns nun plötzlich? Wir sind weggezogen, um ein friedliches Leben zu führen, wir hecken keine Intrigen aus, wir greifen niemanden an. Wieso erklären Sie das nicht dem Präsidenten? Was hindert Sie daran, Ihrem großen Bruder zu helfen?"

Maschkewitsch erwiderte:

– „Einverstanden, sagen Sie Ilias, er solle sich ja nichts zuschulden kommen lassen. Der Chef schätzt es nicht, wenn man sich ohne sein Einverständnis so aufspielt."

Auf diese Weise verwies er Ilias, einen jungen erfolgreichen Geschäftsmann, auf seinen Platz: Ein Kasache muss „Papas" Segen haben, sogar im Ausland, sonst geht es ihm an den Kragen.

Die Troika handelte ganz offensichtlich nicht aus eigenem Antrieb. Diese Oligarchen, die einen Teil des präsidialen Vermögens verwalten, führen nur seine Befehle aus. Und sie müssen ihre Ergebenheit gegenüber dem Präsidenten beweisen. Während unseres kurzen Aufenthalts in Courchevel stellte uns die Troika an mondänen Empfängen einige Vertreter der ukrainischen und tschetschenischen Mafia vor, die sich wie zufällig damit brüsteten, heikle Situationen „effizient" zu meistern. Wir sollten das Schlimmste befürchten, und unser Sohn auch. Geschockt reisten wir bald wieder ab. Dann setzte in den kasachischen Medien eine wahre Hetzjagd gegen mich ein.

Abljasow gegen Nasarbajew

Die Beleidigungen gegenüber meinem Sohn kann man nur in Bezug auf die Geschichte seines Schwiegervaters Muchtar Abljasow verstehen. Als unsere Kinder 2007 heirateten, war die Stellung des mächtigen Geschäftsmanns Abljasow, der Hunderte von Unternehmen und Handelsgesellschaften besaß, noch unangefochten, trotz des Misstrauens des Präsidenten ihm gegenüber. Nasarbajew verhielt sich vordergründig völlig normal und überlegte sich insgeheim bereits, wie er am besten des Juwels in seinem Imperium habhaft werden konnte, der Bank Turan-Alem (BTA).

Eine Gelegenheit dazu bot sich Anfang 2009. Das Bankensystem Kasachstans litt, wie alle anderen, unter der weltweiten Finanzkrise. Die kasachische Nationalbank schlug den Banken, die mit Problemen kämpften und über zu wenig Liquidität für die Fortsetzung ihrer Tätigkeit verfügten, vor, sie finanziell zu unterstützen. Abljasow bat zu diesem Zeitpunkt die Nationalbank um eine Überweisung von 450 Millionen Dollar an die BTA. Die Direktion der Nationalbank schloss daraus, dass Abljasow in Schwierigkeiten steckte, und informierte auch Nasarbajew darüber. Da dieser annahm, nun sei der ideale Moment gekommen, die Bank endlich an sich zu reißen, lud er Abljasow vor und forderte, dass er sie an ihn abtrete. Abljasow versuchte dem Präsidenten zu erklären, dass er dieser Bitte nicht nachkommen könne, da er nur Aktionär sei. Und selbst in seiner Eigenschaft als Präsident des Direktorenrats war es ihm nicht gestattet, diese Entscheidung allein zu treffen. Dies bedeutete im Klartext, dass Nasarbajew bzw. seine Vertreter vor dem Kauf der BTA die Einwilligung aller Aktionäre einholen mussten. Da machte der Präsident Druck: „Ich habe dir einen Befehl erteilt, führe ihn aus. Morgen um 9 Uhr früh berichtest du mir, was du erreicht hast." Muchtar hatte keine Wahl. Er antwortete „Ja, gewiss" und ging im Bewusstsein weg, dass sich die Schlinge um seinen Hals immer enger zuzog.

In Wirklichkeit hatte er diese Entwicklung vorausgesehen und hatte mit seiner Frau Alma einen Satz als Signal für ihre sofortige Abreise vereinbart. Als er das Büro von Nasarbajew in Astana verließ, rief er sie an und sagte: „Unser Sohn muss dringend zum Arzt. Ich nehme das Flugzeug nach Almaty und wir bringen ihn nach meiner Ankunft gleich ins Krankenhaus." Seine

Frau packte rasch die Koffer und brachte ihre Kinder zum Flughafen von Almaty, wo sie einen Flieger nach London bestiegen. So konnte Abljasow eine zweite Verhaftung umgehen.

Nach seiner Ausreise stürmten die Behörden die BTA buchstäblich mit Spezialeinheiten unter dem Vorwand, sie sei „zahlungsunfähig", obwohl sie davon ausgingen, die Bank besitze beträchtliche Vermögenswerte. Es zeigte sich allerdings schnell, dass Nationalbankpräsident Grigori Martschenko und Finanzminister Arman Dunajew unvollständige Informationen an Nasarbajew weitergeleitet hatten. Sie wussten offensichtlich nicht, dass Abljasow bei seinen internationalen Partnern Darlehen über enorme Beträge aufgenommen hatte – insgesamt fast 12 Milliarden Dollar –, um seine Entwicklungsprojekte zu finanzieren. Abljasow wiederum hatte im Wissen um das Damoklesschwert, das über seinem Haupt hing, eine Vereinbarung mit jedem einzelnen Gläubiger abgeschlossen: Bei einem Wechsel in der Direktion der Bank sollten sie umgehend die vorzeitige Rückzahlung der geliehenen Beträge verlangen.

Man kann sich die ungemütliche Lage der Regierung leicht vorstellen. Nachdem sie die BTA *manu militari* durch Elitekommandos hatte besetzen lassen, musste sie diese nun verstaatlichen: Die Bank wurde in die staatliche Holding Samruk Kasyna integriert, die Timur Kulibajew, dem Schwiegersohn des Präsidenten[77], unterstand. Kasyna ernannte einen neuen CEO und hoffte, von der „Akquisition" profitieren zu können. Da kündigten aber die Gläubiger einseitig sämtliche Darlehen, die sie der früheren BTA-Direktion gewährt hatten, und verlangten ihr Geld zurück. Dies brachte die Bank in beträchtliche Schwierigkeiten, mit denen sie bis heute kämpft.

Nach der Emigration von Abljasow nach London und der Übernahme der BTA durch die kasachischen Behörden wurden auch die Zweigstellen in Georgien und in der Ukraine von den jeweiligen Staatsstellen beschlagnahmt. Doch die zentralen Aktivitäten Abljasows fanden in den Jahren vor seiner Ausreise in Moskau statt, wo er mehrere Entwicklungsprojekte lanciert hatte, darunter den Bau eines riesigen Meerwasseraquariums auf dem Berg Poklonnaja, ein enormes Einkaufszentrum beim Bahnhof Paveletsky, eine neue Stadt für 180 000 Einwohner in der Nähe des Flughafens Domodedowo, einen Wolkenkratzer in Moskau City (dem Geschäftsviertel von

77. SA Samruk-Kazyna ist eine Holdinggesellschaft und verwaltet unter der Kontrolle der Regierung die Vermögenswerte des Staates Kasachstan. Sie entstand im Oktober 2008 durch die Fusion zwischen der SA „Fonds für nachhaltige Entwicklung Kazyna" und der Holding Samruk. Zur Geschichte der Holding Samruk vgl. Ausführungen im Kapitel *Meine Reformen*, S. 73.

Moskau) usw. Kein einziges dieser Projekte konnte abgeschlossen werden, denn die kasachischen Behörden verlangten die Aushändigung der russischen Vermögenswerte von Abljasow, um die von der BTA aufgenommenen Kredite zu tilgen.

Abljasow konnte ein einziges seiner großen Projekte in Russland retten, weil es teilweise schon fertig gestellt war, als seine Probleme einsetzten. Es handelte sich um den gigantischen Lager- und Werkstattkomplex Nord-Domodedovo auf einer Fläche von 558 000 m². Ende 2010 verkaufte Abljasows Gesellschaft Eurasie diesen Komplex weit unter dem tatsächlichen Preis an den russischen Geschäftsmann Sajt-Salam Gutseriev: Muchtar fürchtete, dass er sonst ganz einfach konfisziert würde.

Die russische Filiale der BTA lief während den ersten zwei Jahren nach seiner Emigration ganz gut. 2009 führten die russischen Behörden auf Druck von Kasachstan Kontrollen bei der Bank durch. Ein Kommando stürmte den Sitz und verhaftete unter einem Vorwand fünf Personen, darunter auch eine Frau mit schweren Gesundheitsproblemen. Doch es wurden keine kompromittierenden Elemente gefunden und die Bank setzte ihre Tätigkeit unter der Leitung des begabten Managers Roman Solodtschenko fort. 2010 wurde der Name der Bank nach einer Umstrukturierung der Aktiva in AMT umgewandelt. Erst im Juli 2011 fanden die Behörden schließlich einen guten Grund, um der Bank die Lizenz zu entziehen. Solodtschenko zog nach London, wo er einige Monate später erfuhr, dass er von der russischen und kasachischen Justiz gesucht wurde. Abljasow hingegen erhielt im Juli 2011 in Großbritannien politisches Asyl.

Plötzlich stand Nasarbajew also vor einem Problem, das er sich selbst eingebrockt hatte. Als die BTA mehr oder weniger am Boden lag, merkten die Behörden, dass 42 % aller Banktransaktionen des Landes über dieses Institut abgewickelt wurden. Bis heute hat sich das Bankensystem Kasachstans nicht vollständig von der überstürzten und destruktiven Verstaatlichung erholt, und das Regime versucht noch heute, den damals angerichteten Schaden zu beheben. Timur Kulibajew verlangt anscheinend vom Staat, dass dieser der BTA fast 1,5 Milliarden Dollar überweist, um ihre Liquidität zu sichern. Als Manager stelle ich mir die Frage, welche Budgetposten die kasachische Regierung dafür opfern wird!

Die materiellen Interessen der Präsidentenfamilie haben vielen Menschen Unglück und Leid gebracht. Wie viele Schicksale wurden zerstört, Personen verhaftet und hinter Gitter gebracht! Mit welchem Motiv? Meiner Ansicht nach gibt es zwei Beweggründe. Einerseits wollte sich Nasarbajew die

Bank von Abljasow unter den Nagel reißen, weil er glaubte, sich damit einen Goldesel zu sichern. Andererseits, und das ist vielleicht die Erklärung der Affäre, begann er Abljasow, diesen Milliardär mit Reformgedanken, ernsthaft zu fürchten. Würde er ihn eventuell persönlich angreifen, wie er dies schon 2001 getan hatte? Könnte das Vermögen von Abljasow dazu verwendet werden, um das Regime zu stürzen?

In Wirklichkeit eröffnete aber Nasarbajew selbst das Feuer. Was blieb Abljasow denn übrig? Wie heißt es schon in der Bibel: „Denn sie säen Wind und werden Sturm ernten." Im September 2010 eröffnete die Schweizer Justiz ein Untersuchungsverfahren gegen Timur Kulibajew, den Schwiegersohn des Präsidenten und Ehemann von Dinara, und seine Tätigkeit. Er wurde verdächtigt, in der Schweiz unermessliche Summen gewaschen zu haben, die aus diversen Schmiergeldern und illegalen Veräußerungen von Erdöl- und Gasvorkommen Kasachstans stammten. Diese Untersuchung wurde ausgelöst, weil eine aus fünf Personen bestehende Gruppe diese kriminellen Aktivitäten denunziert hatte. Die Namen kamen nie an die Öffentlichkeit, doch die kasachischen Behörden gehen davon aus, dass Abljasow einer von ihnen war. Es wurde mit harten Bandagen gekämpft.

Diese Anschuldigung löste ein neues Kazakhgate aus. Über 600 Millionen Dollar im Besitz von Kulibajew wurden eingefroren, betroffen waren die drei Banken Credit Suisse, UBS und Paribas. Ende Juli 2011 erhielten die schweizerischen Staatsanwälte weitere Hinweise. Nach dem Erhalt des politischen Asyls ging Abljasow ganz offen vor. Er veröffentlichte im Internet eine Reihe von kompromittierenden Dokumenten, welche die Methoden der Präsidentenfamilie in Bezug auf ihre unrechtmäßige Bereicherung enthüllten. Diese Fakten betrafen vor allem eine Angelegenheit, die in den Augen der kasachischen Öffentlichkeit besonders skandalös war, nämlich die Privatisierung der Nachrichtenagentur Khabar durch Dariga Nasarbajewa und ihren Mann Rachat Alijew in den 1990er Jahren und den Wiederverkauf an den kasachischen Staat mit einem Gewinn von 100 Millionen Dollar zehn Jahre später.

Ein weiteres Beispiel? 2004 und 2005 leitete Timur Kulibajew als stellvertretender Präsident der Erdöl- und Gasgesellschaft KazMunayGaz deren Privatisierung für eine lächerliche Summe in die Wege; Nutznießer war dabei eine Scheinfirma, die ein gewisser Arvind Tiku kontrollierte, einer seiner „Vertrauensleute". Im Oktober 2006 wurden ebendiese Aktien mit einem Gewinn von 300 Millionen Dollar erneut verkauft, ein Teil dieses Profits liegt bei der Bank BNP Paribas in Genf auf dem Konto der Gesellschaft Oilex, die Tiku gehörte. In beiden Fällen schaute der kasachische Staat in die Röhre:

Die Mitglieder der Präsidentenfamilie hatten zunächst Vermögenswerte des Staates zu einem lächerlich geringen Preis privatisiert und verkauften sie nach einer gewissen Zeit mit riesigem Gewinn wieder an den Staat.

Als die Konten der Familie Nasarbajew und ihrer Helfershelfer eingefroren wurden, begann der Krieg des kasachischen Regimes gegen Muchtar Abljasow erbarmungslos zu werden. Kann es da noch erstaunen, dass meine eigene Familie, die jener von Abljasow durch die Ehe unserer Kinder verbunden war, innert kürzester Zeit auch zur Zielscheibe wurde?

Die Justiz Kasachstans legt sich mit mir an

Ende 2009 kaufte Dinara, die Tochter des kasachischen Präsidenten, in Asnières, einer eleganten Außengemeinde von Genf, ein riesiges Anwesen. Dieses 8 000 m² umfassende Grundstück am Seeufer umfasst drei hübsche Häuser plus Nebengebäude und unterirdische Parkplätze. Dies alles zum bescheidenen Preis von 74,7 Millionen Schweizer Franken (damals fast 50 Millionen Euro), was auch für diese Region, in der viele begüterte Familien wohnen, einen absoluten Rekord darstellte.

Für die Familie Kulibajew ist es nicht der erste Hauskauf. So ist die Schweizer Villa auf den Namen von Dinara eingetragen, doch auch Timur hatte 2007 für schlappe 15 Millionen Pfund schon ein luxuriöses Anwesen in Großbritannien erworben. Diese Perle der traditionellen britischen Architektur befindet sich in der Grafschaft Surrey und war von Prinz Andrew, Mitglied der königlichen Familie, an Nasarbajews Schwiegersohn verkauft worden. Timur hatte es eigentlich anlässlich der Geburt ihres gemeinsamen Sohnes für seine Geliebte gekauft, eine *Femme fatale* kasachischer Abstammung namens Goga Ashkenazi. Die britische Presse bestätigte übrigens, dass Kulibajew ebenfalls fünf Stadtpalais im Zentrum von London sein eigen nennt. Zudem ist Timur angeblich stolzer Besitzer einer Luxus-Hazienda in Lloret del Mar, am südlichsten Zipfel der Costa Brava in Spanien, einer bei vielen neureichen Kasachen beliebten Region. Gemäß hartnäckigen Gerüchten soll Nursultan Nasarbajew persönlich der eigentliche Hausherr sein, er „erhole" sich oft hier, meist in Gesellschaft des indischen Milliardärs Lakshmi Mittal.

Mit dieser Auflistung der Liegenschaften im Besitz der Präsidentenfamilie enthülle ich kein Staatsgeheimnis. Alle diese Informationen sind problemlos in der schweizerischen, britischen und russischen Presse zu finden. Als aber erneut ein Skandal rund um Timur Kulibajew publik wurde und die Presse ausführlich über den Erwerb der Villa bei Genf durch Dinara berichtete, beschloss das Umfeld von Nasarbajew, das „Leck“ bezüglich dieser Informationen sei bei mir zu suchen. Was natürlich nicht zutraf. Bei meinem Gespräch mit Alexander Maschkewitsch am Flughafen von Genf im Dezember 2010 hatte ich ihm deutlich zu verstehen gegeben, dass mich die Fehde zwischen Abljasow und Nasarbajew nichts anginge und dass meine Familie nicht involviert sei. Doch diese Beteuerungen halfen genauso wenig wie der Brief, den Ilias an den Präsidenten gerichtet hatte. Es macht den Anschein, dass man mir und meiner Familie an den Kragen wollte, unabhängig davon, was ich davon hielt.

So führte ich im Winter 2011 mehrere Telefongespräche mit Nurtaj Abykajew, dem Chef des KNB. Seiner Aussage nach soll Abljasow gewisse Dokumente mit kompromittierendem Inhalt für die Familie Nasarbajew von meinem Sohn Ilias erhalten haben, der als junger Immobilienexperte in Genf tätig war. Und da die Weiterleitung dieser Dokumente ein Verbrechen gegen den kasachischen Staat darstellt, war die Schlussfolgerung simpel: Mein Sohn war ein Krimineller. Ich antwortete, es handle sich um eine falsche Anschuldigung. Ich bot sogar meine Hilfe an, um den Zwist zwischen Kulibajew und Abljasow gütlich zu regeln. Abykajew schlug mir vor, dem Präsidenten einen Brief zu schreiben, was ich auch tat. Doch das änderte absolut nichts.

Ende April oder Anfang Mai 2011 trafen Vertreter der Staatsanwaltschaft von Kasachstan in Genf ein, um mich inoffiziell darüber zu informieren, dass zwei Strafuntersuchungen gegen mich eingeleitet worden seien. Ich war verblüfft. Noch vor wenigen Monaten hatte mir der Verantwortliche der präsidialen Administration, Aslan Mussin, am Telefon versichert: „Wir haben mehrere Jahre zusammen gearbeitet, wir respektieren Sie, wir haben nichts gegen Sie“, usw. Und plötzlich strengte die Staatsanwaltschaft ein Verfahren gegen mich an!

Es war vorbei mit meiner Gelassenheit, ich rief Mussin an:

- „Ich habe soeben erfahren, dass ich verdächtigt werde. Was sollen diese Heucheleien?“
- „Wir werfen dir persönlich nichts vor, aber deine ganze Familie wird gegenwärtig gründlich überprüft. Sei uns nicht böse, das muss einfach sein.“
- „Aber das heißt doch, dass man mich beim Verlassen des Flugzeugs gleich in Handschellen legt, falls ich nach Hause zurückkehre!“
- „Nein, ich garantiere dir, dass du in Sicherheit bist. Du musst herkommen und einige Dokumente einsehen.“
- „Werde ich den Präsidenten treffen können?“

– „Das kann ich nicht an seiner Stelle beantworten. Im Moment ist dies nicht geplant.“

Ich beschloss, keinerlei Risiko einzugehen. Ich fürchtete trotz des Versprechens von Mussin, dass man mich in eine Falle locken wollte. Die folgenden Ereignisse gaben mir recht, da sie zeigten, dass weder ich noch meine Angehörigen mit einer anständigen Behandlung rechnen durften. Das Gespräch mit Mussin fand am 19. Mai 2011 statt; einige Tage später wurden Leilas Eltern, die in Kasachstan geblieben waren, verhaftet, als sie nach dem Passieren aller Kontrollen das Flugzeug bestiegen, das sie in die Türkei in den Urlaub bringen sollte. Es war offensichtlich entschieden worden, sie als Geiseln in Kasachstan festzuhalten. Mein Schwiegervater Kalibek Daniarov, ein bekannter Baumeister und renommierter Historiker im Alter von 80 Jahren, ertrug diese Behandlung nicht: Er erlitt noch im Flughafen einen leichten Herzinfarkt und einen Hirnschlag.

Wir rieten ihm, rasch nach Moskau zu reisen und sich dort in ärztliche Pflege zu begeben. Da das russische Regime ein treuer Verbündeter von Nasarbajew ist, konnte Letzterer sicher sein, dass mein Schwiegervater die GUS nicht würde verlassen können[78]. Am 30. Mai trafen meine Schwiegereltern am Flughafen ein. Sie sollten ein speziell für sie gechartertes, medizinisch ausgestattetes Flugzeug nehmen. Da mein Schwiegervater nicht mehr gehen konnte, saß er im Rollstuhl. Doch sie wurden erneut verhaftet. Man sperrte sie für sechs Stunden in einen kleinen Raum ein, wo sie, ohne einen Anwalt hinzuziehen oder ein Telefongespräch führen zu dürfen, von der Steuerpolizei verhört wurden. Als ich dies erfuhr, griff ich sofort zum Telefon: Ich rief Abykajew, Mussin und Kassym-Jomart Tokajew an, den ehemaligen Außenminister, der vor kurzem zum Generaldirektor des Uno-Büros in Genf ernannt worden war, sowie einige andere. Ich tobte vor Wut: „Nur ein krimineller Staat erklärt alten Menschen den Krieg!“ Sie alle gaben mir dieselbe Antwort: „Sie dürfen ausreisen, sobald sie bei der Steuerpolizei ihre Aussage gemacht haben.“

Leilas Vater war bei so schlechter Gesundheit, dass der Direktor des Flughafens bei der präsidialen Administration anrief: „Dieser Mann kann von einer Minute zur anderen sterben. Wer übernimmt in diesem Fall die Verantwortung?” Schließlich bat Leila ihre Mutter, alle Papiere zu unterschreiben, ohne ihren Inhalt verstehen zu wollen. Wir wollten nur, dass man

78. Die Abkürzung steht für Gemeinschaft Unabhängiger Staaten, der die meisten ehemaligen Sowjetrepubliken angehören.

sie gehen ließ. Als sie eine ganze Reihe von Dokumenten unterzeichnet hatten, welche die Steuerpolizei gegen mich und meine gesamte Familie zusammengestellt hatte, ließ man sie das Flugzeug besteigen. Mein Schwiegervater lag drei Wochen lang in einem guten Krankenhaus in Moskau, am 19. Juni trafen sie dann in Genf ein. Für uns war klar, dass sie nicht mehr nach Kasachstan zurückkehren durften. Wir hatten begriffen, dass die kasachischen Behörden meine Familie, d. h. Leila, unsere Kinder und Eltern und mich, wie eine Gruppe von organisierten Verbrechern behandelten. Nicht mehr und nicht weniger!

Während Leila und ich uns um meinen Schwiegervater kümmerten, dessen Gesundheit durch die schockierenden Ereignisse ernsthaft angeschlagen war, erfuhr ich, dass die Finanzpolizei im Bürgermeisteramt von Almaty alle offiziellen Dokumente beschlagnahmt hatte, die sich auf die Dauer meines Bürgermeisteramts von 1997 bis 2004 bezogen. Auf der Grundlage dieser Papiere wurden rasch über ein Dutzend zusätzlicher Gerichtsakten zusammengestellt. Da die vom Regime kontrollierten kasachischen Medien weiterhin eine aggressive Hetzkampagne gegen mich führten, fasste ich schließlich einen schwierigen Entschluss. Am 3. August 2011 schrieb ich einmal mehr einen Brief an den Staatssekretär Kanat Saudabajew:

> *Kanat Bekmursajewitsch, ich grüße Sie. Ich möchte mich nach der Gesundheit des Präsidenten erkundigen, denn man liest in den Medien, es gehe ihm nicht gut. Zudem ist Ihnen sicher bekannt, dass Mussin eine Kampagne gegen mich und meine Familie losgetreten hat. Er befindet sich damit im Unrecht. Ich werde nicht kampflos aufgeben. Ich habe dem Präsidenten Treue geschworen und habe dieses Gelöbnis nicht gebrochen. Ich habe immer Stillschweigen über alles gewahrt, was ich weiß, und zwar nicht aus Furcht (ich habe in der Vergangenheit bereits zwischen Leben und Tod geschwebt), sondern aus Loyalität. Der Präsident aber hat mich verraten. Ich fordere Sie auf, gemäß dem in der Republik Kasachstan geltenden Recht und gemäß Ihrem Gewissen zu handeln und Ihre Meinung zu ändern. Warum wollen Sie sich neue Feinde schaffen? Hochachtungsvoll, Viktor.*

Dieser Brief wurde nie beantwortet, gleichzeitig wurde ich in den kasachischen Medien immer heftiger und gemeiner angegriffen. Am 29. August desselben Jahres enthüllten die Medien, ich würde nun strafrechtlich verfolgt. Da wandte ich mich ein letztes Mal an Kanat und informierte ihn darüber, dass ich mich durch mein Gelöbnis nicht mehr gebunden sähe und ab sofort so handeln würde, wie ich es für richtig hielte, um mich und meine Familie zu verteidigen. Seither gewähre ich den kasachischen Oppositionsmedien und auch ausländischen Journalisten Interviews, außerdem schreibe ich selbst. Dazu braucht man nur meine Website zu konsultieren. Ich habe den Rubikon überschritten.

Schanaosen

Das Jahr 2011 erwies sich für Kasachstan als ein besonders düsteres und unheilvolles. Es begann im April mit vorgezogenen Präsidentschaftswahlen – oder vielmehr mit einer Wahlparodie. Warum diese Eile?

Ursprünglich war die Wahl für Ende 2012 oder Anfang 2013 vorgesehen. Doch bis dahin hätte sich die Opposition vorbereiten und einen anständigen, glaubwürdigen Kandidaten designieren können, der in der Lage wäre, die Bevölkerung zu mobilisieren. Immerhin gibt es in Kasachstan fast zwanzig Parteien, von denen einige nicht einmal registriert sind und folglich gar nicht rechtmäßig existieren. Zur Verhinderung dieser allgemeinen Mobilisierung schlug Nurlan Temirbekov, der Rektor der technischen Universität von Ost-Kasachstan, der seit jeher delikate Angelegenheiten für die Macht übernimmt und den ich gut kenne, in der Öffentlichkeit vor, ein Referendum betreffend die Verlängerung des Präsidentenamts bis 2020 ohne Wahlen zu organisieren.

Das Gesetz über die Durchführung des Referendums wurde vom Parlament verabschiedet – doch zum selben Zeitpunkt setzte in Nordafrika und später im Nahen Osten der arabische Frühling ein. Washington warnte Kasachstan, dass die Durchführung dieses Referendums in den Augen der USA einem Rückschritt für die Demokratie gleichkomme. Nasarbajew krebste sofort zurück: Er unterzeichnete das Gesetz über das Referendum nicht und wies es an den Verfassungsrat zurück, der erklärte, ein derartiges Referendum „verstoße gegen die Rechte der Wähler". Der Präsident wandte sich an die Parlamentarier. Er erklärte ihnen, dass die Durchführung des Referendums eine negative Reaktion der internationalen Gemeinschaft ausgelöst habe und dass er ihnen nur noch die Abhaltung vorgezogener Präsidentschaftswahlen versprechen könne.

Mit diesem Trick sollte natürlich nur die Opposition überrumpelt werden. Das Gesetz über die vorgezogenen Wahlen wurde verabschiedet, die Abstimmung fand am 3. April 2011 statt und Nasarbajew erhielt – welche Überraschung! – schon im ersten Wahlgang fast 95,5 % der Stimmen. Es wurde keinem anderen ernsthaften Kandidaten, wie beispielsweise Wladimir Koslow, dem Vertreter der demokratischen Opposition, gestattet, sich zur

Wahl zu stellen. Offiziell traten neben Nasarbajew weitere drei Kandidaten zur Wahl an, doch sie waren nichts als gut dressierte, lammfromme Strohmänner. Einer von ihnen, Mels Eleusisow, bekannte sich sogar öffentlich dazu, für Nasarbajew gestimmt zu haben!

Solche „sowjetischen" Wahlergebnisse kommen nur in Diktaturen vor. Und ich kann mit Sicherheit bestätigen, dass diese Resultate meilenweit von den tatsächlichen Ergebnissen entfernt sind. Nach unabhängigen Beobachtern, die auf dem Fernsehsender K+ und in anderen Medien der Opposition zu Wort kamen, entschied sich die Bevölkerung bei weitem nicht einstimmig für Nasarbajew. Die OSZE bestätigte überdies, diese Wahl habe in keinster Weise demokratischen Vorschriften entsprochen.

Die Liste der Katastrophen wurde einen Monat später im Mai 2011 noch länger, als das Land von einem massiven Streik erschüttert wurde, der in Schanaosen in der Region Mangistau im Westen Kasachstans ausbrach. Fast 1 500 Arbeiter, die für mehrere Erdöl- und Gaskonsortien tätig waren, traten nämlich in den Ausstand, um beträchtliche Gehaltserhöhungen und eine Verbesserung ihrer Arbeitsbedingungen zu fordern. Das Gericht von Schanaosen befand im Handumdrehen, dieser Streik sei illegal. Diesem Urteil folgte die Entlassung mehrerer hundert Streikender, außerdem wurden zahlreiche Aktivisten verhaftet und zusammengeschlagen. Es wurden sogar Menschen ermordet, wie beispielsweise am 2. August der Gewerkschaftler Schaksylyk Turbajew, oder die am 24. August ermordet aufgefundene Tochter von Kudajberghen Karabalajew, dem Präsidenten des Gewerkschaftsausschusses der Gesellschaft Osenmunaigaz. Die Mörder hat man nie gefunden, was aber nicht weiter erstaunt. Der Geheimdienst schreckte offensichtlich vor nichts zurück, um die Streikenden einzuschüchtern.

Während sieben Monaten reagierte die Regierung nicht auf die Forderungen der Arbeitnehmer, auch dann nicht, als ein Teil der Aktivisten in den Hungerstreik trat. Zur selben Zeit versuchte die Justiz, die Protestaktionen zu beenden, indem sie Gerichtsverfahren gegen die Streikenden führte. So wurde Natalia Sokolova, die Gewerkschaftsjuristin der Erdölgesellschaft Karaschanbasmunai, Ende Mai 2011 verhaftet und zwei Monate später wegen „Anstiftung zu gesellschaftlichem Unfrieden"[79] zu sechs Jahren Arbeitslager verurteilt. Einem weiteren Aktivisten, Akschanat Aminov, wurde dasselbe vorgeworfen. Man verhaftete ihn im Juni. Doch man verwehrte dem Diabetiker während seiner Haftzeit vor dem Prozess die Insulininjektionen, was

79. Nachdem sie ihren „Fehler" eingestanden hatte, wurde sie im März 2012 vorzeitig auf freien Fuß gesetzt.

einer Form von Folter gleichkommt und mit der Zeit zu seinem Tod hätte führen können. Schließlich wurde er zu zwei Jahren Gefängnis auf Bewährung verurteilt. Sokolova und Aminov wurden von Amnesty International als politische Gefangene anerkannt.

Einige Aktivisten waren immer verzweifelter und versuchten sich umzubringen, um die allgemeine Aufmerksamkeit auf ihre Lage zu lenken. Eine von ihnen war Natalia Aschig Aliyeva; sie versuchte sich im Juli selbst zu verbrennen und rief die Bevölkerung auf, es ihr gleichzutun. Ein Arbeiter, der für Osenenergoneft tätig war, nahm sich im Oktober das Leben.

Das Kräftemessen zwischen den Streikenden und den Vertretern der autoritären Macht wurde immer brutaler. Zu den wirtschaftlichen Forderungen kamen nun auch politische Anliegen. Nach dem Herbst begannen die Arbeiter, die Einstellung der Verfolgungen, die offizielle Anerkennung der unabhängigen Gewerkschaften sowie die Befreiung der gefangenen Aktivisten und Gewerkschaftsführer zu verlangen.

Die eigentliche blutige Unterdrückung des Streiks setzte am 16. Dezember 2011 ein, dem Feiertag anlässlich der 20-jährigen Unabhängigkeit Kasachstans. Den Streikenden nach, die auf der Straße demonstrierten, zündeten vom Geheimdienst angeheuerte Provokateure Autos und Gebäude an, darunter auch das Bürgermeisteramt. Auf dem Hauptplatz befanden sich zwischen 1 000 und 3 000 Streikende, als die Polizei das Feuer eröffnete. Nach offiziellen Aussagen wurden 14 Personen getötet, doch Zeugen sprachen von fast 70 Toten und 400 Verletzten.

Im Verlaufe des Abends profitierten Randalierer und berüchtigte Kriminelle von der Situation, um Geschäfte und Banken, Cafés und Privathäuser zu plündern. Die Polizei wiederum verhaftete und verprügelte unbeteiligte Passanten. Eines der Opfer war ein älterer Mann, der sich auf dem Weg zu seiner Tochter auf die Entbindungsstation befand; er wurde derart zusammengeschlagen, dass er einige Tage später verstarb.

Die Unruhen setzten sich am nächsten Tag fort, in Schanaosen, aber auch in Shetpe und in Aktau in derselben Region. In Shetpe schoss die Polizei in die Menge, tötete eine Person und verletzte mindestens elf weitere. In Aktau wurden alle 150 Arbeiter verhaftet, die ihre Kollegen in Schanaosen mit einer Demonstration unterstützten. Als Reaktion auf diese Welle der Gewalt unterzeichnete Präsident Nasarbajew einen Erlass, der während 20 Tagen den Ausnahmezustand über Schanaosen verhängte.

Nasarbajew musste einen Weg finden, um die angespannte Lage zu besänftigen. Er ging so weit, seinen Schwiegersohn Timur Kulibajew, den Präsidenten des nationalen Fonds Samruk-Kazyna –, der mehrere Erdöl- und

Gasgesellschaften verwaltete, darunter auch KazMunayGaz –, zu entlassen, weil es ihm nicht gelungen war, einen Arbeitskonflikt rasch beizulegen. Dann setzte er den Gouverneur der Region Mangistau und den CEO von KazMunayGaz ab. Gleichzeitig warf der Präsident „kriminellen Gruppierungen mit Verbindungen zu ausländischen Kräften" vor, die Aufstände angezettelt zu haben.

Es erwies sich bald, wer diese kriminellen Gruppierungen waren. Am 27. März 2012 begann in Aktau das Gerichtsverfahren gegen 37 Streikende, die aufgrund ihrer Teilnahme an den Aufständen verurteilt wurden. Das Verdikt wurde am 5. Juni bekannt gegeben. 13 Personen erhielten eine Freiheitsstrafe von drei bis sieben Jahren, 21 weitere wurden zu Haftstrafen auf Bewährung verurteilt. Doch der spektakulärste Prozess stand noch bevor. Dieses ausschließlich politische Verfahren begann am 16. August 2012 und fand ebenfalls in Aktau statt. Auf der Anklagebank saßen drei Aktivisten: Wladimir Koslow, der Chef der nicht registrierten Partei *Alga!* („Vorwärts!"), sowie Serik Sapargali und Akschanat Aminow, zwei Aktivisten der „Volksfront". Gegen Koslow und Aminow (die bereits 2011 vor Gericht standen) lagen drei Anklagepunkte vor: Aufhetzung zu sozialem Hass, Aufruf zum Umsturz der Verfassungsordnung (d. h. im Klartext Staatsstreich) und Organisation einer kriminellen Gruppe. Sapargali wurde nur wegen der beiden erstgenannten Gründe angeklagt.

Dieser Prozess löste in Kasachstan, in Russland und weltweit eine Welle der Empörung aus. Die Atmosphäre war völlig surreal. Der dem Prozess beiwohnende Verteidiger der Menschenrechte, Rechtsanwalt Evgeni Schovtis, postete umgehend auf seiner Facebook-Seite: „Der Staatsanwalt las die Anklageschrift vor. Im Vergleich dazu ist Wyschinski ein Waisenknabe[80]. Ich habe in Kasachstan jedenfalls noch nie etwas Vergleichbares gehört. Solche Beschreibungen sind mir bisher höchstens in Büchern über die Säuberungsaktionen von 1937 begegnet. Es geht in rasantem Tempo bergab."

Zu den Opfern der präsidialen Rachsucht zählte auch Wladimir Koslow, einer der aktivsten kasachischen Dissidenten. Dieser frühere Werbefachmann gehörte seit 2001 der Parteidirektion der *DVK*, der „Demokratischen Option Kasachstans" an. Als die DVK im Januar 2005 gerichtlich verboten wurde, gründete er die Partei *Alga!*. Im Januar 2012 galt diese Gruppierung mit ihren 61 000 Aktivmitgliedern als die wichtigste Kraft der Opposition, sie verfügte über Strukturen in mehreren Regionen Kasachstans, obwohl sich

80. Andrei Wyschinski war Generalstaatsanwalt der Sowjetunion zur Zeit der großen Säuberungen und politischen Prozesse (1937-1938). Er ist berühmt geworden durch seine gehässigen und beleidigenden Ansprachen an die Angeklagten.

das Justizministerium geweigert hatte, sie zu registrieren und offiziell anzuerkennen. Natürlich hatte das Regime diesen Koslow schon lange im Visier. Er hatte nämlich 2009 wegen der unzähligen Verstöße des Nasarbajew-Regimes gegen die Menschenrechte eine europäische Kampagne gegen den Vorsitz Kasachstans in der OSZE geführt. Zudem hatte er angeregt, die Partei *Alga!* solle die Versorgung der streikenden Arbeiter mit Wasser und Zelten übernehmen, als diese im Zentrum von Schanaosen kampierten. Und nach dem gewaltsamen Ende des Streiks hatte er auch das Europäische Parlament und die Mitglieder der Europäischen Kommission dazu aufgerufen, mit Hilfe einer internationalen Untersuchung die Wahrheit rund um die Tragödie von Schanaosen ans Licht zu bringen. Kann es da noch erstaunen, dass er vom KNB sofort verhaftet wurde, als er am 23. Januar 2012 nach einer Reise nach Straßburg wieder in Kasachstan eintraf?

Während seines Verfahrens brachte die Staatsanwaltschaft auch Vorwürfe gegen Muchtar Abljasow vor. In der Anklageschrift wurde letzterer als jemand bezeichnet, der zusammen mit Koslow einer der Anführer der „kriminellen Gruppierung" gewesen sei, die man gegründet hatte, um die Regierung zu stürzen. Abljasow war tatsächlich einer der Gründer der DVK gewesen und hatte die Opposition nach seiner Ausreise nach London offensichtlich weiterhin finanziell unterstützt.

Alga! zettelte nie einen Staatsstreich an. Im Gegenteil: Koslow rief seine Anhänger immer zu friedlichem und legalem Vorgehen auf. Doch nach einem Prozess stalinistischen Ausmaßes, gespickt mit zahlreichen Verfahrensverstößen, wurde Wladimir Koslow zu einer extrem schweren Strafe verurteilt: siebeneinhalb Jahre Zuchthaus mit Konfiszierung seines gesamten Eigentums[81]. Die angeblich unabhängige kasachische Rechtsprechung ließ sich in keinster Weise von den Protesten und den Interventionen der europäischen Abgeordneten (von denen einige speziell nach Kasachstan gereist waren, um am Prozess zugunsten von Koslow auszusagen) und einiger internationaler NGOs wie Human Rights Watch beeindrucken. Die Partei *Alga!* wurde wegen Extremismus endgültig verboten.

Als ich noch mit Nasarbajew zusammenarbeitete, vertraute er mir, wie schon erwähnt, wiederholt an, Wladimir Putin sei „sein Schüler" gewesen. Heute, da die russische Justiz zwei politische Prozesse angestrengt hat – jenen gegen die Teilnehmer der Demonstration vom 6. Mai 2012 auf dem Bolotnaja-Platz in Moskau und jenen gegen die Parteichefs der nicht registrierten Oppositionsbewegung „Linke Front" –, sticht die Ähnlichkeit zwischen

81. Zwei weitere Angeklagte wurden zu Bewährungsstrafen verurteilt.

den Politikern wirklich ins Auge. Wladimir Putin, Alexander Lukaschenko und Nursultan Nasarbajew, die Staatschefs von Russland, Weißrussland und Kasachstan, den drei Ländern des Gemeinsamen Wirtschaftsraums, liegen in Bezug auf ihre Repressionsmethoden wirklich auf einer Linie.

Meiner Ansicht nach ist aber Nasarbajew der Raffinierteste und Schlaueste dieser Autokraten-Troika. Nach der Tragödie von Schanaosen versuchte er mit Hilfe eines Ablenkungsmanövers sein Image wieder aufzupolieren. Anlässlich des Gipfeltreffens rund um Atomfragen im März 2012 in Südkorea schlug er vor, in Kasachstan eine internationale Bank für atomaren Treibstoff zu gründen. Damit wollte man verhindern, dass Staaten wie der Iran auf eigene Faust Uran anreichern, sowie allen Ländern weltweit den Zugang zu angereichertem Uran zu zivilen Zwecken ermöglichen. Gegenwärtig wurde dieser Vorschlag, der für die Bevölkerung Kasachstans eine potenzielle Gefahr darstellt, weil mit der Lagerung riesiger Mengen von spaltbarer Materie enorme Risiken verbunden sind, noch nicht umgesetzt.– doch er hat Nasarbajew ein dickes Lob von Barack Obama und auch von Dimitri Medwedew, dem abtretenden russischen Präsidenten, eingebracht!

Sarkozy in Astana

Wie kommt es, dass der kasachische Präsident trotz immer wieder auftretender Finanzskandale rund um seine Person und um seine Familie, trotz der systematischen Menschenrechtsverletzungen in seinem Land und trotz des immer groteskeren und absurden Personenkults seinen Platz auf dem internationalen Parkett so wacker behauptet? Dafür gibt es zwei Gründe:

Erstens ist Nasarbajew ein außerordentlich gewiefter Außenpolitiker. In dieser Beziehung spielt er ein vielschichtiges Spiel, indem er sich zu einer „multivektoriellen" Politik bekennt. Er unterhält natürlich ausgezeichnete Beziehungen zu Russland, aber eben auch zu China, zu den USA (seit dem Ende von Kazakhgate), zur islamischen Welt ... Er ist mit allen befreundet, die ihm nützlich sein könnten.

Kasachstan besitzt auf dem internationalen Parkett das Image eines Staates, der nach langen Jahren unter russischer Herrschaft seine Unabhängigkeit erlangte und dessen Regierungschef viel Energie ausstrahlt und sich um die Zukunft des Planeten sorgt: Er fordert die nukleare Abrüstung, setzt sich für die Schaffung einer atomfreien Zone im Nahen Osten ein und vertritt weitere respektable Anliegen. Dieses Image entspricht kaum der Wirklichkeit. Bezüglich Abrüstung kann man Nasarbajew höchstens zugute halten, dass er das nukleare Zentrum und das entsprechende Testgelände in Semej (ehemals Semipalatinsk) 1991 schließen ließ. Dieses Testgelände wirkte sich verheerend auf die Gesundheit der kasachischen Bevölkerung aus. Doch in Wirklichkeit wurde es gar nicht auf Initiative des Präsidenten geschlossen, sondern infolge einer gewaltigen Volksbewegung namens Nevada-Semej, die auf Anregung des berühmten kasachischen Dichters Olschas Sulejmenow[82] entstanden war. Der Staatschef schmückte sich in dieser Hinsicht mit fremden Federn. Er tat dies so unverfroren, dass Uno-Generalsekretär Ban Kimoon das Atomtestgelände 2010 besuchte und die „visionäre Entscheidung, die wahre Unabhängigkeitserklärung" von Präsident Nasarbajew begrüßte!

Zweitens gehört Kasachstan zu den Ländern mit den bedeutendsten Bodenschätzen der Welt. Und da diese Ressourcen zu einem großen Teil von ausländischen Unternehmen abgebaut werden (vor allem von jenen, die sich diesen Kuchen mit der Präsidentenfamilie teilen), sind internationale Konzerne und viele Regierungen aus aller Welt erpicht darauf, „herzliche" Beziehungen mit Astana zu pflegen.

Nehmen wir zum Beispiel das große, demokratisch regierte Frankreich. Wir schreiben das Jahr 2009. Präsident Sarkozy versucht mit allen Mitteln zu verhindern, dass sein Land in die Krise schlittert. In diesem Kontext erleben die Beziehungen zwischen Paris und Astana einen spektakulären Höhenflug. Am 6. Oktober trifft Sarkozy für einen Blitzbesuch in der kasachischen Hauptstadt ein, eine Reihe von Ministern und Geschäftsleuten im Schlepptau. Innerhalb von 24 Stunden werden genau 24 bilaterale Vereinbarungen und Protokolle unterzeichnet, für einen Gesamtbetrag von unglaublichen 6 Milliarden Dollar. Schenkt man Sarkozys Worten anlässlich der Pressekonferenz am Ende seines Besuchs Glauben, könnte man annehmen, dass Frankreich und Kasachstan sich ewige Freundschaft geschworen haben, besiegelt mit unerschöpflichen Vorräten an Erdöl und Gas, mit diversen Raumfahrtprojekten, zivilen nuklearen Vorhaben und natürlich französischem Parfum.

Sarkozy hält das Versprechen, das er den französischen Geschäftsleuten bei seiner Wahl gegeben hatte, nämlich einen *Drang nach Osten* Richtung Zentralasien. Diese strategische Freundschaft scheint dem temperamentvollen französischen Präsidenten so sehr am Herzen zu liegen, dass er die Forderungen der kasachischen Menschenrechtler und der verschiedenen internationalen NGOs völlig ignoriert: Er sollte Präsident Nasarbajew an den miserablen Ruf Kasachstans in Bürgerrechtsfragen erinnern. Diese Bedenken wischt Sarkozy einfach vom Tisch: Er ist nicht nach Kasachstan gereist, um den Zeigefinger zu erheben, sondern um reale Probleme zu lösen, *dixit* der

82. Vgl. Ausführungen im Kapitel *Der Wind der Freiheit*, S. 31.

Staatschef. Nasarbajew strahlt und adelt seinen hochrangigen Gast mit einem Verdienstorden, der sich stolz mit dem Goldenen Adler ziert.

Einige Monate später verschickt der Goldene Adler am 6. Juli 2010 anlässlich des Geburtstags seines Freundes Nasarbajew, der 70 wird, ein schmeichlerisches Gratulationsschreiben: „Unter deiner Führung ist Kasachstan zu einem der höchstentwickelten Länder des postsowjetischen Raums geworden ... Astana ist eine futuristische, spektakulär wirkende Hauptstadt ...“ Und vor allem versichert ihm Sarkozy in diesem Brief, er würde ihn bei der Idee eines OSZE-Gipfels unter kasachischem Vorsitz weiterhin tatkräftig unterstützen.

Alles in Butter also. Doch geht man unbeschadet aus einem Pakt mit dem Teufel hervor? Der Skandal kommt Anfang Oktober 2012 heraus, nach dem Rücktritt von Sarkozy. *Le Canard Enchaîné,* die satirische Wochenzeitung Frankreichs, enthüllt eine pikante Story. 2010 schlug Nicolas Sarkozy, ganz der geschäftstüchtige Staatspräsident, Kasachstan vor, 45 Helikopter des Typs Eurocopter EC725 zu erwerben. Zu jener Zeit kostete jeder Helikopter 25 Millionen Dollar. Die kasachische Internet-Gemeinschaft stellt wilde Spekulationen an. Braucht Kasachstan diese leistungsstarken Maschinen, um seine Anlagen am kaspischen Meer gegen den Iran zu verteidigen? Oder will der Staat nach dem 2014 geplanten Abzug der amerikanischen Truppen aus Afghanistan selber Terroristen jagen?

Fünfundvierzig. Diese Zahl wirkt noch eindrücklicher, wenn man weiß, dass die französische Luftwaffe nur 19 dieser Helikopter besitzt. Präsident Nasarbajew zeigte sich jedoch bereit, das Angebot seines französischen Freundes teilweise anzunehmen. Er willigt ein, 20 Maschinen zu erwerben, was immerhin die stolze Summe von einer halben Milliarde Dollar ausmacht. Er stellt im Gegenzug aber Bedingungen: Sarkozy soll seinen Einfluss geltend machen, um das in diesem Buch bereits mehrfach erwähnte kasachische Oligarchen-Trio Patoch Schodijew, Alexander Maschkewitsch und Alidschan Ibragimow von einem Korruptionsskandal in Belgien reinzuwaschen.

Der französische Präsident scheint diese Auflage erfüllt zu haben. Während sich nämlich das Trio effektiv wegen einer Korruptionsaffäre, einmal mehr im Zusammenhang mit dem Unternehmen Tractebel, in der Bredouille befindet, verabschiedet das belgische Parlament etwas überstürzt im April 2011 ein Gesetz, das die Aufhebung eines Gerichtsverfahrens gegen Bezahlung einer bestimmten Geldsumme ermöglicht. Es gestattet mit anderen Worten eine finanzielle Transaktion, auch wenn der Prozess bereits stattfindet oder das Urteil schon ausgesprochen wurde und der Fall in Berufung gegangen ist. Dieses zum idealen Zeitpunkt erlassene Gesetz ermöglicht es

Schodijew, dem reichsten Mann Belgiens, und seinen beiden Geschäftsfreunden, das von der belgischen Staatsanwaltschaft gegen sie angestrengte Gerichtsverfahren umgehend einzustellen, und zwar gegen Entrichtung des Betrags von 23 Millionen Euro. So einfach geht das. Da man die belgische Justiz nicht bestechen konnte, hat man einfach die belgische Rechtsprechung geändert!

Hervé Lifran, Journalist beim *Canard Enchaîné*, greift den Vize-Präsidenten des belgischen Senats, Armand De Decker, an, der dieses Gesetz auf Anfrage von Claude Guéant, dem ehemaligen Generalsekretär des Élysée-Palastes und späteren Innenminister unter Sarkozy, gepusht haben soll. Der Journalist bestätigt, er besitze mehrere E-Mails, die zwischen Claude Guéant, Sarkozys diplomatischem Berater für Zentralasien, und den Anwälten des kasachischen Trios hin und her gegangen seien. Der Rest ist reine Spekulation. Der Vertrag für den Kauf der französischen Helikopter wurde nur wenige Tage nach der Verabschiedung des Gesetzes von Nasarbajew unterzeichnet.

Des Weiteren ist festzuhalten, dass derselbe Armand De Decker, ein hochrangiger belgischer Politiker und ebenfalls Bürgermeister einer Brüsseler Gemeinde namens Uccle, am 18. Dezember 2012 die Auflösung einer Demonstration der kasachischen Diaspora vor der kasachischen Botschaft in Brüssel anordnete, bei der man der Tragödie von Schanaosen gedenken und das Regime von Nasarbajew dazu aufrufen wollte, die Verurteilten zu begnadigen. Da erübrigt sich wohl jeder weitere Kommentar.

Nasarbajews internationale Lobby

Das kasachische Regime verfügt über eine Armee von Lobbyisten, die in verschiedenen Ländern, vor allem aber in den USA und in Europa, tätig sind.

Alexander Mirtschew habe ich bereits erwähnt: Dieser Mann mit den zahlreichen Funktionen war unter anderem Nasarbajews Hauptberater für Wirtschaftsfragen. Gegen eine Entschädigung von mehreren Dutzend Millionen Dollar organisierte der amerikanische Consultant und mächtige Lobbyist bulgarischer Abstammung mit dem zweifelhaften Ruf Werbekampagnen in der westlichen Presse sowie Verführungsaktionen bei den amerikanischen Abgeordneten, um die Erinnerung an Kazakhgate zu verdrängen. Doch Mirtschew ist bei weitem nicht der Einzige. Weit berühmtere Menschen als er sind sich nicht zu fein, dem kasachischen Präsidenten zur Seite zu stehen. Zu ihnen gehört auch der ehemalige britische Premierminister Tony Blair, dessen Dienste der Zeitung *The Telegraph* zufolge mit einem Jahresgehalt von 8 Millionen Pfund entschädigt werden. Nach dem gewaltsamen Tod seines langjährigen Freundes Oberst Muammar Gaddafi erklärte sich Blair offiziell einverstanden, für den kasachischen Autokraten zu arbeiten [83]. Blair hatte Nasarbajew dank seiner Beziehungen zu den wichtigen Persönlichkeiten dieser Welt im Jahr 2000 kennen gelernt. Heute rühmt er systematisch bei jeder Gelegenheit die „Errungenschaften" Kasachstans. Seit er 2007 aus der Downing Street auszog, soll er mit seiner Tätigkeit als Lobbyist und Berater fast 50 Millionen Pfund Sterling verdient haben.

Nasarbajews Lobby ist in der Schweiz besonders aktiv und einflussreich. Zu diesem erlauchten Kreis gehören einige hochstehende Honoratioren, wie beispielsweise der Nachrichtenoffizier und Diplomat Amanschol Schankulijew, der als Botschafter in der Schweiz und im Vatikan tätig war und Kasachstan 2008 und 2009 bei mehreren internationalen Organisationen in Genf vertrat, bevor er zum Direktor des außenpolitischen Geheimdienstes von Kasachstan ernannt wurde.

Kassim-Schomart Tokajew ist eine weitere bedeutende Figur in dieser Runde. Auch dieser ehemalige Premierminister, Außenminister und Senatspräsident von Kasachstan erlebte seine Sternstunde auf dem internationalen Parkett. 2008 wurde er zum stellvertretenden Präsidenten der Parlamentarischen Versammlung der OSZE gewählt sowie im März 2011 zum Vizegeneralsekretär der UNO, zum Generaldirektor des UNO-Büros in Genf und zum Generalsekretär der Abrüstungskonferenz ernannt. Ihm vertraute Nasarbajew parallel zu Mirtschews „Arbeit" die Vertuschung der Kazakhgate-Affäre sowie weitere heikle Missionen an, wobei er dazu politischen und wirtschaftlichen Druck ausübte und diesen mit einem materiellen „Anreiz" kombinierte. Er reiste in den Jahren 2002 und 2003 mehrmals in die Schweiz, um diskrete Gespräche mit den eidgenössischen Behörden zu führen.

Auch eine Figur wie Kanat Saudabajew, ein enger Freund des kasachischen Präsidenten, darf nicht unerwähnt bleiben. Dieser ehemalige Zirkusdirektor wurde nach einer steilen Karriere nacheinander Außenminister, Kanzleichef des Präsidenten, Botschafter in den USA, Staatssekretär und O-SZE-Präsident! Nachdem er sich in Amerika neben Alexander Mirtschew einen Namen gemacht hatte, befasst sich Saudabajew nun in der Schweiz mit „delikaten" Themen, wie z. B. mit dem Vermögen von Timur Kulibajew und seiner Frau Dinara, die von den schweizerischen Banken blockiert wurden.

---

83. Siehe zum Beispiel *The Guardian* vom 24. August 2014: *Tony Blair advises Kazakh president on publicity after killing of protesters,* (http://www.theguardian.com/politics/2014/aug/24/tony-blair-advice-kazakh-president-protesters)

Dutzende von anderen Personen, von denen viele in Genf ansässig sind, dienen den Interessen der Familie Nasarbajew[84]. Ich kann und möchte den Schweizer Behörden nicht vorwerfen, sie ließen sich bei der Bearbeitung meines Falls von dieser stark verzweigten Lobby beeinflussen. Es ist aber eine Tatsache, dass das Gesuch um politisches Asyl, das Leila und ich vor bald zwei Jahren eingereicht haben, noch immer in der Schwebe ist. Zudem reagierte die Staatsanwaltschaft der Stadt Genf auf die kasachische Bitte um Rechtshilfe und leitete im Oktober 2012 ein Verfahren wegen Geldwäscherei gegen meine Familie ein, obwohl wir schon seit vier Jahren in Genf leben. Liegt vielleicht so viel kasachisches Geld auf schweizerischen Bankkonten, dass man Druck auf die Schweiz ausüben kann? Ich würde diese Möglichkeit nicht von der Hand weisen.

Der mysteriöse Tod meines Neffen

Die Anklage wegen Geldwäscherei ist natürlich absurd: Der Wohlstand, in dem Leila und ich leben, ist auf das Talent meiner Frau zurückzuführen, die nach ihrem Ärger mit dem Staatsfernsehen in der ersten Hälfte der 1990er Jahre zur Geschäftsfrau wurde und insbesondere in den Luxusartikelimport in Kasachstan einstieg. Unser Sohn Ilias, der einen Großteil seiner Schulzeit und seines Studiums in der Schweiz absolvierte, erbte diese unternehmerische Ader von ihr und wurde in seiner Wahlheimat zu einem angesehenen und erfolgreichen Immobilienfachmann. Welches Geld sollten wir angesichts unserer durch und durch rechtmäßigen Einkünfte denn waschen wollen?

Da mir die Vorwürfe des Regimes in Astana nichts anhaben konnten und meine gesamte Familie nun in der Schweiz vereint lebt und in Sicherheit ist, konnte das Umfeld von Nasarbajew wohl kein anderes Mittel finden, um mich zu einer Rückkehr nach Kasachstan zu zwingen und ins Gefängnis zu stecken!

Am 9. April 2013 erhielt ich einen Anruf meiner Schwester, die in Ust-Kamenogorsk wohnt. Sie teilte mir mit, mein Neffe Dimitri Striaptschew, 37 Jahre alt und Vater zweier Kinder, sei unter merkwürdigen Umständen gestorben. Er hatte in einem Unternehmen für Stromnetzwerke gearbeitet, das Timur Kulibajew gehört, und war ausschließlich deswegen entlassen worden, weil er mit uns verwandt ist. Meine Schwester erzählte mir, man habe seine Leiche am Vortag in der Garage gefunden, wo er sein Auto geparkt hatte. Trotz einer gerichtsmedizinischen Untersuchung wird die Todesursache in

84. Eine ausführliche Liste kann per 21.05.2013 auf meiner Website eingesehen werden.

seinem Totenschein nicht genannt. Seine Witwe erhielt keinerlei weitere Informationen von der Polizei. Zehn Tage später teilte man ihr plötzlich mit, Dimitri sei „mit einem Strick um den Hals“ aufgefunden worden. Wer aber hatte die Schlinge zugezogen? Eines ist gewiss: Es handelt sich mit Gewissheit nicht um einen Selbstmord. Dimitri war nicht depressiv und hatte soeben einen neuen Anstellungsvertrag unterschrieben.

Kommt dann also Mord in Frage? Und wenn ja, ist er unter Umständen vom kasachischen Geheimdienst durchgeführt worden? Warum? Wollten mich die Behörden einschüchtern und zum Schweigen bringen? Hofften sie vielleicht, ich würde heimlich an der Beerdigung meines armen Neffen teilnehmen, wo sie mich verhaften könnten? Ich fühle mich manchmal wie eine Figur in einem schlechten Krimi. Leider ist diese Hypothese aber nicht völlig aus der Luft gegriffen. Ich erinnere mich an eine alte Geschichte, an die Ermordung des Neffen meines ehemaligen Chefs Zamanbek Nurkadilov im Bürgermeisteramt von Almaty. Folgende Worte schrieb er in seinem offenen Brief an Präsident Nasarbajew vom 22. Juli 2004: *„Als Sie mich im November 1994 meines Postens als Bürgermeister von Almaty enthoben und ich beschloss, für die Wahlen ins Parlament Mäschilis zu kandidieren, kam mein Neffe Almas Moldabekov bei einem Verkehrsunfall ums Leben. Ich bin überzeugt, dass er getötet wurde. Es handelte sich bestimmt um ein Warnsignal an meine Adresse.“* Die Leiche des jungen Mannes, die man am Straßenrand gefunden hatte, war in der Tat übersät mit Blutergüssen und Verletzungen, obwohl sein T-Shirt weder Blutspuren noch andere Verschmutzungen aufwies und so wirkte, als habe man es ihm nach seinem Tod übergestreift. Ich erinnere mich noch daran, wie Nurkadilov dies dem Präsidenten des KNB zu erklären versuchte und vergeblich verlangte, man solle eine polizeiliche Untersuchung durchführen. Wie konnte ich damals ahnen, dass ich fast 20 Jahre später eine ähnliche Situation durchmachen würde?

Ich habe bereits von der Liquidierung von Zamanbek Nurkadilov und Altynbek Sarsenbajew gesprochen[85]. Die Fälle rund um diese zwei Regimegegner Nasarbajews sind allgemein bekannt, doch sie waren bei weitem nicht die einzigen. Mehrere andere Oppositionelle, darunter auch Journalisten, wurden umgebracht oder starben unter ungeklärten Umständen. In seinem Brief an Nasarbajew[86], aus dem ich weiter oben einen Auszug zitiere, spricht Nurkadilov von einigen „seltsamen“ Fällen, darunter auch vom Tod Askhat

85. Vgl. Ausführungen im Kapitel *Die Präsidentschaftswahl 2005 und die Jagd auf die Opposition*, S. 131 und 133.
86. http://wew.kub.info/article.php?sid=6425

Scharipschanovs im Juli 2004. Der Journalist führte eine Online-Informationswebsite namens *Navigator*. Am Tag vor seinem „Unfall" hatte der Journalist Nurkadilov und Sarsenbajew interviewt und seine Redaktion über seine „sensationellen" Gespräche informiert. Laut seiner Mutter trug er das Diktaphon bei sich, das er bei den Interviews benutzt hatte, als er beim Überqueren der Straße auf dem Fußgängerstreifen überfahren wurde. Merkwürdigerweise gibt die Polizei an, man habe kein Diktaphon bei der Leiche gefunden. Zudem hatte jemand die Transkribierung der beiden Gespräche auf der Festplatte seines Computers in der Redaktion gelöscht. Der Fahrer des Wagens, der Askhat umfuhr, war ein Polizeioffizier. So ein Zufall!

Abschließend möchte ich zwei jüngere Vorfälle erwähnen. Am 19. April 2012 griffen in Uralsk fünf Unbekannte den jungen Journalisten Lukpan Achmediarov an, der für eine Lokalzeitung arbeitete und Anführer der Oppositionsbewegung *Wir sind nicht einverstanden* war. Er erlitt sechs Messerstiche in der Herzgegend und zwei Kopfschüsse und überlebte wie durch ein Wunder. Fünf Personen wurden verhaftet, doch man ist nicht sicher, ob es sich wirklich um die Angreifer handelt.

Der zweite Fall betrifft Alexander Boschenko, einen Zeugen im Prozess gegen die Streikenden von Schanaosen. Er widerrief seine Aussage im Gerichtssaal und erklärte, sie sei unter Folter zustande gekommen. Am Prozess berichtete der 23-jährige Arbeiter im Detail über die grauenhafte Tortur, die er erleiden musste. Seinen Worten zufolge sollen seine Peiniger gesagt haben, der Befehl sei vom Präsidenten persönlich gekommen. Er wurde am 11. Oktober 2012 von „Hooligans" umgebracht.

Die Leidensgeschichte der Familie Abljasow

Die letzten zwei Jahre waren für meine Schwiegerfamilie, die Abljasows, besonders hart. Muchtar Abljasow erhielt, wie bereits erwähnt, im Juli 2011 politisches Asyl in Großbritannien, konnte die britische Gastfreundschaft allerdings nicht sehr lange genießen. Obwohl dieses Land einige besonders anrüchige Personen unbehelligt ließ, wie beispielsweise den verstorbenen Boris Berezovski – dieser russische Oligarch war ein erklärter Regimegegner und ihm wurden unzählige Schandtaten angekreidet –, stürzte sich der Justizapparat des „perfiden Albion" schnell mit aller Vehemenz auf den Vater meiner Schwiegertochter.

Gemäß den Angaben der Bank BTA, deren Hauptaktionär Abljasow einst war und die heute dem kasachischen Staat gehört, soll Abljasow fast 5 Milliarden Dollar entwendet haben. Kasachstan, Russland und die Ukraine wandten sich an Interpol, um seine Verhaftung zu fordern, und Richter William Blair beeilte sich noch vor der Untersuchung des Falls, ab 2009 alle Vermögenswerte von Abljasow sperren zu lassen. Ist es Zufall, dass der Richter der ältere Bruder des ehemaligen britischen Premierministers Tony Blair ist, der als Berater von Präsident Nasarbajew einen fürstlichen Lohn bezieht? Wie dem auch sei, das Urteil fiel absolut verblüffend aus.

Und dann? Die BTA rief bald darauf den Obersten Gerichtshof in London an und klagte Muchtar Abljasow an, einen Teil seines Vermögens vor den Behörden versteckt zu haben. Abljasow bestätigt seinerseits, vor der Bekanntgabe der geforderten Informationen die Justiz um Sicherheitsgarantien für jene Personen gebeten zu haben, welche die besagten Vermögenswerte verwalteten. Da er diese Garantien nicht erhielt und im Gegenzug vertrauliche Hinweise seitens des Metropolitan Police Service von London bekam, sein Leben sei in Großbritannien in Gefahr, verließ Abljasow überstürzt das Land.

Wir werden seit unserer Geburt im Respekt vor dem Rechtssystem und seiner Legitimität erzogen, doch im Fall von Muchtar erwies sich die Justiz ganz eindeutig als „parteiisch". Obwohl es sich nämlich um einen Zivilverfahren und nicht um einen strafrechtlichen Prozess handelte, wurde er im Februar 2012 von Richter Nigel Teare wegen „Missachtung des Gerichts" zu 22 Monaten Gefängnisstrafe ohne Bewährung verurteilt. Dieses in Abwesenheit des Angeklagten ergangene Urteil ist von einer bisher nie da gewesenen Härte. Ein Zufall? Nach einigen Nachforschungen habe ich entdeckt, dass Nigel Teare und William Blair sich gut kennen. Anlässlich der Präsidentschaftswahl von 2005 in Kasachstan lud der kasachische Botschafter in Großbritannien eine handverlesene Gruppe von hochrangigen Persönlichkeiten dazu ein, nach Kasachstan zu reisen, vordergründig um die Wahlen zu beaufsichtigen, selbstverständlich gratis und franko. Unsere beiden Richter waren mit von der Partie und kamen zusammen mit der restlichen Delegation zum Schluss, dass die Präsidentschaftswahlen von Kasachstan in jeder Hinsicht den Anforderungen der OSZE entsprachen. *No comment.*

Ab diesem Zeitpunkt begann für Abljasow, seine Frau Alma und ihre sechsjährige Tochter Alua eine wahre Odyssee. Ausgestattet mit Pässen der Zentralafrikanischen Republik reisten sie von einem Land ins nächste. Während mehr als einem Jahr gelang es ihnen, ihre von Astana beauftragten Verfolger an der Nase herumzuführen. Die Tragödie ereignete sich Ende Mai 2013 in Rom. Am 26. Mai machten Privatdetektive in der Nähe einer Villa bei Casal Polacco, einer schicken Gemeinde im Süden der italienischen Hauptstadt, einen Mann ausfindig, der Abljasow ähnlich sah. Am nächsten Tag stattete der kasachische Botschafter in Rom, Adrian Yelemessov, dem italienischen Innenministerium einen Besuch ab. Er wurde von Giuliano Procaccini empfangen, dem Kabinettschef des Ministers, den er darum bat, einen in seinem Land gesuchten „gefährlichen Mann" zu verhaften und auszuliefern. Procaccini gehorchte und informierte die Präfektur von Rom und ihre Einsatztruppe.

Am 29. Mai dringen kurz nach Mitternacht rund 30 schwarzgekleidete Männer in die Villa ein, wo Alma und Alua seit acht Monaten leben. Etwa zwanzig bewaffnete Männer warten draußen. In der Aussage, die sie vor dem Anwalt machte und die in der *Financial Times* veröffentlicht wurde, berichtet Alma von ihrer Verhaftung: „Ich hatte den Eindruck, sie seien gekommen, um uns zu töten, ohne Verfahren und ohne dass irgendjemand je davon erfahren würde." Die Männer durchstöbern das ganze Haus, finden Abljasow aber nicht. Dafür stoßen sie auf die Familie von Almas Schwester, welche zu Besuch ist und die Nacht in der Villa verbringt. Sie schlagen Almas Schwager zusammen. Die Sonderagenten sind vulgär und werden ausfällig, sie schimpfen Alma eine „russische Hure" und bringen sie für zwei Tage in ein Haftzentrum für illegale Immigranten.

Alma verlangt nach einem Anwalt, nach einem Dolmetscher, und beantragt mehrmals politisches Asyl, da ihr Leben in Gefahr sei. „Zu spät", behaupten die Polizisten, die jede Kontaktaufnahme zu einem Anwalt verweigern und in aller Eile ihre Ausschaffung vorbereiten. Aus welchem Grund? Offiziell wird Alma vorgeworfen, einen falschen Pass der Zentralafrikanischen Republik zu besitzen. Am 31. Mai erbringt ihr Anwalt dem Gericht den

Beweis von der Authentizität ihres Ausweises. Doch es hilft nichts. Der Ausschaffungsbefehl ist bereits unterzeichnet. Die Polizisten kehren zum Haus zurück, um die kleine Alua zu holen. Noch am selben Tag setzt man Alma und ihre in Großbritannien geborene Tochter in ein Flugzeug, das von der kasachischen Botschaft in Rom speziell gechartert wurde. In Kasachstan erhalten sie Hausarrest und werden somit zu Geiseln des Regimes.

Die Affäre gelangt in Italien an die Öffentlichkeit und löst einen riesigen politischen Skandal aus. Außenministerin Emma Bonino, in der Vergangenheit eine Galionsfigur der Partei *Partito Radicale Transnazionale*, die für ihren Einsatz zugunsten der Menschenrechte überall auf der Welt bekannt war, fordert Erklärungen von Innenminister Giuseppe Alfano, der behauptet, von dieser Ausweisung nicht gewusst zu haben. Dabei ist Alfano offiziell die Nummer Zwei der Mitte-Rechts-Partei von Silvio Berlusconi namens *Popolo della libertà* (PdL), doch de facto regiert er die Partei. Berlusconi pflegte jedoch, genau wie Sarkozy, während seiner Zeit an der Macht eine enge freundschaftliche Beziehung zu Nasarbajew. Die italienische Linke, die Presse und die Öffentlichkeit interessieren sich brennend für das Schicksal von Alma und ihrer Tochter und verlangen sogar den Rücktritt des Ministers, was den Sturz der Koalitionsregierung nach sich ziehen kann. Doch da keinerlei handfeste Beweise gegen Alfano vorliegen, nimmt sein Kabinettschef Procaccini die gesamte Verantwortung auf sich, obwohl er eine Entscheidung dieser Tragweite ganz offensichtlich nicht allein, ohne Absprache auf höchster Ebene, treffen konnte, denn sie verstößt gegen italienisches, europäisches und auch internationales Recht.

Unter dem Druck der Opposition verlangt Enrico Letta, Präsident des italienischen Ministerrats, eine Untersuchung dieser Ausschaffungsaffäre. Procaccini möchte einen Skandal vermeiden und tritt Mitte Juli zurück, während die italienische Regierung Verfahrensfehler aufdeckt und die Abschiebung von Alma annulliert. Die Ausweisung des Mädchens wurde gar nie angeordnet. „Es war ein schwerwiegender Irrtum, die Regierung nicht über das gesamte Verfahren informiert zu haben, das von Anfang an ungewöhnliche Elemente und Merkmale aufwies", räumt die Medienmitteilung des Büros von Enrico Letta ein. Die italienische Regierung hält fest, dass die Ehefrau und die Tochter von Muchtar Abljasow nach Italien zurückkehren können, falls sie dies wünschen. Doch Alma darf nicht mehr frei herumreisen. Sie wohnt bei ihrer Familie in Almaty und hat von den Behörden den Befehl erhalten, die Stadt nicht zu verlassen: Die kasachische Justiz will ihr nun an den Kragen und macht ihr absurde Vorwürfe. Zur gleichen Zeit hält sich Nasarbajew Mitte Juli auf Einladung eines Freundes von Berlusconi in Sardinien auf ...

Doch die Geschichte ist noch nicht zu Ende. Die letzte Episode der Saga Abljasow – die bisher tragischste – spielt sich in Frankreich ab. Am 31. Juli 2013 wird Muchtar Abljasow in Mouans-Sartoux verhaftet. Er hatte in dieser kleinen Stadt zwischen Cannes und Grasse eine große Villa mit Park und schönem Baumbestand gemietet. Wie die Zeitung *Le Monde* berichtet, betrieb die französische Kriminalpolizei erheblichen Aufwand: Sie überfliegt zunächst das Anwesen mit dem Flugzeug, um etwaige bewaffnete Wächter ausfindig zu machen, danach stürmt ein Kommando in gepanzerten Fahrzeugen und unterstützt von einem Helikopter die Villa, um Abljasow festzunehmen, der natürlich keinerlei Widerstand leistet.

Um Abljasow aufzuspüren, hat sich die BTA an eine israelische Gesellschaft für Privatdetektive gewandt. Einige Quellen bestätigen, dass Abljasow dank dem Abhören der Telefongespräche entdeckt wurde, die er mit seiner Schwester führte. In der britischen Presse wird aber eine andere Variante dieser unglaublichen Verfolgungsjagd herumgereicht: *The Telegraph,* und später auch weitere Zeitungen wie *The Independent* und *The Guardian,* erwähnen eine hübsche Blondine namens Olena Tischtschenko. Einige Schreiberlinge deuten an, ohne sich um entsprechendes Beweismaterial zu scheren, dass diese ukrainische Anwältin und Mutter von vier Kindern, die aufgrund von Anschuldigungen der BTA in Großbritannien verhört wurde, angeblich einen Flug von London nach Nizza nahm, um dort ihren Kunden nicht aus beruflichen Gründen, sondern zu einem romantischen Stelldichein zu treffen. Muchtar soll mit dieser Geschichte offensichtlich auf moralischer Ebene in Misskredit gebracht werden: Er verlustiert sich mit einer anderen, während seine Ehefrau und seine Tochter in Almaty gefangen gehalten werden. Es scheint, dass die große Kommunikationsagentur Portland hinter diesen „Enthüllungen" steckt. Dabei ist Tim Allan, der Gründer von Portland Communcations, niemand anderes als der ehemalige *Spin Doctor* von Tony Blair. Der Kreis schließt sich also auch hier wieder.

Doch wenden wir uns wieder dem Schicksal von Abljasow zu. Nach dem Urteil eines französischen Richters kommt er in der Vollzugsanstalt von Luynes im Departement Bouches-du-Rhône in vorläufige Haft. Auf Anfrage von Kasachstan, Russland und der Ukraine wurde er bei Interpol registriert, doch ihm droht die Auslieferung nur ins letztgenannte Land. Kasachstan besitzt nämlich keine Auslieferungsvereinbarung mit Frankreich und zwischen

Russland und Frankreich existiert zwar eine Vereinbarung, doch die Auslieferung kann juristisch kompliziert ausfallen. Aus diesem Grund kommt die Anfrage der Ukraine unter dem Vorwand, es habe eine BTA-Filiale in Kiew gegeben, äußerst gelegen. So sieht gelebte Solidarität zwischen Autokraten aus!

Zum Zeitpunkt, da ich dieses Buch fertigstelle, möchte die französische Justiz das von Kiew eingereichte Auslieferungsgesuch beurteilen. Die Prüfung des von den ukrainischen Behörden eingereichten Dossiers wird mehrere Monate in Anspruch nehmen; der nächste Verhandlungstermin vor dem Kassationshof in Frankreich ist für September 2014 angesetzt. Sollte Abljasow an die Ukraine ausgeliefert werden, drohen ihm mehrere Jahre Gefängnis. Das ukrainische Rechtssystem kann seit dem Amtsantritt von Viktor Janukowitsch nicht als objektiv und unabhängig bezeichnet werden. Man erinnere sich an den Fall der ehemaligen ukrainischen Premierministerin Julia Timoschenko, die gegenwärtig infolge aus der Luft gegriffener Vorwürfe eine lange Haftstrafe absitzt, trotz der scharfen Kritik seitens der EU und der USA und trotz wiederholter Aufrufe, die Symbolfigur der orangenen Revolution auf freien Fuß zu setzen. Nicht einmal der Gesundheitszustand der schwerkranken Timoschenko konnte als mildernder Umstand zugunsten ihrer Entlassung aus der Haft angeführt werden ...

Mir schwant jedoch ein noch unheilvolleres Szenario. Abljasow drohen schlimmere Qualen als die ukrainischen Gefängnisse. Er könnte bald nach seiner Ankunft in der Ukraine an die russischen Behörden ausgeliefert werden. Man denke an den Fall Leonid Raswosschajew in der jüngeren Vergangenheit. Nachdem ihn die russischen Behörden angeklagt hatten, Demonstrationen der Opposition veranstaltet zu haben, floh dieses leitende Mitglied der Linken Front (eine linksradikale Bewegung) nach Kiew. Am 19. Oktober 2012 traf er in einem Büro des UN-Flüchtlingshochkommissariats ein und bat um Asyl. Er verließ das UN-Büro, um mittagessen zu gehen, und wurde mitten im Zentrum der ukrainischen Hauptstadt von Angehörigen des russischen und ukrainischen Geheimdienstes entführt. Man fesselte ihn und brachte ihn, ohne dass der Transport an der Grenze kontrolliert worden wäre, nach Russland, wo er gefangen gehalten und gefoltert wurde. Zurzeit wartet er auf sein Gerichtsverfahren.

Falls Abljasow von der Ukraine an Russland ausgeliefert wird, steht ihm als nächste Etappe die Auslieferung nach Kasachstan bevor. Die Shanghaier Organisation für Zusammenarbeit (SOZ), der Russland, China und die Länder Zentralasiens angehören, „bekämpft in erster Linie Terrorismus, Separatismus und Extremismus, Drogen- und Waffenhandel, aber auch andere Formen der grenzüberschreitenden Kriminalität und der illegalen Migration" (ich zitiere die offizielle Formulierung). In Wirklichkeit ist es in diesen Ländern üblich, jeden „Störenfried" an das antragstellende Land auszuliefern, auch wenn die Gewissheit besteht, dass er dort gefoltert wird. Für den internationalen Dachverband von Menschenrechtsligen FIDH ist die SOZ nichts anderes als ein „Vehikel für Verstöße gegen die Menschenrechte".

Abljasow könnte aus zwei Gründen problemlos von Russland an Kasachstan ausgeliefert werden. Einerseits wegen Extremismus (ich erinnere daran, dass ihm Astana vorwirft, die Aufstände von Schanaosen angezettelt zu haben, was er kategorisch ablehnt), und andererseits wegen grenzüberschreitender krimineller Aktivität (da die BTA Filialen in Russland und in der Ukraine besaß). Aufgrund dieser Befürchtungen haben bekannte internationale NGOs wie Amnesty International oder Human Rights Watch sowie kasachische Menschenrechtsaktivisten die französischen Behörden sofort aufgefordert, Muchtar Abljasow nicht auszuliefern. Der engagierte Philosoph André Glucksmann hat sich ebenfalls für ihn eingesetzt.

Werden diese Stimmen Gehör finden? Schafft es die sozialistische Regierung Frankreichs, sich von der anbiedernden Haltung der Ära Sarkozy zu distanzieren? Das bleibt zu hoffen, aber eine Garantie gibt es nicht. Die Interessen mehrerer bedeutender französischer Industriekonzerne, die Geschäftsbeziehungen zum kasachischen Regime pflegen, wie beispielsweise Areva, EADS, Total, Alstom oder GDF Suez, sind nach dem Wechsel der politischen Ausrichtung noch immer dieselben. Am 27. Oktober 2010 wurde Nursultan Nasarbajew im Élysée-Palast in aller Diskretion von Nicolas Sarkozy empfangen und traf sich danach mit den wichtigsten Unternehmern Frankreichs in der Empfangshalle des Hôtel d'Evreux an der Place Vendôme. Er kehrte am 19. September 2011 zu einem Blitzbesuch nach Paris zurück, wobei diese Stippvisite in keiner offiziellen Agenda auftauchte. Und am 21. November 2012 empfing der neue Bewohner des Élysée-Palastes, François Hollande, Nasarbajew ebenso diskret erneut, auch das Gespräch mit den großen Industriekapitänen Frankreichs stand einmal mehr auf dem Programm. Schließlich lud Nasarbajew am 1. Mai 2013 den französischen Außenminister Laurent Fabius nach Astana ein. Dieser traf mit einer Delegation von rund einem Dutzend hochkarätiger Geschäftsleute ein und hob in seiner Ansprache vor der Presse die ausgezeichneten bilateralen Beziehungen, die Einigkeit bezüglich wichtiger internationaler Fragen, bedeutende Industrieprojekte, ja sogar den kulturellen Austausch zwischen Frankreich und Kasachstan hervor. Nur die Menschenrechte blieben unerwähnt. François Hollande scheint, wie sein Vorgänger Nicolas Sarkozy, nicht die Absicht zu haben, „Nachhilfeunterricht zu erteilen".

Frankreich macht derzeit eine schwere Wirtschaftskrise durch, da könnte diese auf Handelsinteressen basierende *Entente cordiale* den ungewöhnlichen Eifer der französischen Polizei bei der Verhaftung des berühmtesten politischen Gegners von Nasarbajew vielleicht beflügelt haben ... Eigentlich verstieß Abljasow, der in Großbritannien als politischer Flüchtling anerkannt wurde, gegen kein einziges französisches Gesetz. Liegen Frankreich die Klagen der notorisch korrupten kasachischen, russischen und ukrainischen Behörden dermaßen am Herzen, dass es beschlossen hat, massiv und mit Hilfe von Flugzeugen, Helikoptern und Panzerfahrzeugen Abljasow zu Leibe zu rücken? Und dies zum Zeitpunkt, da Frankreich Haushaltskürzungen umzusetzen versucht? Die Wahrheit wird eines Tages ans Licht kommen, wie dies bei der plötzlichen und unwiderruflichen Verschleppung von Alma und der kleinen Alua der Fall war.

Eine traurige Bilanz

Mit seiner politischen Langlebigkeit stellt sich Nursultan Nasarbajew auf dieselbe Stufe wie Joseph Stalin, Leonid Breschnew, General Franco, Mao Zedong, Saddam Hussein, Muammar Gaddafi und andere Diktatoren. Welche Bilanz weist dieser scheinbar ewige Präsident nach über zwanzig Jahren an der Macht auf?

Wie der Oppositionsjournalist Muchamedschan Adilov einmal bemerkte, kann sich Nasarbajew hauptsächlich zweier „Erfolge" rühmen. Er hat erstens das Land Kasachstan, das nach der Sowjetzeit über eine vielseitige Industrie und eine blühende Landwirtschaft verfügte, in einen Staat verwandelt, der völlig von seinen Einnahmen aus Erdöl und Erdgas abhängt, während die übrige Wirtschaft brach liegt. Zweitens ist er so lange auf der politischen Freiheit herumgetrampelt, dass dort nun kein Gras mehr wächst[87].

Alle politischen Persönlichkeiten, die auf ihre Unabhängigkeit pochten oder sich der Opposition anschlossen, wurden entweder ermordet, wie Nurkadilov und Sarsenbajew; ins Gefängnis gesteckt, wie Oppositionsaktivist Wladimir Koslow und der bekannte Verfechter der Menschenrechte Evgeni Jovtis[88], ganz zu schweigen von mehreren Generälen und Ministern; oder ins Exil verbannt, wie Premierminister Akeschan Kaschegeldin, der Bankier

87. Vgl. http://www.respublika-kz.info/news/politics/25295/
88. Er wurde 2009 ungeachtet der ihn entlastenden Umstände zu vier Jahren Straflager verurteilt, weil er bei einem Autounfall einen Mann getötet hatte.

Muchtar Abljasow, der ehemalige Schwiegersohn des Präsidenten Rachat Alijew[89], sowie der Bürgermeister der Region Pavlodar, Galymjan Jakianow[90], oder ich selbst.

Wie könnte man also dieses Regime beschreiben? Unser riesiges Kasachstan, flächenmäßig das neuntgrößte Land der Welt, gilt heute als das persönliche Eigentum von Präsident Nasarbajew und seiner Familie. Der Staatschef ist schon so lange an der Macht, dass er in jeder Region „Vertrauenspersonen" einsetzen konnte. Auf diese Weise hat er die gesamte Geschäftstätigkeit des Landes, sämtliche Oligarchen unter seiner Kontrolle. Seine Komplizen, die mit den Streitkräften und der Finanzpolizei Hand in Hand arbeiten, üben immer mehr Druck aus, bedrohen die Unternehmer und stellen finanzielle Forderungen. Das Prinzip ist simpel: Sie müssen mit „Papa" und seiner geldgierigen Familie teilen.

Nasarbajew verfügt auch im Ausland über Gewährsleute, die sich um seine dubiosen Geschäfte kümmern. Einige von ihnen in der Schweiz und in den USA habe ich bereits erwähnt. Doch die Welt ist groß. In London steht ihm die Oligarchen-Troika zur Seite, die in diesem Buch oft aufgeführt wurde, nämlich Schodijew, Ibrahimov und Maschkewitsch, aber auch sein Schwiegersohn Timur Kulibajew. In Asien kann er auf die guten Dienste von Wladimir Kim vertrauen, seinem Freund koreanischer Herkunft und reichstem Mann Kasachstans[91]. Beim Kampf gegen den wachsenden extremistischen Islamismus der kasachischen Jugend, aber auch zur Gewährleistung der informellen Beziehungen zwischen dem Regime und einigen muslimischen Ländern, kann der Präsident auf seinen Neffen Kajrat Satybaldy zählen, der sowohl den reinen Islam vertritt, als auch KNB-General, Sekretär der Präsidentenpartei *Nur Otan* und Präsident der islamistisch inspirierten Bewegung *Ak orda* ist.

---

89. Nach einem versuchten Staatsputsch 2001 lebte Rachat Alijew einige Jahre als kasachischer Botschafter in Wien. 2007 warf ihm das Regime vor, er habe zwei Direktoren der Nurbank, deren Aktionär er selber war, entführt und verschwinden lassen. Mangels einer transparenten und unparteiischen Rechtsprechung war es unmöglich, die tatsächlichen Ereignisse zu ermitteln. Alijew ging in die Opposition und veröffentlichte ein aufsehenerregendes Enthüllungsbuch über das Regime Kasachstans (*The Godfather-in-law*, 2009). Er lebt in Österreich. Seine Frau Dariga hat sich von ihm scheiden lassen, offensichtlich unter dem Druck ihres Vaters. Sie „brilliert" weiterhin in Astana.

90. Schakianov ist einer der Gründer des DVK (vgl. Kapitel 6). Er wurde 2002 zu sieben Jahren Haftstrafe verurteilt und 2006 vorzeitig entlassen. Er verließ Kasachstan im Jahr 2008.

91. Präsident und einer der Hauptaktionäre des Verbands Kazakhmys, der auf die Förderung und Aufbereitung von Nichteisenmetallen und Edelmetallen spezialisiert ist. Ratsmitglied der Präsidentenpartei *Nur Otan*. Sein Privatvermögen wurde 2012 auf 3,5 Milliarden Dollar geschätzt.

Der Präsident, der einst als Hoffnungsträger für eine strahlende Zukunft Kasachstans gehandelt wurde, ist im Laufe der Zeit zum Krebsgeschwür auf dem Leib der Nation geworden und hat mit Hilfe seiner Familienmitglieder zahlreiche Metastasen entwickelt. Seine pathologische Angst, die Macht abgeben zu müssen, verhindert jeden Ansatz einer demokratischen Entwicklung in Kasachstan. Der gegenwärtige Machtinhaber kommt nur dem engen Kreis der regierenden Elite gelegen, einer Elite, die allerdings täglich zu vielen Kratzfüßen verpflichtet ist, um sich die Gunst des obersten Chefs zu bewahren. In diesem Staat werden sämtliche Telefongespräche sowie der Austausch übers Internet und über andere Kommunikationskanäle vom Geheimdienst kontrolliert; die Bürger wenden sich von der Politik ab, weil es sich dabei um ein überaus riskantes Unterfangen handelt. Das Land betreibt gezwungenermaßen einen unglaublichen Personenkult um Nasarbajew. Als er 2010 zum Führer der Nation – *Elbassy* auf Kasachisch – ernannt wurde, ließ er ein Gesetz verabschieden, das jede öffentliche Kritik an seiner Person und die Publikation jeder negativen Information über ihn und seine Familie untersagt. Der Staatschef hat immer recht, und falls jemand daran zweifelt, wird er vom KNB und der Justiz schnell zurückgepfiffen.

Und das gemeine Volk? Vor der jüngsten Präsidentschaftswahl wurde vom staatlichen Fernsehsender ein Film über die „farbigen Revolutionen" in der Ukraine, in Georgien und in Kirgisistan ausgestrahlt[92]. Man zeigte diese demokratisch motivierten Revolutionen (jedenfalls in der Ukraine und in Georgien) als einen „vom Ausland" finanzierten Gewaltausbruch. Der Dokumentarfilm schloss mit einer rhetorischen Frage: „Wünschen wir uns ein ähnliches Szenario?" Die unausgesprochene Antwort lautet natürlich „Nein": Die mit dieser Propagandaaktion angestrebte Gehirnwäsche sollte die Bevölkerung davon überzeugen, gemeinsam hinter dem starken, von der Vorsehung gesandten Präsidenten Nasarbajew zu stehen, der als einzige Person dargestellt wird, der das Chaos abwenden kann. Damit kommt dieselbe demagogische Manipulation zur Anwendung, wie sie Putin in Russland oder Lukaschenko in Weißrussland betreibt, von Karimov in Usbekistan ganz zu schweigen!

92. Kirgisistan hat in der postsowjetischen Ära 2005 und 2010 zwei Revolutionen erlebt.

Wie sieht die Zukunft Kasachstans aus?

Im März 2004 gab Zamanbek Nurkadilov in Almaty eine denkwürdige Pressekonferenz. Er sprach in folgenden Worten von Nasarbajew: „*Ich kenne diesen Mann nun seit 25 Jahren. Er ist kein Familienmitglied und er ist vier Jahre älter als ich. Wenn man einem Menschen näher kommt, wenn man ihn besser kennen lernt, teilt man seine Zukunftsvisionen mit ihm. Man freundet sich an. Ich glaube, ich stand Nasarbajew menschlich nahe. Wir haben uns Dinge anvertraut, aber wir haben auch heftig diskutiert, wir waren uns nicht immer einig. Es kam auch vor, dass wir miteinander stritten und uns alle Schande sagten, wie dies unter Männern vorkommen kann. Danach haben wir uns immer versöhnt und umarmt. Doch trotz dieser Nähe fühlte ich mich immer in seiner Schuld, denn er war ja der Ältere: Dies entspricht unserer Mentalität ... Ich informierte ihn auch darüber, was die einfachen Leute über ihn und die Lage in Kasachstan sagten. Darauf schien er immer zu reagieren. Das beruhigte mich eine Zeitlang, bis ich irgendwann feststellte, dass er immer gravierendere Fehler beging ... Dieser Mann besitzt viele Fähigkeiten. Er hat eine Gabe, die ihm der Himmel schenkte. Er versteht alles, ohne dass man ihm alles erklären muss. Ich habe endgültig begriffen, dass dieser Mann unverbesserlich ist.*“[93]

Dieser Bericht meines früheren Vorgesetzten, meines lieben Zamanbek, bringt meine eigene Beziehung zu Präsident Nasarbajew perfekt auf den Punkt. Ich stellte, wie Zamanbek, bereits seit einigen Jahren meinen Mann als Politiker und hochrangiger Manager und Beamter, als Nasarbajew Präsident des Landes wurde. Wie Zamanbek habe ich Nasarbajew, einen sehr charismatischen Menschen und zudem älter als ich, lange respektiert. Wie Zamanbek lagen mir die Menschen und ihre Probleme immer sehr am Herzen. Ich setzte mich in allen Ämtern und Posten im Laufe meiner Karriere so ein, dass ich der Bevölkerung unersetzliche Dienste leistete, und die von mir durchgeführten Reformen und Innovationen erfüllten mich mit tiefster Zufriedenheit. Ich hatte mit den Machenschaften des Nasarbajew-Clans nie etwas zu schaffen, doch es dauerte einige Zeit, bis ich – wie Zamanbek – begriff, dass Nasarbajew ein unverbesserlicher Diktator ist, der seinem Land schadet und es ganz einfach ausraubt. Zamanbek hat diese Erkenntnis mit dem Leben bezahlt. Ich konnte zum Glück rechtzeitig fliehen.

93. Für den vollständigen Text vgl. http://www.freeas.org/?nid=2621.

Seit ich im Exil lebe, träume ich davon, in ein Kasachstan heimzukehren, das von diesem unnützen Diktator befreit wurde. Werde ich dieses Glück noch erfahren? Zurzeit sind die Oppositionsbewegungen noch schwach: Kaum melden sich ihre Anführer zu Wort, landen sie in den Gefängnissen des KNB, wo jeder Widerstand nachhaltig gebrochen wird ... Doch die Zahl der Unzufriedenen steigt von Tag zu Tag und wird bald eine kritische Masse erreichen. Früher oder später muss es zu einer gesellschaftlichen Explosion kommen, wie es das Beispiel Schanaosen und andere Streiks der jüngeren Vergangenheit gezeigt haben.

Im Januar 1917 glaubte Lenin in seiner europäischen Emigration: „Wir Alten werden wahrscheinlich nicht lange genug leben, um die entscheidenden Kämpfe der zukünftigen Revolution mitzuerleben." In Wirklichkeit wurde die russische Monarchie schon knapp einen Monat später gestürzt, die bolschewistische Revolution brach kaum ein Jahr später aus. Auch die Umwälzungen in mehreren arabischen Ländern haben jüngst auf der ganzen Welt für Verblüffung gesorgt.

Wie könnte die Zukunft Kasachstans aussehen? Meiner Ansicht nach, und mit dieser Überzeugung bin ich nicht allein, sollten Präsident Nasarbajew und seine Familie das Land verlassen dürfen. Doch das Vermögen, das die „Familie" und die anderen Mitglieder der regierenden Schicht durch Betrug und Plünderungen angehäuft haben, muss beschlagnahmt und für den Bau von Spitälern, Schulen, Kindergärten und Wohnraum für junge Paare eingesetzt werden. Nur so kann ein blutiger Ausgang verhindert werden. Die Gesellschaft hat zu stark gelitten, sie hat zu viel Hass gegenüber der regierenden Elite angestaut, die sie seit 20 Jahren unterdrückt.

Sobald dieses Krebsgeschwür aus dem Leib der Nation entfernt ist, kann Kasachstan endlich eine Zivilgesellschaft, eine freie Presse, eine Demokratie, ein normales politisches Leben entwickeln, das auch einen Wechsel an der Macht vorsieht. Ich weiß aus Erfahrung, dass mein Volk dazu in der Lage ist. Im Verlauf meiner gesamten Laufbahn habe ich mich in all meinen unterschiedlichen Funktionen auf hochgebildete Menschen, tolle Fachleute und treue Weggefährten stützen können, die meine Visionen teilten und an meiner Seite kämpften. Ich erwähne keine Namen, um sie vor dem Groll des Regimes zu bewahren, aber ich bin ihnen zutiefst dankbar. Diese Menschen entstammten dem Volk, wie ich. Diesem wunderbaren Volk, das sein Schicksal in die eigene Hand nehmen wird.

Anhang: Einige Anregungen für die Zukunft Kasachstans

Ich habe in diesem Buch über die Herrschaft Nasarbajews berichtet und die institutionalisierte Plünderung der Bodenschätze angeprangert, weil mir die Zukunft meiner Heimat am Herzen liegt. Folgende, nur grob umrissene Reformen müssen meiner Meinung nach zuoberst auf der Prioritätenliste stehen.

In der Politik drängen sich grundlegende *strukturelle Reformen* auf.

1. Revision der Verfassung und Streichung aller Änderungen, die seit 1993 mit dem Ziel vorgenommen wurden, die umfassende und zeitlich unbeschränkte Macht eines einzigen Mannes, Nursultan Nasarbajews, zu gewährleisten. Sein Titel eines Ersten Präsidenten, der mit unangemessenen Privilegien verknüpft ist, sowie jener eines Führers der Nation sind abzuschaffen.
2. Gewährleistung einer echten Gewaltentrennung und Unabhängigkeit der drei Staatsfunktionen Legislative, Exekutive und Judikative.
3. Übergang von einer präsidialen Republik zu einer gemischten Regierungsform mit einer höheren Gewichtung des Parlaments, um ein ausgewogenes Machtsystem zu schaffen.
4. Stärkere Dezentralisierung und Gewährleistung der wirtschaftlichen und finanziellen Unabhängigkeit der lokalen Regierungsorgane.
5. Durchführung von Parlamentswahlen, Wiedereinführung des Wahlkreissystems für jeweils nur einen Abgeordneten, um die Verantwortung jeden Parlamentariers gegenüber seinen Wählern zu erhöhen.
6. Organisation von Wahlen für die Gouverneure der Regionen und für die Bürgermeister aller Städte und Ortschaften.
7. Organisation von Wahlen für die regionalen und lokalen Legislativen (die Mäschlikhats), die repräsentativ sein sollen. Gewährleistung einer geregelten Tätigkeit dieser Organe. Auf allen Ebenen müssen das Volk und seine gewählten Vertreter regieren, und nicht der kriminelle Nasarbajew-Clan, der das Land seit 20 Jahren plündert und erstickt.

Diese Reformen können aber nur dann sinnvoll umgesetzt werden, wenn auch das *Wirtschaftsleben* umstrukturiert wird. Dabei scheinen mir mehrere Faktoren zwingend zu sein:

1. Trennung der Finanzhaushalte auf allen Ebenen und Gewährleistung ihrer Unabhängigkeit.
2. Gewährleistung der Transparenz aller Verträge, die in Bezug auf die Erforschung, die Förderung, die Verarbeitung und den Transport der natürlichen Ressourcen Kasachstans abgeschlossen werden, einschließlich der Kohlenwasserstoffe.
3. Revision, unter der Aufsicht des Volkes, aller Verträge rund um die Nutzung der Böden und die Förderung und Verarbeitung von Rohstoffen. Verpflichtung der ausländischen und kasachischen Unternehmen, die solche Verträge abgeschlossen haben, sich an der Entwicklung der Regionen, in denen sie tätig sind, zu beteiligen. Bevorzugung von Unternehmen, die Spitzentechnologie einsetzen und eine Produktion mit hohem Mehrwert garantieren.
4. Dank dieser Neuorientierung der Wirtschaft wird das Land alle Bereiche des sozialen Schutzes ausbauen können, wie dies in Westeuropa üblich ist. Kasachstan ist ein reiches Land und wird sich schnell von der jahrelangen institutionalisierten Plünderung und Stagnation erholen, wenn frische Kräfte eingesetzt werden.

Und schließlich muss Kasachstan eine echte *Demokratie* einführen.

1. Nach 20-jähriger Gehirnwäsche muss das Bewusstsein als Staatsbürger erneut entwickelt werden. Die Bürgerinnen und Bürger müssen verstehen, dass es dem Volk von Kasachstan obliegt, den Staat zu regieren, und dass der Wohlstand des Landes von der staatsbürgerlichen Einstellung jedes einzelnen Mitglieds der Gesellschaft abhängt.
2. Dazu muss die Entstehung einer zivilen Gesellschaft, insbesondere der Verbände und Vereine, gefördert werden. Die Gründung und die Tätigkeit von NGOs für Menschenrechte und soziale Rechte, von unabhängigen Gewerkschaften usw. müssen erleichtert und unterstützt werden.
3. Die Bildung von politischen Parteien und Bewegungen aller Ausrichtungen nach demokratischen Grundsätzen muss gefördert werden. Diese – neu gegründeten oder nach Jahren des Verbots legalisierten – Parteien sollen jene Parteien ersetzen, die auf Befehl des Präsidenten entstanden sind, einschließlich der sogenannten Oppositionsparteien. Die Aussage des Präsidenten: „Es gibt in Kasachstan keine Opposition

und es wird auch nie eine geben, mit Ausnahme der Opposition, die ich selbst geschaffen habe", muss für immer der Vergangenheit angehören.

4. Die Schaffung bzw. Wiederauferstehung der vom Nasarbajew-Regime unterdrückten freien Medien muss unterstützt werden. Der schon fast sprichwörtlich gewordene Satz, den der Präsident anlässlich eines Treffens mit Journalisten prägte, soll nie wieder Gültigkeit erlangen: „Man nennt Sie unabhängige Journalisten, weil in Wirklichkeit gar nichts von Ihnen abhängt!"

Zusammen mit anderen frischen, unverdorbenen Kräften möchte ich die nächsten Jahre meines Lebens der Ausarbeitung eines strukturierten politischen und wirtschaftlichen Programms widmen, das Kasachstan den Übergang von einer Diktatur mit feudalistischem Beigeschmack zu einer Demokratie europäischer Prägung ermöglicht. Ich hoffe sehr, dass meine Erfahrung als Manager und Politiker dabei von Nutzen sein wird. In der Zwischenzeit informiere ich mich täglich über verschiedene Aspekte der schweizerischen Demokratie, in der die öffentliche Meinung von höchster Bedeutung ist. Auf uns warten lange Jahre der Arbeit, denn es muss alles von Grund auf neu erarbeitet und aufgebaut werden. Ich verliere aber nicht den Mut. Es lebe das freie Kasachstan!

ibidem-Verlag

Melchiorstr. 15

D-70439 Stuttgart

info@ibidem-verlag.de

www.ibidem-verlag.de
www.ibidem.eu
www.edition-noema.de
www.autorenbetreuung.de

Zeitfracht Medien GmbH
Ferdinand-Jühlke-Straße 7
99095 Erfurt, Deutschland
produktsicherheit@kolibri360.de